간첩이 '점령한' 대한민국

직파간첩 P씨 증언 '김대중은 위장 간첩이다!'

간첩이 '점령한' 대한민국

주요 인사들 한목소리로 "문재인은 간첩이다!"

김 문 수

생각하는갈대

간첩이 **점령한** 대한민국

초판 1쇄 인쇄	2024년 2월 10일
초판 1쇄 발행	2024년 2월 20일

지은이	김문수
펴낸이	김문수

펴낸곳	생각하는 갈대
우편번호	22376
주소	인천광역시 중구 흰바위로 203, 211동 503호
전화	02-6953-0442
팩스	02-6455-5795
이메일	moonsu44@hanmail.net
출판등록	제2023-000027호
ISBN	979-11-985509-1-0 03330

▪ 차례 ▪

국민과 교회는 깨어나라 '적화통일이다!'

대한민국은 지금 '적화통일'을 눈앞에 두고 '체제전쟁'에 돌입한 상태다. 이번 '4·10총선'은 '자유민주주의'를 수호하려는 세력과 북한 '김일성 주체사상'을 추앙하고 맹종하는 남한 내 종북 주사파 간첩 세력 간에 국가의 명운을 걸고 싸우는 건곤일척의 사상 전쟁이다. 그런데도 가장 심각한 문제는 북한 김일성 3대 세습 체제를 증오하는 대다수 국민이 절체절명의 '체제 위기'를 새까맣게 모르고 있다는 사실이다.

자유민주주의 대한민국을 지켜온 '국가보안법'은 이미 '김대중·노무현·문재인' 3대 좌파 정권을 거치며 무용지물의 종잇조각이 됐다. 김대중 정부는 '햇볕정책'이란 명목으로 북한에 수억 달러를 퍼주어 핵 개발을 용이하게 했다. 또 노무현 정부는 간첩을 잡았다는 이유로 '김승규 국정원장을 즉각 교체'시켰다. 특히 문재인 정부는 '간첩 수사'를 막기 위해 결정적 증거를 삭제토록 지시하고, 간첩 보고서를 올리면 국가정보원 간부들이 휴가를 이유로 결재를 꺼렸다. 게다가 간첩 수사 실적이 뛰어난 요원은 좌천시켰다. 그와 반대로 북한을 위해 일하는 남북교류 임무 요원들만 승진시켰다.

지금 이석기 아바타 이재명이 '**우리 북한**'이라는 망언을 하고도 아무런 사과도 없이 버티고 있고, 민주당 인사들이 그 발언에 방탄 보호를 하는 이유가 무엇일까? 이는 '**국가보안법 및 군사기밀 보호법 위반 혐의**'로 방첩 당국의 내사를 받은 민주당 중진 B의원 보좌진 출신 A(40)가 이번 총선에 출마한다고 한다. A는 김정은 찬양하는 글을 썼으며, 보좌진 시절 국방부에 김정은 참수부대 장비현황, 미사일 전략사 지통실 교신자료 등 군사기밀 700여 건을 받았지만 이를 상임위 질의 자료로 활용하지 않았다. 이 자료가 어디로 흘러갔을까. 그러니 이재명이 '**우리 북한**'이라고 대놓고 포석을 깔아주는 게 아닌가?

특히 이재명은 민노총이 부르짖는 '**체제대전환**'의 중심에 서 있는 인물이다. 이재명은 이미 자서전 『**그 꿈이 있어 여기까지 왔다**』의 중심 주제 중 하나가 '**미군 철수**'다. 또 '**아무리 더러운 평화라도 이긴 전쟁보다 낫다. 이것은 분명한 사실이다**'라고 지금도 공공연히 떠벌이고 있다. 특히 이재명은 '**우리 북한**', '**선대인 김일성·김정일 부자가 한반도 평화를 위해 노력했다**'라는 발언이 국가보안법(제 7조 찬양·고무죄) 위반 혐의로 고발당한 상태다. 이재명의 소신을 한마디로 요약하면 '**대한민국을 북한의 지령대로 끌고 간다**'라는 것이나 다름없다.

이게 간첩이 점령한 큰 그림의 대한민국 실상이다. 이 사실만으로도 대한민국은 이미 '**내면적 적화상태**'에 있다. 현재 '**국가보안법**'이 사실상 사문화되면서 대한민국은 간첩이 점령한 나라가 된 것이다. 대한민국의 존립을 위태롭게 하는 간첩들이 백주에 붉은 머리띠를 두르고 수도 서울의 심

장부인 서울시청으로 몰려나와 '**미군 철수**' '**종전선언**' '**윤석열 탄핵**' 등 반국가 이적행위를 일삼아도 처벌을 못 하고 있다. 무엇보다 간첩의 속내를 노골적으로 드러낸 '**체제대전환**'을 외쳐도 자유민주주의 우파세력과 국민의 힘은 눈만 껌벅이고 있다.

대공 수사관들은 한결같이 대한민국은 이미 내면적 '**적화상태**'에 들어간 것이나 다름없다고 말한다. 이 나라가 진짜 정상국인지 누구든 주변을 한번 둘러보라! 카톡방이나 밴드, 동창 모임이나 계모임, 친구 모임, 친지 모임, 교회 성도 모임, 심지어 가족 간에도 이미 '**사상 투쟁**'이 진행되고 있음을 금방 알 수 있다. 그 싸움의 실마리는 '**이재명을 지지하느냐**', '**윤석열을 지지하느냐**'라는 것에서 나타난다. 이는 외견상 단순히 여야를 두고 정치적 견해 차이로 생각할 수 있다.

그러나 이는 너무나 큰 착각이다. 지금 우리 사회의 사상 문제는 정말로 심각하다. 친구와 친지는 물론 혈육지간에도 사상 문제로 서로를 멸시하거나 심지어 원수가 되는 세상에서 지금 우리가 살고 있기 때문이다. 이런 중차대한 문제의 내면을 조금만 더 깊이 들여다보면, 이는 대한민국의 '**자유민주주의**'를 수호하려는 세력과 김일성-김정일-김정은을 추앙하고 맹종하는 '**종북 주사파**'를 지지하는 세력 간의 사상 투쟁임이 너무도 명확하게 드러나고 있다.

이제 대한민국은 극악무도한 북한 김정은 손아귀로 넘어갈 적화통일의 기로에 서 있다. 주변 곳곳에서 '**빨갱이**(공산주의자를 속되게 이름)'가 득실거리는 데도, 빨갱이를 말하면 '**지금 이 시대에 빨갱이가 어디 있느냐**'고 비아냥거린다. 그러나 '**빨갱이와 간첩**'들이 우리 사회를 완전히 점령하고 있다. '**제주 간첩단**', '**창원 간첩단**', '**민노총 침투간첩망**', '**전북간첩망**'이 백주에 설치고 있다. 그런데 너무도 명백한 이 간첩이 점령한 사회를 직접 두 눈으로 보고도 분노하거나 위협을 느끼지 않고 한가한 소리를 하는 '**너도 빨갱이**'일 개연성이 매우 높다.

특히 지난 문재인 정부 때 청와대를 비롯해 '**정부요로(政府要路)**'를 장악한 자들이 바로 대부분 종북 주사파 빨갱이가 아니었는가. 대통령 문재인(2017~2022년)을 비롯해 초대 비서실장을 지낸 임종석(2017~2019년), 그리고 국방부장관 이인영(2020~2022년), 더불어민주당 원내대표를 지낸 우상호(2016~2017년), 2기 문재인 비서실장 노영민(2019~2020년) 등이 지난 5년간 이 나라 국정을 주도했다. 이들이 누구인가? 북한 김정은 정권의 아류인 '**종북 주사파**' 무리가 분명하지 않은가.

북한 김일성 주체사상을 추종하거나 맹종은 사악한 '**종북 주사파**' 무리가 국가보안법을 무시하고 저지른 반국가적 이적 및 간첩 행위는 이루 다 말로 헤아릴 수 없다. 이 책 『**간첩이 점령한 대한민국**』은 간첩들의 행동과 실상을 조목조목 적시했다. 무엇보다 '**국가 반역**' 행위를 저지르고도 오히려 큰소리치면서 더 높은 지위를 차지하고, 더 잘사는 기막힌 나라가 바로 대한민국이다. 이 물음에 반대하는 인간이 있다면 그들도 '**종북 주사파**' 패거리이거나 자기도 모르는 사이 주사파에 미혹된 어리석은 군상들이다.

특히 대한민국 국정을 책임진 윤석열 대통령이 이들 '**빨갱이와 주사파**'를 향해 '**반국가세력**'이라고 특정했다. 실제로 주요 단체나 기관 상당수가 북한 '김정은의 지령'으로 돌아가고 있다. 노동자 권익을 보호해야 할 민주노총은 눈만 뜨면 '윤석열 대통령 탄핵'을 부르짖고 있다. 또 입만 열면 '미군 철수', '종전선언', '평화협정' '체제대전환'을 노래하고 있다. 이들의 구호는 북한 '김정은 지령'임이 분명하게 밝혀졌다. 지금 이들은 간첩 및 이적행위를 하고 있는 것이다.

현재 우리 국민의 90% 이상이 〈미군 철수〉를 반대하고 있다. 민노총 지도부 간첩들이 북한의 지령을 앵무새처럼 노래를 부르고 있는 것은 분명한 국가보안법 위반이다. 이제 의식 있는 애국 국민은 대한민국이 '**적화통일**'의 위기에 놓여있다는 것을 알아차리고 '종북 주사파 척결'에 힘을 모아야 한다. 그렇지 않으면 대한민국의 내일은 없다. 머지않아 '**적화통일**'이다.

그나마 천만다행히도 윤석열 대통령과 또 일부나마 각부 장·차관들이 '**주사파 실체**'를 정확히 알아차렸다. 윤석열 대통령은 취임 1주년이 조금 지나면서 이들 '종북 주사파'를 향해 대한민국 역사 사상 처음으로 대통령이 직접 '**반국가세력**'이라고 언급했다. 윤석열 대통령이 강조한 '**반국가세력**'을 구체적으로 풀이하면 이는 북한 김정은을 추종하거나 김정은 지령에 따라 움직이는 종북 주사파는 분명한 간첩이거나 빨갱이라는 것을 지목한 셈이다.

특히 윤석열 대통령은 지난 2023년 8.15 경축사에서도 "우리는 자유민주주의를 선택하고 추구한 대한민국과 공산전체주의를 선택한 북한과 체제경쟁을 한 결과 지금 세계가 놀랄만한 성공과 번영을 이뤄냈다"라면서 "그런데도 공산 전체주의를 맹종하며 조작과 선동으로 여론을 왜곡하고 사회를 교란하는 '반국가세력'들이 여전히 활개 치고 있다"라고 강조했다.

윤석열 대통령이 지적하고 있는 **반국가세력**은 지난날 민주화를 부르 짖던 위장한 종북 주사파 '586 민주화 반정부세력'과도 그 맥락을 같이하 고 있다. 반국가세력은 북한 김일성·김정일·김정은 독재 세습체제를 추종 하면서 '**간첩 행위**'를 일삼거나 '**이적 및 여적 행위**'를 저지르고 있는 자들을 총칭한 것이다. 북한 김일성 주체사상을 추종하는 종북 주사파는 정말 끈 질긴 인간 군상들이다. 이들 '종북 주사파'는 북한이 지령하는 '**남조선 해 방**'을 위해 목숨을 내놓은 막장 인생들이다.

이들의 인생 목표는 단지 '**남조선 해방**'으로 남한을 북한 김정은에게 넘 기는 것이다. 이를 위해 남한에 기생하는 종북 주사파는 이미 40년 전부터 오직 '남조선 해방'이라는 한 길만 달려왔다. 이제 그동안 쌓아온 '**자기 공 적**'을 내려놓을 수 없다. '**남조선 해방**'이 아니면 결국 죽을 수밖에 없기 때 문이다. 바야흐로 죽음을 불사한 '**건곤일척**'의 체제전쟁이 지금 벌어지고 있는 명백한 이유다.

이제 자유민주주의 대한민국을 살리는 유일한 길은 '**종북 주사파**'의 흉 측한 '간계(奸計)'를 낱낱이 밝혀내, 이를 온 국민에게 알려 '4·10총선'에서 압도적 승리, 즉 국회의원 200석을 달성하는 수밖에 달리 방법이 없다.

끝으로 이 책을 집필하는 동안 많은 사상적 조언과 격려로 도움을 준 신 앙의 동역자 에브라임 오 선배님과 국가 보안법 관련 자문을 기꺼이 허락 해 주신 자유민주연구원 유동열 원장님, 그리고 국정원에서 평생 헌신한 존경하는 친구 윤병록에게 깊은 감사를 표하고 싶다.

Part 1
간첩이 다스린 '대한민국!'

"

김대중을

누구보다 내가 잘 알아!

김대중은 북한과 내통하는 남한의

위장한 간첩, 혁명가가 분명해요,

김대중은 제2의 박헌영이고,

또 문재인은

제2의 김대중이에요.

"

"

'간첩 문재인'은

실제로 '4.3사건'은 "(제주가)

먼저 꿈꿨다는 이유로 제주는

처참한 죽음과 마주했고

지난날 제주가 꾸었던 꿈이 지금

'우리의 꿈'입니다"라고

주장한다.

"

1. 北직파간첩 증언 '김대중은 위장한 간첩'

나는 '김일성이 직접 보낸 직파 간첩이다!'

직파 간첩 박종철 씨(가명: 이하 P 씨)!

"나(P 씨)는 1946년 6월 남로당에 가입해 좌익활동을 하면서부터 김대중이를 누구보다 내가 잘 알아, 처음에는 여운형이 조직한 조선건국준비위원회에 들어가 공산당 활동하던 것을…. 그리고 빨갱이 김대중이는 대한청년단, 목포해양단 부위원장 등 다양한 경력을 가진 제2의 박헌영이고, 또 제2의 김대중은 문재인이, 문재인이다. 문재인이 문제를 해결하지 않으면 대한민국은 존재가 불투명하다. 미안하지만 그 문제 해결하지 않으면 대한민국의 존재는 성립될 수가 없어…."

"남한에서 데모라든가 모든 폭동을 일으키는 것은 저 우에의 (북한 지칭) 지령이 없이는 안 돼, 단독으로 남한 사람들끼리는 할 수가 없어요. 반드시 북한의 지령이 있어야만 가능하다. 말하자면 **'제주 4·3사건'**도 마찬가지야. 요즘 태영호가 (4·3사건 진실을) 말해 진통을 겪고 있는데, 태영호 말이 맞어. 제주 4·3사건은 이승만이 5월 10일(5·10선거로) 남한 단독정부를 세우려 하니 이를 반대해서 일어난 것이 제주도 폭동 사건이다."

〈2023년 4월 28일자 '너만몰라TV'와 특별인터뷰에서 북한 직파 간첩 P 씨가 직접 증언한 내용을 발췌한 것이다. 현재 98세인 P 씨는 건강한 모습으로 활동하고 있다.〉

P 씨는 1926년생으로 19세의 나이에 해방을 맞이했다. 해방되자 P 씨도 이듬해인 1946년 남로당에 가입해 좌익활동을 시작하면서 국외에서 독립운동을 하던 좌우익 애국 세력들이 조선으로 몰려들어 활동하는 모습을 생생히 목격하면서 살았다. (1926년생인 P 씨는 1924년생인 김대중 씨보다 2살이 적은 비슷한 또래였다.)

P 씨의 증언은 이어졌다. 좌익세력 중에서는 박헌영이 제일 먼저 남조선공산당을 조직했다. 이어 여운형이 근로인민당, 신민당을 조직하면서 이들 좌익세력의 3당은 서로 주도권을 가지려고 극심한 싸움을 벌였다. 결국 공산주의를 신봉하는 좌익 3당이 합당을 하게 되면서 당명을 남조선노동당(남로당)으로 개칭했다고 한다.

이어 1년 뒤 북한에서는 김일성을 중심으로 북조선노동당(북로당)이 조직되었다. 그리고 남로당과 북로당이 합당을 선언하면서 조선인민공화국 '조선노동당'이라는 좌익단체가 조선 반도에서 건설되었던 것이다. 이로써 남조선에서는 박헌영이 남로당의 당수가 되고, 북조선은 김일성이 소련의 뒷배로 북로당을 거머쥐게 된다.

이런 혼란 와중에 P 씨는 박헌영이 주도하는 남로당에 가입해 신실한 일꾼으로 좌익활동을 열심히 했다. P 씨는 전라북도 진안군 성수면의 만덕산 바로 아래 중길리라는 마을에서 부잣집 아들로 태어났다. 하지만 아버지가 외도로 딴 살림을 차리면서 재산을 모두 가져가 버리는 바람에 P 씨와 어머니는 어렵게 살았다. 가난하고 배고픈 시절을 보내면서도 '총명하다'라는 소리를 들어온 P 씨는 단지 배고픔을 벗어나기 위해서는 전북

지역의 명문인 전주고등학교에 입학하는 것이 유일한 소망이었다.

그러나 고등학교에 진학할 가정형편이 안 돼 크게 좌절했다. 하지만 실낱같은 희망을 품고 어머니와 인근 지역인 전라북도 임실군 관촌면 관촌리에 있는 외가로 들어갔다. 그런데 외사촌 두 형은 일본에서 와세다와 메이지대학을 졸업한 엘리트로 공산주의 사상을 가지고 있었다. P 씨는 당시 전라북도에서도 특히 임실군 관촌면 관촌리에 빨갱이가 가장 많았다고 한다.

그런 지역에서 외가 형 친구인 일본 와세다 대학 출신의 김재문이라는 형과 어울려 지내면서 P 씨는 "난 (형처럼) 공부를 하고 싶다. 그러나 가난으로 뜻을 이루지 못하고 있다"라고 진심을 털어놓는다. 그리고 공산주의 사상에 완전히 물든 김재문의 도움을 받아 독학으로 (일본 유학) 자격증을 획득하고 일본으로 유학할 준비를 했으나 이 또한 가난으로 꿈을 접어야 했다. 일본 와세다 대학 진학의 꿈이 좌절되자 빨갱이 형들의 영향을 받아 자연스럽게 공산주의 사상을 받아들인다.

◇ 남로당 입당하면 '너(P)도 공부 소원 이룰 수 있어!'

외가 형들은 이미 일본 유학을 통해 좌익사상에 깊이 몰두해 있었다. 그리고 공부를 너무나 하고 싶어 하는 P 씨에게 와세다 대학 출신인 김재문이라는 형이 공산주의 사상의 마수를 뻗쳐온 것이다. 공부에 미친 네(P 씨)가 원하면 공부할 수 있는 길은 있다면서 남로당 가입을 권유했고, P 씨는 1946년 6월 25일자로 남로당에 입당을 한다. 그때 형들이 준 빨간 표지로 된 『소련공산당 역사』라는 책을 읽으면서 좌익사상에 깊이 빠져들었다.

좌익활동을 하면서 배움에 좌절한 원한으로 독이 오른 P 씨는 6·25 때 고향마을 유지들과 지주들을 인민재판으로 수도 없이 죽였다. 그러다 인천상륙작전으로 북한이 밀리자 (어머니가 너는 지역 유지들을 죽였으니 북으로 가라) P 씨도 인민군을 따라 북한으로 올라갔다. 북한으로 들어간 뒤, 1953년 7월 27일 휴전으로 안정을 되찾으면서 P 씨는 북한 당국의 도움으로 하고 싶은 공부를 시작한다.

총명한 P 씨는 북한 당국으로부터 인정을 받아 정치보위부 '**정보과**'를 마치고, 체신성에서 근무하면서 '**체신간부학교**'를 졸업했다. 그리고 남조선 적화통일을 위해서 일하라는 명령을 받고 중앙당으로 소환돼 4년제 대학인 '**김일성 정치군사대학**'을 졸업했다. P 씨는 하고 싶은 공부를 원 없이 하면서 성적도 뛰어나 북한 당국으로부터 깊은 신뢰를 얻는다. 북한에서 결혼도 하고 슬하에 2남 2녀를 두었다.

그리고 남조선 혁명을 완수하기 위한 4년간의 계획으로 특수 간첩 교육을 받았다. 당시 P 씨가 받은 모든 교육의 전체 주제는 '**남조선 해방**'이었다. 이를 위해 '**항일 빨치산 참가자들의 회상**' '**김일성 선집**' '**마르크스주의 철학**' '**정치경제학**' 등 다양한 분야의 학문을 수학한 뒤, 마지막으로 남조선 혁명을 위한 계획서를 공부하면서 김일성으로부터 조선노동당 전라북도 도당 위원장(북한서 차관급)이라는 직위를 부여받고 직파 간첩으로 남한에 파송될 준비를 한다.

北 홍명희 부수상 명령 '김대중을 도와라!'

P 씨는 특이하게도 이전에 남파 간첩에게는 없었던 일을 경험하게 된다. 당시 월북한 남조선 인사들은 한결같이 모두 숙청이라는 길을 밟았다. 하지만 남조선 출신으로 유일하게 끝까지 김일성 총애를 받고 승승장구하며 중앙당 내각 부수상에까지 오른 인물이 바로 홍명희(1888~1968년)이었다. 벽초 홍명희는 말년인 1968년까지 최고인민회의 상임위원회 부위원장을 연속 두 차례나 역임하는 영광을 갖는다.

P 씨는 뜻밖에도 직파 간첩으로 남한에 내려오기 전에 북한의 내각 부수상을 지내고 당시 최고인민회의 상임위원회 부위원장이던 홍명희를 만나게 된다. 그러니까 남조선 혁명을 위한 간첩교육을 모두 마치고 남조선 혁명 계획서를 공부하고 있을 즈음, 하루는 홍명희가 P 씨 등을 모란봉 초대소로 불러서 축하연회를 베풀어주었다. 당시 P 씨와 함께 남파될 간첩들은 연회를 즐기면서 그 자리에서 남조선 혁명을 위한 계획서를 보고하기도 한다.

P 씨는 성적이 뛰어나 조선인민민주의 인민공화국 국기훈장 제 3급(차관급)을 수여받았다. 그리고 모든 연회가 파하고 출입하던 사람들이 돌아가자 홍명희가 P 씨를 직접 따로 불러 은밀히 말하기를 "남조선에는 남조선해방을 위해 여러 혁명가들이 활동을 하고 있다. '그 중에는 김대중'이라는 사람이 있는데, 그가 혁명투쟁을 하고 있다"고 귓속말처럼 살짝 들려주었다.

P 씨는 처음에는 자신의 귀를 의심했다. 왜냐하면 정보학교를 나온 정보일꾼이라면 그런 이야기는 절대로 해서는 안 되기 때문이다. P 씨가 잠시 의심의 생각에 잠기는 사이 홍명희는 "당신(p 씨)이 전라도 출신이고 앞으로 계획서대로 남조선 혁명을 완수하기 위해서는 근거지가 있어야 한다. 항일투쟁을 위해 백두산을 근거지로 삼은 것처럼, 먼저 전라남도와 전라북도, 그리고 제주도를 혁명의 근거지로 만들어야 한다"고 말했다.

이제서야 P 씨는 홍명희 중앙당비서도 남조선 출신으로 매우 똑똑하다고 판단한 나(P 씨)를 정말로 신뢰하고 있구나하는 생각을 하게 된다. 홍명희 당비서는 또 P 씨에게 "남한으로 내려가면 어떤 경우이든 절대로 어머니를 만나지 마라. 그리고 남조선의 혁명가 김대중을 도와라"고 명령한다.

P 씨는 당중앙위원회 이름으로 남조선 전라북도 도당위원장이라는 직책을 수여받았다. 그런데 모란봉 초대소에서 연회를 베풀어준 일이 이전에는 없었던 것으로 알고 있다고 했다. 그날 축하연을 즐긴 이후 나머지 잔여 교육을 마치고 1969년 가을 16과(전라남북도를 말함) 과장의 인솔하에 황해남도 연안군 염전리의 남파기지에 도착한다.

북한 당국이 마련해준 반잠수정을 타고 으스름한 야간을 이용해 은밀히 인천시 동구 송현동 방파제에 내려 인근 허름한 여인숙에서 첫날밤을 보냈다. 1969년 10월은 P 씨가 북한군을 따라 고향인 전북 임실을 떠난지 20년 만이다. 그리고 직파 간첩 임무를 받고 남한 땅을 밟은 것이다. 20년 전 6·25 총성이 울려 퍼질 때 세상을 손아귀에 넣은 것 같은 그 감격을 다시 맛본 것이다.

P 씨는 남한에 도착한 뒤 홍명희가 말한 김대중의 실체를 직접 알아보기 위해 김대중 고향 화이도 생가를 비롯해 주변의 여러 상황을 샅샅이 훑어보고 조사해본 결과 (홍명희 당비서)의 말이 틀림이 없구나 하는 것을 깨닫게 됐다고 한다. P 씨는 "김대중이에 의해서 대한민국은 완전히 망했다"고 강조한다. 그러면서 "김대중 때문에 나라가 무너지고 있다는 것은 틀림없는 말이다. 김대중의 간첩 행적과 흔적은 우리 사회 곳곳에서 드러나고 있지 않느냐?"고 반문한다.

그러면서 "나라가 이지경인데도 우파라고 말하는 국민의힘 당도 전혀 정신을 차리지 못하고 있다. (김기현) 당대표라는 사람이 애국운동을 하는 광화문 세력을 완전히 무시하고, 특히 이 나라를 살린 애국자 전광훈 목사님을 '당을 나가라' '그 입을 닥쳐라'고 험한 막말을 마구 해대는데, 과연 이 사람들이 정신이 있는 사람들인지, 정신이 나간 사람들인지 모르겠다. 국민의힘 이들에게서는 실낱같은 희망조차도 기대할 수 없다. 이들(국민의힘당)이 지금 나라를 망치려고 염병지랄을 하고 있다"고 격앙한다.

◇ P 씨, 박정희와 철천지원수인 "김대중은 간첩"

P 씨가 1969년 가을(10월) 남한에 내려와 김대중을 보니까 북한 당국에서 말한 대로 김대중은 박정희 정부를 비난하면서 서로 철천지원수가 돼 정치활동을 하고 있었다. 그리고 10년 뒤인 1979년 10월 26일 박정희 대통령이 김재규의 총에 맞아 서거했을 때, 북쪽에서는 "때는 바로 지금이라면서 '남조선 혁명의 결정적 시기가 돌아왔다'며 폭동을 일으켜야 한다"고 했다. 그러면서 "'광주 5.18폭동'은 '10.26사태'와 떼려야 뗄 수 없는 밀접

한 관계"라고 주장한다.

실제로 김재규가 박정희를 시해한 '**10.26사태**'가 발생하면서 철권 독재 정치를 하던 박정희 시대가 종막을 고하자 김대중을 비롯한 김영삼, 김종 필 등이 정치적 제재에서 풀려나면서 앞다퉈 대통령 출마를 선언한다. 그리고 사람들은 이 때를 일러 '**3김 시대**'라며, 지난 1968년 체코슬로바키아 수도 프라하에서 일어난 민주화운동 〈**프라하의 봄**〉에 빗대 〈**서울의 봄**〉이 왔다고 떠들어댄다.

그리고 대한민국의 빨갱이 세력들이 이 〈서울의 봄〉에서 따와 역사적 진실을 왜곡-날조한 영화가 지금 대한민국 국민을 '**미혹**'하고 있다. 이에 앞서 4년 전 21대 총선을 앞두고도 똑같은 정치기획 상품인 〈**남산의 부장 들**〉이라는 영화를 개봉한 적이 있었다.

이 영화 〈**남산의 부장들**〉은 박 대통령을 시해한 '**10·26사태**'의 살인범 김 재규를 영웅으로 미화하고 둔갑하는 끔찍한 역사 왜곡과 진실을 날조한 내용을 담고 있었다. 이 영화를 먼저 개봉한 이유는 지금 22대 총선을 앞두 고 상영중인 〈**서울의 봄**〉을 '**10·26**'과 '**12·12사태**'라는 현대사를 연계하여 완벽하게 왜곡 날조하려는 의도라는 것을 금세 알 수 있다.

〈서울의 봄〉 4·10총선 겨냥한 '정치 선동 영화'

◇ 역사 왜곡과 진실 날조에 침묵하는 '지식인들!'

지금 관객 1000만 명을 넘어선 영화 〈서울의 봄〉은 직파간첩이었던 P씨의 '5·18 증언'과 관련이 있어, 삽화로 짧게 언급을 하고자 한다. 박정희를 시해한 '10·26 사태'라는 역사적 사실과 또 박 대통령을 살해한 범인을 체포-구금한 정당한 절차 과정인 '12·12사태'를 왜곡-날조한 두 영화 〈남산의 부장들〉과 〈서울의 봄〉은 좌파 빨갱이 인간관과 관점을 이해하면, 이번 '4·10총선'을 겨냥한 전형적인 진실을 왜곡한 '선전선동 영화'라는 것을 단번에 알 수 있다.

이는 종북 주사파 빨갱이들이 영화를 만드는 상투적인 기법이 언제나 역사 왜곡과 진실을 날조하고 있다. 종북 주사파 빨갱이들은 항상 역사적 진실을 새빨간 거짓말로 위장하고 포장해 역사인식이 부족한 특히 젊은 세대(20, 30. 40대)를 유혹하여 표를 훔치는 짓을 일삼아 오고 있기 때문이다.

역사적 사실과 사건의 진실을 은폐하고 날조한 〈서울의 봄〉을 관람한 20, 30. 40대는 역사인식이 부족하기 때문에 거짓 선전선동에 쉽게 유혹당할 수 있다. 특히 질풍노도와 같은 시기를 지나는 20대들은 왜곡-날조된 현대사를 그린 이 영화를 보고 "대한민국은 기회주의자가 판치고 정의가 실종된 정말로 나쁜 나라"라고 잘못 생각하게 만드는 참으로 위험천만한 발상을 가진 범죄행위가 아닐 수 없다.

무엇보다 진실을 왜곡한 〈서울의 봄〉 관객수가 이미 1천300만을 넘어섰다. 그런데도 대학의 지식인사회는 불과 얼마 전에 일어난 이 엄연한 80년대 사건의 진실을 날조한 것인데도 누구 하나 입도 벙긋하지 않고 있다. 게다가 모든 진실을 취재-보도하고 그 자료를 가지고 있는 조중동을 비롯한 언론조차도 애써 이를 외면하고 있다. 대한민국 지식인 사회에 과연 합리적인 이성이 작동하는가? 현대사회의 진실에 관한 애정이 눈곱만큼이라도 존재하는지 묻고 싶다.

◇ 〈서울의 봄〉 왜 역사의 진실을 왜곡 날조했는가?

꼭 4년 전 21대 총선을 앞두고도 똑같은 정치기획 상품인 〈남산의 부장들〉이라는 영화를 먼저 개봉한 적이 있었다. 이 영화는 앞서 박정희 대통령을 시해한 '10·26사태'의 살인범 김재규를 영웅으로 미화하고 둔갑하는 끔찍한 역사 왜곡과 진실을 날조한 내용을 담고 있었다. 이 영화를 먼저 개봉한 이유는 지금 상영중인 〈서울의 봄〉과 '10·26'과 '12·12'라는 현대사의 진실을 완벽하게 연계하여 왜곡 날조하려는 의도를 담고 있었던 것이다.

때마침 하나님의 도움으로 중공의 우한발 코로나가 전국을 강타하면서 이 영화는 기대한 만큼 크게 흥행하지는 못했다. 만약 그렇지 않았더라면 거짓으로 왜곡 날조된 이 영화 〈남산의 부장들〉도 1000만 이상의 관객을 동원하면서 엄청난 사회적 파장을 불러일으켰을 것이다. 코로나가 창궐한 가운데서도 500만 관객에 조금 못 미치는 절반의 성공으로 막을 내렸던 것이다. 빨갱이들은 모든 내용을 거짓으로 날조하는 것이 문제지 영화기법은 정말 기발하고 재기발랄해 관객들을 매료시킬 만큼 나이스하게 잘 만든다.

모든 사실을 왜곡·날조한 이 영화 〈서울의 봄〉에서는 '12·12사태'의 본질은 전두환이라는 악당이 정권을 찬탈하기 위해서 군사반란을 일으킨 것처럼 묘사하고 있다. 그러나 실제 '12·12사태'는 김재규가 박정희를 시해한 '10·26사태'의 연장선에 있다. 이는 곧 '10·26사태'는 우리나라 현직 대통령을 총으로 시해한 살인사건이었다. 따라서 대통령을 살해한 사건의 주동자로 보여지는 김재규와 정승화를 체포하는 일련의 과정이 바로 '12·12사태'인 것이다.

실제로 '12·12사태'의 진실은 이렇다. 당시 전두환은 합수부장으로서 박정희 대통령을 시해한 끔찍한 사건을 일으킨 김재규와 또 김재규에 동조하거나 연루된 혐의가 있는 정승화와 장태완 등의 일당을 체포·연행한 것은 너무도 당연한 것이었다. 그래서 이 사건은 전두환 합수부장이 이들을 체포·조사·신문하는 일련의 합법적인 과정이었다. 국가 원수를 살해한 범인을 체포하고 조사하는 것은 너무나 당연한 합수부장의 임무가 아닌가.

따라서 '12·12사태'야 말로 군사반란이 아니고, 박정희 대통령을 시해한 김재규 일당을 정죄하는 당연한 국가적 책무였다. 무엇보다 대통령을 살해한 '10·26사태'이야말로 진짜 정권찬탈이었고, 군사반란사건이었다. 그리고 이 사건을 일으킨 김재규와 그 일당들은 군사반란의 흉악한 범죄자들이었다.

전두환의 합수부는 이 최악의 군사반란을 막기 위해 임무를 수행한 너무나 정당하고도 합리적인 노력의 일환이라고 평가할 수밖에 없다. 무엇보다 이것이 현대사의 진실이다. 그러나 〈서울의 봄〉은 이 모든 진실을 완전히 거짓으로 왜곡하고 날조한 것이다.

1980년대 전두환 없는 '대한민국은 없다!'

그런데도 빨갱이들은 '12·12사태'를 오히려 전두환이 정권을 탈취하기 위해 꾸민 음모사건으로 왜곡-날조하고 있다. 이 영화는 전두환이라는 작중 인물을 악당중의 악당으로 설정하고 있다. 그리고 전두환이 일으킨 반란사건을 바로 '12·12사태'였다고 거짓으로 규정을 해버리는 것이다. 이렇게 전두환을 나쁜 악당으로 몰아놓고 박정희 시해범 김재규와 연계된 육군참모총장 정승화와 그 수하 장태완을 굉장히 훌륭한 인물로 둔갑시켜버린 것이다.

그리고 그 정승화가 임명한 수도경비사령관 장태완을 전두환이라는 반란군의 신군부에 맞선 멋진 남자(주인공 정우성분)로 그린 장면이 이 영화의 글라이맥스인 것이다. 영화 〈서울의 봄〉은 역사와 사태의 본질만 왜곡한 것이 아니다. 주인공마저도 사실과 다르게 날조한다. 실제로 장태환은 성격이 거칠고 술도 잘 마시는 인간이었다. 그런데도 극중에서는 술도 안 마시는 멋진 군인상으로 둔갑시켜 놓았다. 그야말로 모든 것을 거짓으로 왜곡하고 날조한 것이다.

◇ 빨갱이는 왜? '전두환, 악당만들기 혈안인가?'

박정희 대통령을 시해한 '12·12사태' 당시 주범인 김재규와 정승화는 그 순간에 권력의 정점에 있었다. 이들은 중앙정보부장과 군을 통솔한 육군참모총장이었다. 그런데도 이 권력의 실세들에게 과감하게 칼날을 들이댔던 사람이 바로 전두환이었다. 그리고 그 사건이 바로 '12·12사태'였던 것이다. 이렇게도 자명한 사실을 빨갱이들은 사건을 비틀고 왜곡하고 날조하여 젊은이들을 미혹하고 있는 것이다. 이 영화를 제작한 감독은 저주의 화살을 비켜설 수 있을까?

하지만 만약 전두환이 국가 권력의 정점에 있는 김재규와 정승화에게 부담을 가지고 적당히 야합을 했더라면 어떻게 되었을까? 역사에 가정은 성립하지 않지만 만에 하나 그랬더라면 오늘날 경제 10대 대국의 자유민주주의 대한민국은 없을 것이고, 아마도 대한민국은 북한의 손아귀에 넘어갔을 것이다. 그래서 지난 80년대 전두환의 역할은 정말 크고 위대했다고 평가할 수밖에 없다.

그런데 왜 전두환이 악당인가? 아니 빨갱이들이 전두환을 악당으로 만들기 위해 그토록 혈안인가? 한마디로 빨갱이들은 '광주 5·18사태'를 자신들의 정치적 도덕적 기반으로 삼고 있다. 따라서 전두환을 악당으로 규정해놓아야 그들이 천년만년 설 자리가 마련되는 것이다. 이를 위해 전두환을 반드시 사악한 인물로 만들어서 역사의 죄인으로 만들어야만 저들이 살 수 있기 때문이다.

이후 빨갱이들은 전두환을 언제나 살인마나 악마로 규정하고 틈만 나면 전두환을 죽이기에 악다구니를 쓰고 있는 것이다. 어떻게 불과 40여 년 전에 일어난 현대사를 이렇게도 완벽한 거짓으로 왜곡할 수 있단 말인가. 이는 뻔뻔스럽게도 거짓말 잘하는 주사파가 아니고서는 감히 흉내낼 수 없는 일이다.

프랑스 철학자이자 언론인인 레이몽 아롱이 『지식인의 아편』에서 "정직한 좌파는 머리가 나쁘고, 머리가 좋은 좌파는 정직하지 않다. 모순투성이인 사회주의의 본질을 모른다면 머리가 나쁜 것이고, 알고도 추종한다면 거짓말쟁이다"라는 명언을 그대로 방증하고 있다.

◇ 영화관 여기저기서 터지는 '전두환 나쁜 놈이다!'

이는 전형적인 빨갱이 주사파들이 즐겨 사용하는 포스트모더니즘 미학의 한 요소인 '미장센(misangcen: 영화·연극·드라마 등에서 연출가가 무대 위의 모든 시각적 요소를 배려하는 작업)'의 기법을 교묘하게 이용하고 있다는 증거다. 이는 제한된 장면 안에서 대사가 아닌 화면구도나 인물, 사물 배치 등으로 표현하는 연출의 메시지 기법을 말한다.

미장센은 스토리가 없다. 이는 스토리가 흘러가는데 등장하는 소품이 무의식중에 각인되도록 만드는 기법이다. 이를테면 한 연애영화가 있다고 치자. 순진한 두 남녀가 만나 데이트를 즐기고 있는데, 옆으로 '촛불혁명은 위대하다'라는 구호를 외치며 예쁜 여자가 앞장서 행렬을 이끌고 있다. 이는 영화의 본래 스토리와는 전혀 상관없이 그냥 지나간다. 이 같은

PR광고가 일종의 미장센이다.

이와 마찬가지로 빨갱이들이 미리 짜고 주요 영화관에 들어가 영화를 관람하면서 전두환이 결정적으로 악한 장면을 연출할 때마다 갑자기 '전두환은 나쁜놈이다'라고 소리를 치면 전체 관객들에게도 사악하고 악랄한 이미지를 동시에 덧입혀 각인시킬 수가 있다. 빨갱이들의 너무나 흔한수법을 이렇게 영화관에서도 간교하게도 악용하고 있는 것이다.

◇ **남한의 폭동은 '5·18 직접 경험하고 北지령 확인'**

잠시 삽화로 끼어든 영화 〈서울의 봄〉은 P 씨가 증언하는 **'광주 5·18사태'**와 관련이 있기 때문이다. P 씨는 '광주 5·18사태'에 대해서 이것은 반드시 알아야 한다면서 말문을 이어갔다.

P 씨는 "광주 **'5·18사태'**가 발발하기 얼마 전에 전국에서 활동하던 고정간첩들이 전라북도 전주에 다 모여들었다. 전라북도 고정간첩들은 앞서거사를 위하여 광주지역을 답사하고 왔다. 그리고 과거에 좌익에 가담했던 전과자들까지 모두 동원되었다. 또 이들은 광주 **'5·18사태'** 딱 한 달 전에 언제 폭동이 일어난다는 것까지도 모두 알고 있었다"라고 증언한다.

P 씨는 또 "막상 **'5·18사태'**가 광주에서 터졌을 때는 북한의 '124군부대'소수 인원이 참석하고 갔다는 소식까지도 다 듣고 있었다"고 말한다. 그러면서 "남한에서 일어나는 모든 폭동은 북한 당국의 지령이 없이는 단 한건도 일어나지 않는다는 것을 다시 한번 확인했다"라고 덧붙여 강조한다.

이어 "제주도 폭동사건(4·3사건)은 김달삼이 지난 1948년 5.10남한 단독

선거를 막기 위해 일으킨 것으로 이후 김달삼은 북한 인민공화국 영웅칭호를 받은 놈이었다. 이와 같이 김대중은 '5.18폭동'의 중심에 있었던 자이며, 김대중은 남로당 박헌영의 제2인자이고, 문재인은 김대중의 2인자"라고 재차 강조했다.

P 씨는 "이후 김대중이 남한에서 대통령(1998~2003년)이 되는 것을 보고 당시 북한에서 만났던 홍명희 부수상인 당비서가 나(P 씨)에게 한 말처럼 김대중이 틀림없는 남조선 혁명가이구나라는 것을 다시 깨달았다"며, 그래서 위협을 느낀 P 씨 가족은 미국으로 도피하려고 했으나 아내와 딸만 보내고 P 씨 자신은 사정상 갈 수가 없었다고 말한다.

앞서 광주 '5.18사태' 당시 P 씨가 복역하고 있던 광주교도소에는 30~40동안 미전향자로 남아있던 64명의 간첩들이 있었다고 한다. 그리고 P 씨를 비롯해 그때 전향한 사람이 모두 102명이었다. 그 102명은 모두 전향서를 쓰고 석방됐는데, 실제로 전향한 뒤 정상적인 사회생활을 한 사람은 구례출신 이 아무개와 P 씨 둘뿐이었고, 나머지 100명은 모두 가짜 전향자였다고 털어났다.

북한 당국 '절대로 어머니를 만나지 말라!'

◇ P 씨 '남한의 자유와 선진문화 환경에 깊은 충격'

조선노동당 전라북도 도당 위원장으로 남한에 직파된 간첩 P 씨의 직책은 그야말로 막중한 자리였다. 만약 적화통일이 된다면 이 직책은 조선노동당 중앙당 산하에서 전라북도 도당 위원장은 남한의 집권당 도당 책임자보다 훨씬 막강한 지위라는 것을 알 수 있다.

P 씨는 20년 만에 대한민국 인천시 동구 송현동에서 설레는 첫날밤을 거의 뜬 눈으로 지새우고 일어나 인천 시내로 나가보았다. 20년간 북한에서 각종 교육을 통해 항상 남한의 수도 서울에는 거지 떼가 우글거리고 시내 곳곳에 빈민들이 들끓고 있다고 배웠다. 그런데 이게 웬일인가. 다들 훤칠한 키와 아름다운 미모에 미니스커트를 입은 아가 씨들이 '빼딱구두(하이힐)'를 신고 종종걸음으로 출근하는 모습을 보고 P 씨는 적지 않은 충격을 받았다고 한다.

인천시 동구 송현시장에서 새 옷을 한 벌 구입해서 갈아입고, 북한서 입고 온 옷은 보자기에 싸서 전철 선반에 버리고 서울역에서 호남행 열차를 타고 전주시내로 들어갔다. 북한에서 홍명희 당비서로부터 '절대로 어머니를 만나지 말라'는 명령을 받았다. 당분간 어머니를 만나는 것을 염두에 두지 않았다.

이는 P 씨보다 먼저 남조선 해방 임무를 띠고 남파간첩으로 내려와 임무를 수행하던 (6·25당시 함께 월북한 동네) 친구가 전라북도에서 간첩활동을 하다가 P 씨 어머니의 발고로 들통나는 사건이 발생해 조기 귀환 당하는 일이 있었기 때문이다. 그래서 북에서 절대로 어머니를 만나지 말라고 당부를 했던 것이다. P 씨는 우선 시급한 남파 간첩활동을 수행했다.

◇ 그리운 어머니 '핏줄은 하늘이 낸 것인가요?'

그러나 P 씨 자신은 북한에 어떤 인질도 없고 해서 외동인 내(P 씨) 어머니가 어떻게 살고 계실까하는 것이 너무나 궁금하여 일단 몰래 한번 찾아가보자고 생각했다. 먼저 어머니가 계시는 곳이 아닌 5촌 당숙어른을 찾아뵙고 어머니 안부만 물으려고 했다. 그리고 당숙을 만나 어머니 안부만 묻고 떠나려고 하는데, 당숙께서 여기까지 와서 어떻게 어머니를 안보고 가느냐고 말했다.

P 씨는 어머니가 어디에 계시는지도 모르는데 어떻게 만나요 하고 물었더니 지금 어머니가 작은 아버지 병문안을 위하여 여기 와 있으니 만나고 가라고 일러 주었다. 아! 핏줄은 정말 하늘이 내는 것일까. 어떻게 그 시간에 전혀 생각지도 않은 이곳에서 어머니를 만날 수 있단 말인가. 한시도 어머니 모습이 뇌리에서 떠난 적이 없었던 가여운 내 어머니, 못난 자식 나하나 믿고 의지하셨는데, 이렇게도 쉽사리 만나게 되다니 이 무슨 하늘의 조화 이런가!

P 씨는 당숙의 간곡한 부탁에 굴복당하고 어머니를 작은 아버지댁 골방에서 만나기로 서로 약속하고 찾아갔다. 그런데 나(P 씨)를 바라본 어머니가 그만 까무라치고 만 것이다. 한참 뒤에 깨어나서 하시는 첫 말씀이 "자수하라! 그렇지 않고 갈려면 이 에미를 죽이고 가라!"고 했다. 이 말씀은 자식에 대한 사무친 그리움에서 우러난 것이라는 걸 안다. 그리고 그날 밤을 어머니와 함께 지내고 새벽에 일어섰다. 또다시 자수를 권유하는 어머니의 말씀을 뒤로한 채 집밖으로 나와 동네어귀에 있는 주막집을 지나 뒷산

으로 내달렸다.

한참을 달아난 뒤 그곳 '오두재(관촌리 인근 고개)' 꼭대기에 도착해 뒤를 돌아보니 한없이 그리워했던 어머니가 달아나는 못난 자식을 따라 나와 오두재 입구에서 등 뒤를 물끄러미 지켜보고 계셨다. 그 순간 (아, 저들이 왜 그토록 어머니 만나는 것을 금지했던가!) 마음 저 깊은 곳에서는 이미 어머니 (자수하라는) 말씀에 순종을 하고 있었던 것이다.

이후 남한의 다양한 문화와 북한보다 모든 것이 월등히 앞선 대한민국의 환경, 무엇보다 모든 사람들이 자유롭게 살아가는 모습을 보면서 마음한켠에서는 '전향하라'라는 작은 울림이 일어나고 있었다. 결국 P 씨는 경찰서를 찾아가 자수를 하고 대한민국이라는 아늑한 품에 안기고 만다.

P 씨는 전향한 뒤에 남한의 비밀정보기관에서 북한 간첩을 잡는 일을 해왔다. 그런 P 씨는 **"김대중은 틀림없는 간첩이다"**라고 여러 차례 주장했다고 말한다. P 씨는 또 "문재인이 김정은과 나눈 판문점 **'도보다리 밀담'**, 백두산 **'삼지연 밀담'**에서 반드시 북한에 극비사항을 전달한 간첩이 틀림없다"라고 강조했다.

한편 남한 직파간첩이었던 P 씨의 다양한 증언은 '너알아tv' '너알아tv2' '조우석유튜브' 등에서 이 책에 언급된 것보다 훨씬 더 리얼하고 충격적인 내용을 생생한 육성으로 들을 수가 있다. P 씨는 2024년 현재 98세로 여전히 건강한 모습으로 생활하고 있으니 누구든지 이의를 제기한다면 직접 들려줄 수 있다.

김대중은 '실제로 많은 사상적 의혹을 남겼다!'

◇ 2000년 '김대중-김정일 남북 첫 정상회담'

지난 '2000년 남북정상회담'은 대한민국 대통령 김대중과 조선민주주의인민공화국 국방위원장 김정일이 평양에서 2000년 6월 13일부터 6월 15일까지 2박 3일 동안 진행한 회담이다. 제1차 남북정상회담이었고, 회담 결과 마지막 날 '6·15 남북 공동선언'이 발표됐다. 미국의 AP통신은 2000년 12월 25일 '2000년 세계 10대 뉴스'를 발표했는데, 남북정상회담이 5위를 차지하였다.

남북정상회담 이후 실제로 이산가족 상봉, 금강산 관광, 북한의 남한 주최 스포츠 경기 행사 참가 등 민간 교류 사업이 본격적으로 활발하게 진행됐다. 남북 당국 간 회담이 지속됐으며, 북한은 일본, 미국과도 화해 분위기를 유지하며 국교 정상화 교섭에 나섰다. 김정일의 조기 서울 방문도 예견됐으나 국제 정세 급변 등으로 실현되지는 못했다.

◇ 뉴욕타임스(NYT) '의문의 노벨평화상에 김대중 뽑혀'

실제로 지난 2000년 6월 13일부터 6월 15일까지 2박 3일 동안 진행한 회담은 1948년 한반도가 분단된 이후로 남북간 두 당국의 대표가 처음으로 만나 개최된 사건이었다. 남북정상회담과 햇볕정책을 통해 한반도 평화를 증진시킨 공로와 생애 전반에 대한 공로로 김대중은 '2000년 노벨 평화상'을 수상한다.

그러나 2020년 뉴욕타임스에서 뽑은 '의문의 노벨평화상' 가운데 김대중
-오바마-아웅산 수지가 거론됐다. 2016년 군나르 스톨셋 전 노벨위원회
부위원장(당시 직함)은 "대한민국 대법원에서 확정된 불법대북송금 사실
을 알았더라면 김대중을 노벨평화상 수상자로 지목하지 않았을 것"이라
고 평가했다.

◇ 北 김정일에 '5억 달러 퍼주고 남북정상회담'

2000년 남북정상회담 발표 전에 현대그룹에서 북한에 4억 5천만 달러
를 송금했다는 의혹이 제기됐다. 2003년 대북송금특검이 도입돼 수사를
했다. 2003년 송두환 특검팀 수사결과 "현대가 북측에 송금한 돈은 총 5억
달러였다. 이 중 5000만 달러는 현물로 보내졌다"며 "5억 달러 중 정상회
담 대가로 김대중 정부가 북측에 건네기로 약속한 정책 자금 1억 달러가
포함돼 있다"고 밝혔다.

현대상선이 조달한 2억 달러는 2000년 6월 9일 북한의 대성은행의 계좌
(중국 마카오 지점)으로 송금되었다. 그리고 현대전자와 현대건설이 조달
한 2억 5000 만 달러는 홍콩과 싱가포르의 김정일 비밀계좌로 송금되었다
고 진술된 기록이 공개됐다. 김정일은 정권유지에 대한 압박감 때문에 미
국을 의식했고, 미국과 관계 개선을 위해 남북정상회담을 개최했다는 주
장이 나왔다.

대북송금 사건은 북한에 돈을 퍼주고 2000년 남북정상회담을 개최했다
는 의혹으로 파장이 컸던 것으로 특검이 실시된 사건이었다. 김대중 정부

대북송금 의혹을 수사한 송두환 특검은 박지원 비서실장을 기소하며 성과를 냈다. 그 과정에서 현대상선 정몽헌 회장은 돌연 자살했다. 박지원은 징역 3년의 법정구속실형을 받고 감옥을 살다 나중에 복권됐다.

◇ 김대중 '연방제 통일 목표로 대북 송금'

김대중 정부는 1998년과 1999년에 반국가단체 남한사회주의노동자동맹(사노맹)의 핵심 인물인 박노해, 백태웅, 은수미를 특별사면 하였다. 또 1998년 11월 23일 김대중은 CNN과의 인터뷰에서 "제주 4·3 사건은 공산 폭동이지만, 억울하게 죽은 사람들이 많으니 진실을 밝혀 누명을 벗겨줘야 한다"고 말했다.

김대중은 2000년 3월 9일 독일 국빈 방문 중 베를린 자유대학을 방문, 기념 연설 말미에 "지구상에 마지막으로 남아 있는 한반도 냉전구조를 해체하고 항구적인 평화와 남북간의 화해·협력을 이루고자 한다"고 하는 베를린 선언을 하였다. 이후 김대중 정부는 '**연방제 통일**'을 목표로 금강산 관광 추진, 개성공단 개발, 북한정권에 대한 자금 송금 등 대북화해협력정책(햇볕정책)을 본격적으로 펼치기 시작한다.

지금 이재명 등 좌파세력은 "**나쁜 평화가 좋은 전쟁보다는 낫다**"는 러시아 속담을 인용해 햇볕정책을 옹호하고 있다. 그러나 우파세력은 "당당한 대립이 아닌 비겁한 굴종을 택했다"며 햇볕정책을 비판하거나 아예 실패작으로 평가절하 한다. 실제로 지난 1999년 6월 15일 제1연평해전, 2002년 6월 29일 제2연평해전, 10월 제2차 북핵위기 등 햇볕정책이 시행된 기간에도 북한의 강력한 무력도발과 핵과 미사일 개발이 지속되고 있었다.

지난 2009년 6월 15일 한나라당 북핵특위가 개최한 회의에서 윤덕민 외교안보연구원 교수는 "북한 핵 문제는 애초부터 북이 핵을 포기할 것이라며, 협상으로 그렇게 유도할 수 있다고 믿은 **'김대중과 노무현 정부'**의 판단 착오"라고 주장했다.

이어 "협상 의지가 없는 북한을 상대로 협상을 시도한 것 자체가 북한에 핵개발에 필요한 돈을 퍼주고, 또 핵을 개발할 시간만 벌어준 셈"이라고 비판했다. 다음은 김대중, 노무현 정권이 북한 핵개발을 비호하거나 옹호한 발언들이다.

◇ 김대중 재임시 "北 핵개발 하면 내가 책임지겠다!"

김대중의 가장 유명한 말은 2001년 재임시절 "북은 핵을 개발한 적도 없고, 개발할 능력도 없다. 그래서 우리의 대북지원금이 핵개발로 악용된다는 얘기는 터무니없는 유언비어다. 북이 핵을 개발했다거나 개발하고 있다는 거짓유언비어를 퍼트리지 마라, (만약 북에 핵이 개발된다면) 내가 책임지겠다"라고 한 말이었다.

김대중은 또 경향신문 창간 58주년 특별대담을 나누면서 "북한도 남북정상회담에서 모든 것의 평화적 해결을 원한다고 했고요. 실제 북한은 지금 전쟁할 능력도, 전쟁할 의사도 없다고 본다"라고 답했다.

대담자 질문 "북한은 한 손에는 핵개발을, 한 손에는 경제를 쥐고 벼랑끝 전술을 펴고 있는데, 북한의 의도가 무엇이라고 보십니까?"

김대중은 "핵은 수단이고, 목적은 미국과의 관계 개선입니다. 미국 핵 앞에서 북한의 핵은 장난감도 아닙니다. 북한이 미국과 싸워 이길 수 있겠습니까? 북한주민의 굶주림을 해결하는 데 무슨 도움이 되겠습니까. 결국 북한의 목적은 사는 거예요. 살기 위해서, 나 죽이면 너 죽고 나 죽는다는 식으로 얘기하는 것이지요"라고 답했다.

◇ 노무현의 '북한 핵 관련 옹호 발언들!'

2003년 1월 24일 "북한 핵문제는 시간이 걸리리라 생각하지만 궁극적으로는 평화적으로 해결된다고 생각한다. 북한도 체제 안정과 경제적 지원을 보장하면 핵무기를 포기할 의사를 확실히 가지고 있다고 믿고 있다."

2004년 11월 14일 "부시대통령 재선성공 직후 미국의 대북 강경책에 제동을 걸었다. 대화를 통한 북핵의 평화적 해결 외에 무력행사, 봉쇄 정책, 북한 체제 붕괴 등은 수용할 없다."

2004년 11월 LA 방문시 발언 "북한 핵 주장 일리있는 측면이 있다고 본다."

2004년 11월 15일 남미 순방시 "북한은 체제 안전을 보장받으면 핵 개발을 포기할 것이며 누구를 공격하거나 테러를 위해 핵개발을 한다고 단정할 수 없다고 말했다."

2006년 12월7일 호주 방문 당시 시드니동포 간담회 "북한은 설사 핵무기를 갖고 있다 하더라도 (한국에) 치명적인 상처를 입힐 수 있을지는 모르지만 이기지는 못한다"며 "더욱이 정복은 불가능하며, 정복은 커녕 지배는 전혀 더 불가능하다."

◇ US Bank 발행 '김대중 비자금 수표 사본은 존재!'

현재 의혹에 휩싸여 있는 13억5000만 달러 상당의 '미국 내 김대중(DJ) 비자금' 중 대북(對北) 관련성이 있는 '1억 달러' 수표가 미스터리다!

지난 2023년 이런 내용을 두 차례에 걸쳐 보도했던 《월간조선》이 원세훈 전 국정원장 시절 확보한 1억 달러 수표의 실체를 밝혀줄 결정적 단서를 확보했다고 밝혔다. 잡지에 따르면 재판 취재 과정에서 문제의 1억 달러 수표 사본을 확인하는 한편, 이 자금이 왜 대북 관련성을 띠게 됐는지를 이해하게 하는 문서도 입수했다.

국정원의 심증을 굳히게 만든 제보의 내용은 'DJ 비자금' 최초 제보자 테리 스즈키(Terry Suzuki·63·미국 국적) 측 법률 대리인이 2010년 10월 8일 작성한 내용증명 서류에 요약돼 있다. 이 서류는 DJ의 3남 '김홍걸' 관련 주소지 세 곳으로 발송됐다. 김 씨 외에 내용증명 수신자가 한 명 더 있는데, 그는 미국 서부 오리건주에 거주하는 '데이비드 전(David Jun)'으로 한국명 '전성식'이다.

내용증명에는 사건의 전말뿐 아니라 1억 달러 수표가 발행된 경위, 그 수표와 김홍걸 등 DJ 일가(一家)가 어떻게 연관돼 있는지, 왜 대북 관련성이 있는지 자세히 기록돼 있다.

이명박 정부 시절이던 2010년, 국정원(당시 원장 원세훈)은 '미국에 예치돼 있는 13억5000만 달러의 DJ 비자금 중 1억 달러가 북한으로 유입되려는 정황이 있다'라는 취지의 첩보를 입수했다. 국정원은 이 정보가 비자금 관리자와 가까운 동업자로부터 나온 것이라 신빙성이 높고 대북 관련성이 있다는 판단 하에 조사에 착수했다.

미국 동부 지역의 비자금 의혹에 대해서는 국세청의 협조하에 자금 출처와 이동 경로를 추적했고, 서부 자금조사에는 FBI와도 공조했다. 이것이 이른바 **'데이비드슨 공작'**이다. 이 공작을 주도했던 국정원과 국세청의 고위 간부들은 문재인 정부 들어 '정치적 목적을 갖고 풍문만으로 DJ를 뒷조사했다'라는 이유로 특정경제가중처벌법 위반(국고 손실) 등의 혐의를 받고 재판에 넘겨졌다.

그중 최종흡 전 국정원 차장과 김승연 전 국정원 대북공작국장은 2심에서도 실형을 선고받고 복역 중이다. 국정원에 협조했던 이현동 전 국세청장은 지난 1월 31일 2심 선고 공판에서, 1심에 이어 무죄가 선고됐다. 함께 기소된 박윤준 전 국세청 차장의 2심은 현재 진행 중이다. 비자금을 추적한 국정원 요원들은 한결같이 '풍문이 아니라 실체가 있다'라고 주장하고 있다.

《월간조선》은 그간 이들 피고인의 재판 기록 등을 통해 국정원과 국세청이 왜, 어떤 이유로 DJ 비자금을 추적해왔는지 간접적으로 확인했다. 그러나 '국정원 공작'이라는 사안의 특수성 때문에 사건 전체를 다루는 데 있어, 일부 한계가 있었다. 하지만 이번에 최초 제보자의 내용증명 서류를 입수함으로써 국정원이 **'데이비드슨 공작'**에 착수하게 된 경위는 물론, 사건 전체의 사실관계를 파악할 수 있었다. 특히 사건의 핵심적 자료인 1억 달러 수표의 실체를 확인했다.

이 내용증명이 100% 진실이라고 단정할 순 없다. 스즈키의 법률대리인이 작성한 만큼 스즈키의 입장이 많이 반영돼 있기 때문이다. 하지만 스즈키 측이 송사를 염두에 두고 작성했다는 점에 비춰봤을 때, 전체 맥락은 신빙성이 매우 높다.《월간조선》은 기재 내용을 검증했고, 그 중간 결과를 보고한다.

◇ 스즈키 '내용증명 DJ삼남 김홍걸에게 보내'

(이하 등장인물) 2008년 DJ 일가와 친분이 깊은 전성식은 시애틀 거주 한국인 사업가 테리 스즈키에게 중국 선양에 월드트레이드센터(WTC)를 건립하기 위한 자금 1억 달러를 '김홍걸로부터 조달받기로 했다'며 WTC 사업 참여를 권유했다. 김홍걸이 앞장서 사업에 나설 수 없으니 대신 실무를 맡아달라는 취지였다. WTC 사업이 성사됐을 때, 거기서 발생하는 수익 일부를 김진경이 운영하는 평양과기대에 기부하는 조건도 달려 있다.

사업이 가시화되던 중 김진경은 DJ 일가로부터 나오는 자금의 성격에 의문을 가졌다. 비자금이기 때문에 훗날 문제가 될 수 있다는 이유였다. 결국 김진경의 반대로 이 사업은 좌초됐다는 게 스즈키의 주장이다.

선양 WTC 사업이 불발되자 스즈키는 사업 추진에 쓴 수백만 달러를 손해 봤다며, 내용증명을 작성해 김홍걸과 전성식에게 각각 발송했다. 스즈키는 금전적 손실 등에 불만을 품고, 문제의 사업과 1억 달러의 출처 등을 국정원에 제보한 것으로 추정된다.

사건 관련 핵심 인물들에 대해 간단히 적어둔다. 우선 테리 스즈키다. 1958년 출생인 스즈키는 한국계 미국인으로 사업가다. 스즈키의 미국 내 주소지(워싱턴주)를 기준으로 검색해보면, 스즈키 일가가 운영하고 있고, 운영했던 25개 법인이 확인된다. 이들 법인은 투자회사, 컨설팅회사, 농업 관련 회사 등으로 그 성격도 다양하다. 스즈키가 여러 사업에 손댔음을 추정할 수 있다.

한편 전성식은 DJ 일가와 친분 깊어 '북미관계에서 상당한 영향력을 발휘하고 있다'라는 대목이 눈에 띈다. 나중에 설명할 내용증명, 이현동-박윤준 재판 기록 등에 따르면, 전성식은 DJ 일가와도 친분이 깊다고 한다. **'데이비드슨 공작'**에 간여한 이모 국정원 전 처장은 '첩보에 의하면 (전성식은) 미국 내 DJ 비자금 관리자'라고 재판에서 증언하기도 했다. **(하략)**

〈이와 관련한 내용은 월간조선 뉴스룸에서 발췌한 내용이다. 더 상세한 내용을 원하면 월간조선 뉴스룸에서 확인할 수 있다. 향후 이 문제가 사실대로 밝혀진다면 엄청난 파장을 일으킬 것은 너무도 분명하다.〉

2. 주요 인사 한목소리로 '문재인 간첩'

김대중 위장간첩 증언한 P 씨 '문재인도 간첩'

2021년 5월 14일 '너알아tv'에 나와 '김대중 간첩'임을 증언한 P 씨는 "제 2의 박헌영은 김대중이고, 제 2의 김대중은 문재인이다"라고 주장하면서 "문재인이 간첩이다"라는 것을 밝히는 서류 한 뭉치를 (너알아tv에) 전달하고, (우리 국민은) 문재인은 반드시 간첩이라는 것을 고발하고, 검찰은 문재인을 기소해서 감옥에 넣지 않으면 대한민국은 망한다"고 강조했다.

특히 P 씨는 "간첩 문재인에 이어 또 좌파가 대통령이 된다면 빠르면 10년, 늦어도 20년이면 대한민국은 없어지게 된다. 틀림없다. 틀림없다!"면서 거의 울먹이는 목소리로 "문재인에 이어 다시 한번 좌파 세력이 대통령이 된다면 더 이상 우파가 정권을 가져올 일은 없을 것이고, 남한은 북한으로 넘어갈 수밖에 없다"고 주장했다.

이어 "간첩 문재인이 지난 (2021년) **제주 4.3사건** 행사에 참석하여 '제주 4.3사건은 (제주가) 먼저 꿈꿨다'는 이유로 제주는 처참한 죽음과 마주했고 지난날 제주가 꾸었던 꿈이 지금 **우리의 꿈입니다**'라고 강조했다"며 "이는 문재인이 스스로 간첩임을 밝히는 것"이라고 설명했다.

그러면서 "제주 4.3사건은 내가 산 증인이에요. 내가 남로당에 가입하고 2년 뒤(1948년)에 한창 좌익 활동을 하고 있을 때여서 누구보다 그 내막을 잘 알지요, 그건 분명한 (남조선 해방을 위한) 북한 간첩이 일으킨 폭동이었다"며 "그럼에도 불구하고 문재인이 경찰과 국군이 양민을 학살했다고 주장했다. 그런데도 대한민국 우파 보수들이 입다물고 있으니 이 나라가 망하게 돼 있다고 보는 것이다"며 매우 격앙된 모습을 보였다.

P 씨는 또 "(당시 P 씨는 전라북도 임실군 남로당 연락책이었다.) 제주 4.3사건은 남로당 좌익 세력이 일으킨 명확한 폭동이다. 그리고 광주 '5.18사건'을 비롯해 남한에서 일어나는 모든 폭동사건은 북한의 지령으로 일어나지 않은 것은 단 한 건도 없다"며 "김달삼이 이득구와 같은 흉측한 폭도들이 일어나 남한정부 수립을 방해한 제주 4.3사건을 두고 군경이 양민을 학살했다고 말하는 문재인 이놈을 반드시 기소(고발)해서 죽여야 한다"고 목소리를 높였다.

마지막으로 P 씨는 "내가 남파되어서 전향을 한 뒤에도 남파 간첩들 속에 들어가 (내가) 전향을 하지 않은 것처럼 속이고 그들이 회의하는 자리에도 참석해 소형 비밀 사진기로 촬영을 해두었다"면서 "이를 검찰에 고발을 하려고 했는데, 당시 일신상의 문제도 있고 해서 결국 고발을 하지 못한 것이 못내 아쉽다. 이는 전국에서 활동하는 간첩들이 모여서 하는 회의 자리였다"고 말했다.

北고위급 김국성 '대한민국은 간첩 천국'

정말이지 당혹스럽다. 한국사회가 정상적이지 않다는 걸 오래전 감지하고 있었다. 하지만 이렇게 중증의 정치 이념적 혼수상태인 줄은 미처 아무도 몰랐다. 북한 대남공작 기구 중 하나인 정찰총국 소속 대좌(대령) 출신 탈북자 김국성의 잇단 폭로 문제다. 그 사안에도 한국 사회는 완전 무반응이다. 김국성 씨 그는 얼마 전 유튜브방송 '신의한수'에 전광훈 목사님과 함께 출연했다.

그는 "전직 대통령 김대중이 제2의 박헌영이고, 문재인은 제3의 박헌영"이라는 무시무시한 내막을 털어놓았다. 그러면서 "김일성이 '김대중은 내가 준 돈을 먹고 남조선 혁명을 이끌어온 충직한 전사'라고 말했다"며 이 모든 증언은 자신이 조선로동당 파일을 직접 들여다 본 결과라고 폭로했다. 특히 그는 "김대중만 아니라 노무현·문재인 모두가 북한의 낙점을 받고 내세워졌다"는 충격적인 발언까지 덧붙였다.

◇ 김국성 씨 발언은 '다른 증언과도 일치한다!'

전광훈 목사님은 다른 자리에서 또 한 명의 증언자인 고정간첩 출신 박종철(98·가명)의 증언을 이끌어 냈다. 박종철은 2023년 8월 '너알아tv'에 출연해 해방 이후 대한민국 내 모든 사회혼란과 시위는 대부분 북한의 장난이라는 걸 분명히 밝혔다. 그도 역시 "김대중이 제2의 박헌영이고, 문재인은 제2의 김대중"이라고 격앙된 목소리로 실토한다.

박종철이 3년 전 펴냈던 책을 확보하고 문제의 발언을 확인해 봤다. 단

행본 『북에서 남파한 고정간첩의 증언』에도 그의 생생한 증언이 나온다. 그가 남파된 1969년 당시 부수상으로 있던 홍명희가 그를 전라북도 도당위원장으로 임명했고, 파견 전 만찬에서 "남조선 전라도에는 하의도 출신으로 혁명가가 있다. 김대중 선생이 그 사람인데, 그를 도우면 남조선 혁명에 성공한다"(271쪽)라고 말했다는 얘기가 담겨 있다.

전라북도 임실군 출신인 박종철은 6·25 전쟁 때 월북했다. 이후 김일성정치군사대학을 졸업했고 1968년 그해에 남파됐다가 끝내 자수한 인물이다. 광주교도소 7년 복역을 포함해 실형 9년을 산 뒤에 전향한 인물이다. 대한민국 국민이라면 이러한 사실을 어떻게 생각하는가? 박종철의 증언이 허튼소리라고 보는가? 그리고 김국성의 발언도 마찬가지로 의심이 가는가?

아니다. 김국성은 지난해 말 폭로를 시작했다. 당시 펜앤드마이크에서 첫 증언을 시작했다. 황장엽이 대한민국 내부엔 간첩 5만 명이 우글거리고 있다고 언급했다. 하지만 지금은 그 수십 배라는 말을 했다. 그는 간첩 양성과 남파의 총책이니 말에 무게가 실리는 게 당연하다. 그리고 "2000년대 초반 현재는 북한이 대한민국을 삼키는 음모가 막바지 단계에 이르렀으며 국방부와 합동참모본부·주한미군의 군사비밀이 수년 전부터 노출된 상황"이란 발언도 했다.

아무리 생각해 봐도 북한의 고위급 출신인 김국성·박종철의 증언은 메가톤급이다. 지금까지의 이야기를 종합하면, 국내 안보가 취약하다 아니다의 여부를 떠나 대한민국 전체에 종북화가 너무 깊게 진행돼 문 닫기에 딱 좋은 상황이라는 우리의 우려와 맞아떨어진다. 그렇다. 북한이 원했던 남한의 인질국가화가 완성돼 피아(彼我) 구분을 못하는 지경이다. 그럼 이걸 어떻게 해야 할까?

상식이지만 국가를 보위할 헌법상의 책임이 있는 윤석열 대통령이 나서야 한다. 정치권의 합의를 전제로, 그리고 국민적 동의 아래 국가비상사태를 당장 선포하는 게 맞다. 가칭 반주사파특별법을 만들든지, 헌법에 부여된 대통령 비상대권을 동원해서 긴급명령이나 비상계엄을 선포할 만한 상황이다. 그 전에 역대 좌파 대통령을 배출한 민주당이 김국성·박종철의 증언에 대한 검증을 요구하는 것도 옳다. 안 그러면 더불어민주당은 로동당 2중대로 전락한다.

그런데 과연 그런 일이 벌어질까? 현재 상황으로 보아 그런 상황이 올 것 같진 않다. 개돼지가 다 된 국민과 정치권은 김국성·박종철을 마냥 투명인간 취급을 하고, 그들 발언에 오불관언할 것으로 보인다. 그래서 묻는다. 이게 정상적인 나라인가? 정말 죽어야 죽는 줄 아는 건가? 이대로라면 패망 직전의 월남을 뺨친다. 나는 두렵다. 이 나라가 살아날 제3의 기회는 올 것인가?

전광훈 목사님 주장 '문재인 간첩, 무죄확정'

문재인 대통령을 '간첩'이라고 지칭해 명예를 훼손한 혐의로 재판에 넘겨진 사랑제일교회 전광훈 목사님이 대법원에서 무죄를 확정 받았다. 대법원 2부(주심 민유숙 대법관)는 지난 2022년 3월 17일 명예훼손 및 공직선거법 위반 혐의로 기소된 전 목사의 상고심에서 무죄를 선고한 원심을 확정했다. 그렇다면 문재인은 간첩이 아닌가?

전광훈 목사님은 지난 2020년 10월 9일부터 12월 28일까지 '문재인하야 범국민투쟁본부(범투본)' 집회에서 "**문재인은 간첩**'이라며. 문재인이 대한민국의 공산화를 시도했다"고 하는 등 문 대통령의 명예를 훼손한 혐의로 재판에 넘겨졌다. 또 2019년 12월 2일부터 2020년 1월 21일까지 서울 광화문광장 등에서 5회에 걸쳐 "(21대 국회의원 선거에서) 자유우파 연대가 당선돼야 한다"고 말해 사전 선거운동을 한 혐의도 받았다.

1·2심은 전광훈 목사님 혐의 모두를 무죄로 판단했다. 특히 명예훼손 혐의와 관련해선 "전 목사님 발언은 문 대통령의 정치적 행보 혹은 태도에 관해 비판적 의견을 표명한 것일 뿐"이라고 봤다. 더불어 2심 재판부는 '**공산화**' 등 표현과 관련해 "공산주의는 사람마다 다양한 의미로 받아들일 수 있어 공산화를 시도했다는 표현이 구체적인 사실의 적시라고 보기 어렵다"고 설명했다.

◇ **문재인 北에 넘긴 'USB에 간첩소행 담겨있다!'**

실제로 '**문재인은 간첩이다**'고 말한 전광훈 목사님이 무죄 받은 이유는 다른데 있다. 재판부가 판결한 내용과는 달리, 전광훈 목사님은 재판장에서 담당 판사가 "**왜 현역 대통령(문재인)을 간첩이라고 했느냐**"라는 물음에 대해, 전 목사님은 "(문재인이 간첩인 것은) 문재인이 북한 김정은에게 넘긴 USB 내용을 들여다보면 '문재인은 간첩이다'고 입증할 내용이 담겨 있을 것"이라고 주장했다.

그러자 재판부는 청와대 문재인 정부에 'USB를 제출하라'고 요청했다. 청와대가 이를 거절하자, 이후 두 번 더, 도합 세 번이나 청와대가 북한 김정은에게 넘긴 USB 제출을 요청했지만 모두 거절했다. 따라서 재판부가 당시 76개 혐의로 구속된 전광훈 목사님에게 모두 무죄판결을 내린 것이다.

무죄로 감옥에서 출소한 전광훈 목사님은 "문재인이 판문점 도보다리에서 몰래 김정은에게 넘기다 당시 KBS 카메라 잡혀 드러난 USB에는 반드시 국가를 반역할 내용이 담겨 있을 것으로 믿고 있다. 그리고 사랑제일교회 특검단(대표변호사 구주와)를 통해 'USB의 존재 여부를 추적하라'"고 주문했다.

특히 문재인이 대통령 재임시절에 북한 김정은에게 넘긴 USB는 당연히 국가기록보존소(국기보)에 제출돼 있어야 한다. 그런데 특검단이 '국기보'에 질문한 결과 문재인 정부가 북에 넘긴 USB가 제출되지 않았다는 것이다. 이는 대통령 기록관에 정보공개를 청구한 것인데, '부존재' 통보가 온 것이다. 이 부존재가 사실이라면 이것만으로도 엄중한 처벌 대상이 된다.

◇ **문재인 '김정은에 넘긴 USB, 대통령 기록관에 없다!'**

그렇다면 '충격적 비밀'이 담겨있을 문재인이 김정은에게 넘긴 USB는 과연 어디에 있단 말인가? 이미 건네준 것이 들통 난 사실이기 때문에 전면 폐기할 수는 없다. 만약 폐기를 했다면 이는 엄청난 대가를 치러야 하는 국가반역행위이기 때문이다. 그래서 특검단은 지난 2023년 초에 문제의 그 'USB'를 통일부에서 제작했다는 사실을 알아냈다.

사랑제일교회 특검단장 구주와 변호사가 통일부에 정보공개청구를 요청하자 직접 USB를 제작한 담당부서인 통일부가 'USB 부존재' 통보를 할 수 없으니까, 이번에는 'USB에 담긴 정보를 공개할 수 없다'고 답변했다. 즉, 통일부가 USB를 가지고 있는 것은 분명하다. 그러나 제출하지는 못하겠다고 주장했다. 그래서 특검단은 다시 비공개에 대한 행정소송을 제기했다.

그리고 첫 검증기일에 재판부가 통일부에 USB 제출 명령을 내렸다. 비공개제출을 하면 재판부가 그 내용을 살펴보고 판결을 하겠다는 것이다. 그리고 원래 재판기일은 지난 2023년 12월 15일 금요일이었다. 그런데 재판부가 갑자기 재판을 취소해버렸다. 그래서 '왜 재판을 연기한 것인가?'를 이상히 여겨 알아보았더니, 재판부가 2024년 3월에 검증기일을 다시 잡은 것이다.

이번에는 통일부 '남북협력관리단'에서 검증 장소를 잡고 거기서 검증을 하겠다는 것이다. 이는 담당 재판부 판사 3명이 직접 통일부 '남북협력관리단'으로 가서 USB를 들여다보고 결정을 내리겠다는 것이다. 통일부에서 가져오는 것은 (조작이 가능할 수 있으니) 판사가 가서 직접 원본을 살펴보겠다고 결정을 내린 것이다.

◇ 文이 김정은에 넘긴 'USB에 담긴 충격적 비밀'

이를 요약하자면 '문재인이 김정은에게 직접 넘긴 USB가 어디에 있느냐?'라는 것이다. 그래서 여러 경로를 통해 탐문을 한 결과 문재인이 퇴임하면서 그 USB는 국가기록보존소에 제출하지 않았다는 것이 드러났다. 이 사실 하나만으로도 문재인은 당장 처벌을 받을 수 있다.

그러면 왜 중대한 기록물이 담긴 USB를 문재인은 퇴임시에 법을 어기면서까지 '국기본'에 제출하지 않았느냐는 것이다. 그 다음 문제는 '국기본'에 반드시 있어야 할 USB의 행방에 관한 것이다. 그렇다면 문제의 USB를 문재인이 직접 폐기지시를 한 것인가? 아니면 퇴임하면서 양산 자택으로 가져간 것인가?

이 문제에 대해서도 향후 적지 않은 파장을 불러일으킬 것이 분명하다. 사랑제일교회 특검단(단장 구주와 변호사)이 통일부에 USB에 담긴 내용에 대한 정보공개를 요청했다. 이에 대해 통일부는 "(문재인 전 대통령이 김정은에 넘긴 USB에) **심각한 국가 비밀사항이 많으므로 공개할 수 없다**"라고 답변한 것이다.

이같은 답변은 현재 윤석열 대통령이 직접 지명한 통일부(김영호 장관)가 직접 밝힌 것이다. 이에 따라 단단히 화가 난 담당 재판부는 "통일부에 직접 방문해서 (심각한 국가비밀 사항이 많다는) 내용을 확인하겠다"라면서 2024년 3월에 검증기일을 잡은 것이다.

실제로 현 김영호 통일부가 밝힌 **'심각한 국가 비밀사항이 많아 공개할 수**

없다'라는 답변대로라면 엄청난 파장을 불러일으킬 충격적인 내용이 담겨 있는 것이 분명하다. 이는 전광훈 목사님이 주장한 '**문재인은 간첩이다**'라는 내용을 뒷받침할 어마어마한 것(이적 및 여적행위)이 나올 개연성이 굉장히 높다.

고영주 '문재인 공산주의자(빨갱이)'도 무죄

문재인 전 대통령에 대해 '**공산주의자(빨갱이)**'라고 발언하는 등 명예훼손 혐의로 기소된 고영주 전 방송문화진흥회 이사장에 대한 파기 환송심에서 대법원의 무죄 판결이 확정됐다.

지난 2022년 2월 21일 검찰은 고영주 전 이사장의 무죄 판결에 대한 재상고 기한인 지난 18일까지 법원에 재상고장을 제출하지 않았다. 형사재판에서 판결에 불복할 때는 선고 재판부에 선고일로부터 7일 안에 상소장을 제출해야 한다. 하지만 검찰이 재상고장을 제출하지 않아 고영주 전 이사장의 명예훼손혐의 형사재판은 기소 4년 6개월여 만에 무죄가 확정됐다.

파기환송심 재판부는 지난 2022년 2월 11일 "공산주의자 발언은 고영주 전 이사장의 경험을 통한 피해자(문재인 대통령)의 사상 또는 이념에 대한 고영주 전 이사장의 입장표명으로 봄이 타당하다"라면서 "또한 이를 피해자의 명예를 훼손할만한 구체적 사실적시라 보기 어렵다"고 판단했다. 이로써 문재인의 개인적인 사상이 공식적으로 '**공산주의자**'라는 것이 표면에 드러나게 된 것이다.

고영주 전 이사장은 18대 대선 직후인 2013년 1월 우파성향 시민단체 신년하례회에서 당시 대선후보였던 문재인 대통령을 가리켜 **"부림사건의 변호인으로 공산주의자이고, 이 사람이 대통령이 되면 우리나라가 적화되는 것은 시간문제"**라고 주장했다. 또한 문재인 대통령이 변호사 시절 당시 재심 변호를 맡았던 부림사건에 대해선 "민주화운동이 아닌 공산주의운동이었으며, 문재인 후보도 이를 잘 알고 있었다"라고 강조했다.

부림사건은 지난 1981년 9월 공안당국이 독서모임을 하던 학생과 교사, 회사원 등 22명을 영장 없이 체포해 불법감금, 고문한 사건이다. 당시 검찰은 허위자백을 받아내 기소했고, 이후 2014년 재심에서 무죄가 선고됐다. 고영주 전 이사장은 부림사건 당시 부산지검 공안부 수사검사였다. 문재인 대통령은 고영주 전 이사장의 주장과는 달리 1981년 부림사건 변호인이 아니라, 2014년 재심사건 변호인이었다.

문재인은 18대 대선에서 낙선한 뒤 2015년 9월 고영주 전 이사장을 명예훼손 혐의로 고소했다. 이후 검찰은 2년 뒤인 2017년 9월 허위 사실 적시에 의한 명예훼손혐의로 재판에 넘겼다. 1심은 고영주 전 이사장에게 명예훼손의 고의가 없었다며 무죄를 선고했다. 하지만 항소심은 달랐다.

항소심 재판부는 "전후 맥락을 비춰보면 문재인 대통령이 부림사건 변호인이었다는 고영주 전 이사장의 표현은 재심사건이 아닌 원사건이 명백한데, 문재인 대통령은 원사건의 변호인이 아니므로 허위사실 적시에 해당한다. 게다가 이에 기초한 공산주의자 발언 또한 허위"라고 지적하며 징역 10월에 집행유예 2년을 선고했다.

그러나 대법원은 "고영주 전 이사장의 발언은 자신의 경험을 토대로 공적 인물인 문재인 대통령의 정치적 이념이나 행적에 관해 자신의 평가나 의견을 표명한 것에 불과할 뿐, 명예를 훼손할만한 구체적인 사실의 적시에 해당한다고 보기 어렵다"면서 사건을 파기환송했다.

박인환 '문재인 간첩인 걸 국민 70%가 몰라!'

국무총리 직속 자문기구인 경찰제도발전위원회의 박인환 위원장이 지난 2023년 6월 26일 '문재인 전 대통령을 간첩'이라고 표현해 많은 논란이 일었다. 이날 검사 출신인 박인환 경찰제도발전위원회 위원장은 내년부터 국가정보원의 대공수사권이 경찰로 이관되는 것을 두고 "'문재인이가 간첩'이라는 걸 빼놓고는 설명할 수 없다"라고 주장했다.

박인환 위원장은 국회 정보위원장인 박덕흠 의원과 국가정보원 퇴직자 모임 '양지회'가 국회 의원회관에서 개최한 '최근 간첩사건의 특징과 국가안보' 토론회에 토론사로 참여했다. 그는 이 자리에서 **"최근 간첩단 사건이 나오는데 문재인 비호가 아니면 불가능한 일"**이라고 주장했다.

박인환 위원장은 당시 "(대공수사권 이전까지) 2023년 6월 현재, 향후 6개월 남았는데, 70% 이상의 국민이 이를 모르고 있다"며 "문재인이 간첩이라는 것도 모르고 있다"라고 강조했다. 그러면서 "발제자는 민주당에 가서 땅바닥에 엎드려 빌면서라도 (내년 초 대공수사권을 이관하기로 한) 부칙을 연장해 달라 하는데, 민주당이 듣겠느냐"라며 "문재인 간첩 지령인데 듣겠느냐"라고 비판했다.

이에 대해 더불어민주당 박용진 의원은 박인환 위원장 발언과 관련해 페이스북에 글을 올려 "전직 대통령을 음해하고 국민을 모욕하는 사람이 윤석열 정부가 말하는 경찰제도 개편의 적임자냐"라며 "당장 박 위원장을 해촉해야 한다"라고 비판했다.

그럼에도 불구하고 박인환 위원장에 대한 더불어민주당의 후속 조치는 지금까지도 나오지 않고 있다. 만약 박인환 위원장의 발언에 문제가 있거나, 또는 허위사실이 분명하다면 거대야당인 민주당의 고소고발 등이 이어지면서 엄청난 파장을 일으켰을 것이 분명하다. 그런데 왜 아직까지도 잠잠할까?

따라서 한 정치권 인사는 "문재인이 간첩이라는 발언이 나온 지는 어제오늘의 일이 아니다"며 "요로의 주요 인사들이 **'문재인은 간첩이다'**라는 발언을 쏟아내면서 고소고발이 이어져 나오고 있다. 하지만 대법원이 이를 모두 무죄를 선고한 터라 이번 박인환 위원장의 발언도 그냥 넘어갈 수밖에 없다"라고 말했다.

국정원 대공수사권 경찰에 넘긴 '문재인은 간첩'

무엇보다 박인환 경찰제도발전위원회 위원장은 올해(2024년) 1월부터 국가정보원의 대공수사권이 경찰로 이관되는 것을 두고 **"'문재인이가 간**

첩'이라는 걸 배놓고는 설명할 수 없다"라고 강조했다. 이는 곧 문재인은 간첩이라는 것이다.

유동열 자유민주연구원장은 전임 문재인 정권에서 국정원의 대공수사권을 경찰로 이관하기로 한 것에 대해 "어느 때보다도 간첩공작을 막아야 할 시점에 대공수사권을 뺏은 것은 정말 잘못됐다"라고 비판했다.

유동열 원장은 "'4·10 총선'에서 (여당이) 다수당이 되면 다시 국정원법을 재개정해 국정원에 대공수사권을 다시 줘야 한다"라고 설명했다. 그러면서 "국정원과 경찰, 방첩사령부가 서로 협업하는 가운데 경쟁하면서 안보수사를 해야 시너지 효과를 일으키면서 대공수사의 효율성을 더욱 확대할 수 있다"라고 주장했다.

유 원장은 우선 자신의 건의로 국정원법 실시가 3년 유예됐다고 설명했다. 개정안 부칙에 '3년간 유예'란 조항이 들어가는 과정에서 그의 의견이 반영됐다는 것이다. 그러면서 "당시 한창 국회에서 국정원법 대공수사권 폐지논란이 있을 때 나는 반대했다. 그런데 국회입법조사처에서 나와 공안검사 출신 변호사 2명에게 비공개로 요청해 폐지에 따른 문제점에 대해 간담회를 했다"라고 밝혔다.

특히 유동열 원장은 "지난 2023년 말까지 국정원이 대공수사권을 행사할 수 있었기 때문에 '제주간첩단', '창원간첩단', '민노총침투간첩망', '전북간첩망'을 검거할 수 있었다"라며 "그나마 유예기간이 없었으면 못 잡았을 것"이라고 강조했다.

유동열 원장은 "국가정보원 요원들이 해외에서 (간첩들이) 북한공작원 만나는 장면을 어렵게 사진찍어 채증했는데, 이에 대해 **'민변(민주사회를 위한 변호사 모임)'** 변호사들이 간첩 재판할 때 초상권을 제기하는 경우도 있다"라며 "이런 상황에서 경찰이 비합법 영역에서 정보수집을 한다면 (민변과 같은 곳에서) 문제 삼아 재판에서 증거배제를 시킬 것이다. 이는 경찰이 정보기관이 아닌데서 나오는 한계"라고 설명한다.

그러면서 "대한민국 경찰도 기본적으로 간첩을 잡는 역량이 충분히 있다. 그래서 경찰과 국정원이 협업해서 국가안보 위험을 최소화해야 한다"라며 "국민도 경찰을 격려해줘야 한다. 지원하고 격려해 줘야지 매도하는 것은 문제가 있다"라고 강조했다.

대공수사 전문가들은 한결같이 경찰이 간첩 잡는 역량이 국정원보다 떨어지는 건 분명하다. 단지 경찰이 부족한 것은 해외대공망과 그에 대한 노하우라고 설명한다. 경찰이 해외대공망에서 취약할 수밖에 없는 이유는 국정원은 정보기관이라 국가안보·국익보호를 위해 합법·비합법 영역 가리지 않고 정보를 수집하고 분석한다. 하지만 경찰은 합법기관이므로 해외 나가서 비합법 활동을 할 수 없기 때문이라고 지적한다.

김문수 '신영복 존경하는 문재인은 공산주의자!'

김문수 경제사회노동위원회 위원장이 지난 2022년 10월 13일 국정감사에서 **'문재인은 공산주의자(빨갱이)다'**라는 폭탄선언을 함으로써 국회

환경노동위원회 국정감사장은 일대 소동이 벌어졌다.

김문수 위원장의 **"문재인은 공산주의자다"**라는 사이다 발언에 자유 우파 국민들은 물론이고 해외에서까지 열광적인 환호를 보내고 있다. 일부 우파 유튜브에서만 듣던 이 말을 한국의 주요 언론들까지 나서 일제히 보도하기 시작했다. 우파 유튜브는 **'문재인은 빨갱이다'**라는 주제가 드디어 공론의 장으로 소환된 일대 쾌거라고 환호했다.

더불어민주당 의원 전용기가 노동위원회 김문수 위원장에게 이렇게 질문한다.

전용기 : "김문수 위원장님! 본인이 21년 4월 9일 SNS에 '문재인 586 주사파 운동권들은 대한민국 정통성을 부정하는 종북 김일성주의자들입니다'라고 말씀하셨는데 저희가 대한민국 정통성을 부정하는 종북 김일성주의자들입니까 지금도 그렇게 생각하세요?"라고 물었다.

김문수 : "문재인 대통령이 신영복을 가장 존경하는 사상가라면 확실하게 김일성주의자(빨갱이)입니다."

전용기 : "하하하 제가 정정할 수 있는 기회를 드리겠습니다. 저는 분명히 말씀드렸어요. 왜 위원장님께서 확증편향을 가지고 계신 분인가 아닌 분인가 이것을 판단하려고 하는 것인데요. 그 뭐 한두 분 존경한다 이런 이야기 했다고 해서 문재인 대통령도 종북주의자다 이렇게 아직도 그렇게 생각하십니까?"

김문수 : "신영복 선생은 저의 대학교 바로 선배로서 제가 그분의 주변

에 있는 분들과 같이 (좌파 노동)운동을 계속했기 때문에 신영복 선생을 존경한다는 사람은 김일성주의자(빨갱이)입니다."

전용기 : "문재인 대통령은 종북주의자다 이렇게 보시는 건가요?"

김문수 : "문재인 대통령이 평창올림픽에서 세계의 지도자들이 모인 가운데서 북한의 김영남, 김여정이 있는데 '한국의 위대한 사상가 신영복 선생을 존경한다'고 이렇게 말했습니다. 굉장히 문제가 있습니다."

이날 국감장에서 김문수 위원장이 먼저 '문재인은 김일성주의자다'라고 말한 게 아니고, 그 말 안 하려고 노력을 하는데 더불어민주당이 계속 꼬치꼬치 물으니까 할 수 없이 "신영복을 사상가로 존경한다면 그건 김일성주의자"라고 구체적인 증거까지 들이대 버린 것이다.

더불어민주당 의원들이 김문수 위원장의 '문재인은 공산주의자다'라는 대답에 정신을 못 차리고 그만 증인을 퇴장시켜버렸다. 국회는 언론 자유가 보장되는 곳이다. 김문수 위원장이 증거를 대면서 '문재인은 김일성주의자다'라고 했으면 반론할 생각은 하지 않고 증인을 퇴장시켜버리는 일은 있을 수 없다.

자유민주주의 기본은 언론의 자유다. 그리고 그것을 구현하는 조직이 바로 의회다. 영국에서 의회가 **'개인의 자유, 언론의 자유, 양심의 자유'**를 지키기 위해서 얼마나 많은 피를 흘렸는지 생각하여 보라. 심지어 왕과 싸우기도 하고 왕의 목을 치기도 했다. 그렇게 해서 획득한 가치가 의회의 독립, 언론의 자유, 양심의 자유와 같은 소중한 **'자유'**라는 유산을 생산한 것이다.

그런데 우리나라 국회는 정반대의 길로 가고 있다. 더불어민주당은 자기들 입맛에 맞지 않다고 김문수 위원장을 퇴장시켜버린 것이다. 문재인은 이 '더불어 민주당' 당명을 만들 때 신영복 선생이 도와주었다고 자랑삼아 말했다. 이 '더불어'라는 용어가 바로 신영복의 용어이다.

더불어민주당의 **'더불어'**라는 용어는 자유민주주의 가치일까? 아니면 신영복 김일성주의자가 생각하는 인민민주주의일까? 현재 민주당이 사용하고 있는 **'더불어'**라는 용어는 두말할 것도 없이 김일성주의 또는 인민민주주의의 **'더불어'**이다. 이는 국감장에서 드러낸 더불어민주당의 형태에서도 증명이 된 셈이다.

더불어라는 의미는 자유민주주의라기 보다는 김일성주의, 공산주의, 인민민주의와 어울리는 용어이다. 그래서 그들은 교과서에 '자유민주주의'에서 **'자유'**를 빼버리고 그냥 '민주주의'만 쓰고 있다. 이런 공산주의식 민주주의 용어는 꼭 수정돼야 한다.

박민식 보훈장관 '문재인 아버지도 친일파'

박민식 국가보훈부 장관은 "백선엽(1920~2020년)이 친일파면 문재인 부친 문용형(1920~1978년)도 친일파", "백선엽이 스물 몇 살 때 친일파라고 한다면 문재인 전 대통령의 부친인 그 분도 나이가 똑같다. 그건 친일파가 아니고 백선엽 민주군관학교 소위는 친일파인가?"라고 일갈했다.

박민식 국가보훈부 장관이 국회 정무위원회 전체회의에서 김성주 더불어민주당 의원이 백선엽이 친일반민족행위를 했다는 건 국가의 위원회에서 내린 정식 결론이라고 지적하자, 그의 말에 반박하며 이같이 말했던 것이다.

이에 대해 문재인 전 대통령은 2023년 9월 12일 '사자 명예훼손 혐의'로 박민식 보훈부 장관을 고소했다. 민주당 윤건영 의원은 이날 오전 문재인 전 대통령의 위임을 받은 비서관이 양산경찰서에 고소장을 제출했다고 밝혔다.

앞서 박민식 장관은 지난 2023년 9월 6일 국회 정무위 전체회의에서 "문재인 전 대통령 부친 문용형이 일제시대 흥남시청 농업계장을 했다"면서 친일파라는 취지의 발언을 했다.

이와 관련해 윤건영 더불어민주당 의원은 "흥남시청 농업계장을 한 것은 일제 치하가 아니라 해방 이후"라고 반박했다. 그러나 문재인의 자서전 『**문재인의 운명(이하 〈운명〉)**』에 따르면 문재인 아버지는 1940년경에 흥남시청에서 공무원을 한 것으로 추정돼 박민식 보훈부 장관의 주장을 뒷받침하고 있다.

통혁당 사건 핵심인물 '신영복은 누구인가?'

신영복은 지난 1968년 통일혁명당(통혁당) 사건으로 무기징역이 확정돼 20년간 복역한 공산주의자이다. 전향서를 쓴 뒤 1988년 출소해서 성공회대 교수로 재직하다가 2016년 1월에 사망했다. (그는 평소에 전향하지 않았다고 입버릇처럼 말했다고 전해진다.)

이런 공산주의자 신영복을 문재인은 평창올림픽에서 신영복을 사상가로서 존경한다고 대내외에 천명했다. 문재인과 박지원 두 사람은 지난 2021년 7월 16일 김일성주의자 **'신영복 글 씨체'**로 국정원 원훈석을 만들어 세울 때 자랑스럽게 같이 사진을 찍었다. 이것도 많은 사람들이 문재인을 김일성주의자로 보는 유력한 증거로 보고 있다.

무엇보다 서체가 권력이 되는 나라가 바로 북한이다. 김일성 왕조의 태양서체(김일성), 백두산서체(김정일), 해발서체(김정일 어머니 김정숙)를 '백두산 3대장군 명필체'라고 말한다. 특히 지난 2018년 청와대를 방문한 김여정이 방명록에 남긴 글은 첫 자음을 비정상적으로 크게 쓰고, 글 씨의 가로선을 오른쪽 45도 방향으로 기울였다. 필적 감정가들은 '타인 위에 군림하는 이의 내면을 드러낸 글씨체'라는 분석을 내놓았다.

내한민국에서 권력이 된 서체는 문재인 대통령이 존경한다는 신영복 글 씨체다. 신영복 서체는 조정래 장편소설 **'한강'**의 표지, 손혜원 전 의원이 디자인한 소주 **'처음처럼'**, 문재인의 대선 슬로건 **'사람이 먼저다'**, 또 문재인 대통령이 청와대 비서관들에게 돌린 **춘풍추상(春風秋霜)** 액자 글씨가 다 신영복 서체다.

그런데 놀랍게도 지난 2021년 6월 국가정보원이 창설 60주년을 맞아 새로 공개한 원훈(院訓) **'국가와 국민을 위한 한없는 충성과 헌신'**이란 글도 신영복 서체였다. 신영복은 지난 1968 간첩혐의로 무기징역을 선고받고 20년간 복역한 뒤, 전향서를 쓰고 출소한 사람이다.

이런 간첩 전력이 있는 사람의 글씨체를 '간첩 잡는' 국정원의 원훈으로 썼다니 참으로 기가 막힐 노릇이다. 국정원의 원훈석에 박아 넣은 신영복 서체에 보답이라도 하려는 듯이 국정원은 간첩수사권을 경찰로 이관했다. 이것 또한 문재인 간첩이라는 사실에 의혹을 더해주고 있다.

〈공산주의자 신영복을 존경한다는 문재인과 함께 박지원이 '신영복 글 씨체'로 쓴 국정원 원훈석 앞에서 기념촬영하고 있다. 윤석열 대통령이 집권하면서 원훈석은 철거 교체됐다.〉

3. 문재인 '간첩' 뒷받침하는 '충격 비밀'

문재인 출생 '충격적인 비밀 드러났다!'

최근 '문재인은 간첩이다'라는 주장을 뒷받침하는 충격적이 증언이 곳곳에서 쏟아져 나왔다. 이 엄청난 증언들로 인해 이제 문재인이 말하는 "나는 1953년 1월 24일 거제도 포로수용소 인근(경남 거제면 명진리 남정마을)에서 태어났다가 7세 무렵 부산 영도로 이사왔다"라고 하는 고백을 믿는 사람은 거의 없다. 지금 나오는 증언들이 너무나 생생한 현실성을 바탕으로 하고 있기 때문이다.

특히 6·25 당시 학도병으로 참전한 윤월스님의 증언은 그동안 문재인이 해온 주장들이 대부분 거짓말이라는 것을 가장 설득력 있게 뒷받침해주고 있다. 윤월스님은 "직접 학도병 3명이 문재인의 아버지 문용형을 영천 보현산 전투에서 체포해 15연대로 넘겼다. 그리고 문용형이 거제도 포로수용소에 수감돼 있는 것을 확인했다"라고 밝혔다. 그러면서 "체포한 지 꼭 7년 뒤인 1957년 8월 18일 부산에서 문용형을 만나 심한 말다툼을 벌였다"라고 증언했다.

당시 윤월스님의 증언은 일련의 전 과정을 정확히 기억하고 있었다. 윤월스님은 "나와 문재인 아버지 문용형이 7년 뒤 부산 자갈치시장에서 다시 만나 언쟁을 벌이고 있던 그 장소 바로 뒤에 서 있던 문형용의 아내로 추정되는 한 여자가 '재인이 아빠'라고 소리쳤다"라는 것이다. 그리고 (지금까지 '양산댁'으로 알려진 문재인의 어머니) 그 여자가 '재인이 아빠'라고 불렀을 때, 7살 정도로 보이는 아이(재인)가 어머니와 함께 서 있던 것을 똑똑히 목격했다고 강조했다.

윤월스님은 구순을 넘긴 나이에도 첫 증언 당시 그 상황에 대해 그 여자의(문재인의 어머니) 목소리 톤까지도 굉장히 디테일하게 기억하고 있었다. 이는 스님의 기억력이 뛰어나기도 하지만 지난날 문재인 아버지 문용형과 얽힌 사연은 기가 막혀 도저히 잊을래야 잊을 수가 없었다고 말했다. 윤월스님의 주장이 사실이라면 현재까지 문재인 자신이 주장해온 "전쟁이 터지고 3년 뒤 1953년 1월 24일 거제도에서 태어났다"라고 말한 것은 사실이 아닌 거짓말이다.

윤월스님은 "문재인 자신이 거제도에서 태어났고, 또 문재인 자신의 탯줄을 끊어 주었다는 산파할머니의 이야기는 모두 날조된 거짓이고 엉터리"라고 주장했다. 그러면서 "문재인의 생일이 1953년 1월이라면 문용형이 포로수용소에 있었는데, 전쟁 중에 어떻게 여자를 만나 아이를 낳을 수 있느냐"라고 반문한다. 스님의 말대로 터무니없는 소리가 분명하다. 무엇보다 문재인이 서슬이 시퍼런 재임 시절에 한 증언이라 만의 하나 거짓이라면 살아남기가 어려웠기 때문이다 그리고 윤월스님이 부산 자갈치시장에서 나이 7세 정도의 어린이 문재인을 봤다고 증언한 바 있으니, 문재인은 북한에서 태어나고 자랐다고 보는 게 합리적인 추론이라 할 수 있다. 따라서 북한에서 살던 문재인이 초등학교 입학 직전 부산 영도에서 살고 있던 아버지와 합류했다고 보는 것이 설득력이 있다.

또 이를 뒷받침하는 합리적인 두 가지 이유가 있다. 하나는 거제도에서 태어나고 자랐다는 문재인을 아는 거제 사람이나 친구가 거의 없다. 또 다른 하나는 문재인의 말투다. 그는 전형적인 부산사투리를 구사하지 않는다. 그래서 문재인의 어투에 함경도 말투가 섞여있다고 지적하는 사람들이 많다는 것이다.

◇ 문재인의 고향은 '거제가 아닌 함경도 태생 정황'

특히 문재인을 거제도 태생이 아닌 함경도 흥남 태생으로 보는 데도 두 가지 이유가 있다. 먼저 문재인의 말에 함경도 어투가 섞여있다는 것이다. 이를 처음 공개직으로 지적한 사람은 전 조선일보 기자출신인 고 이노영 선생이다. 그는 **'문재인은 간첩이다'**라는 말을 가장 먼저 공개한 장본인이다.

이도영 선생은 "문재인의 말에 함경도 어투가 섞여 있다는 것은 문재인이 함경도에서 7세 정도까지 자랐다는 것을 합리적으로 뒷받침해주는 대목"이라고 강조한다. 그러면서 이도영은 문재인이 공사석에서 말한 것 중에는 왜 경상도 억양이 없느냐는 것을 문제제기한 것이다. 이도영이 만들었던 〈현상과 진상〉이라는 잡지에 선생 본인이 직접 쓴 글이 있다.

이도영은 〈'Republic of' 없는 Korea의 문재인 씨는 '남쪽 대통령?'〉이라는 글에서 "(거제에서 태어났다) 그렇다면 문재인 씨는 어김없는 경상도 사람이다. 그런데 그의 억양은 들으면 들을수록 경상도 말이 아니다. 경상도보다는 함경도 말투에 가깝다. 그러나 그(문재인)의 말대로라면 그는 함경도 태생의 아버지와 경상남도 양산 태생 어머니 사이에서 낳았다고 보아야 한다"라고 밝혔다. 언어학자들에 따르면 인간의 '모어(mother tongue)'는 대개 5~6세 때 성격 형성과 함께 혀에 거의 굳어진다.

문재인을 함경도 흥남 태생으로 보는 두 번째 근거는 그가 자기 입으로 한 말의 실수에 있다. 대통령 재임시절에 KBS와 인터뷰를 하는데, 여자 아나운서 앞에서 **"우리 옛날 살던 곳"**이라고 아버지 고향 흥남을 그렇게 발언한 적이 있다. 이는 KBS와의 인터뷰에 그대로 녹음이 돼 있으니 관심있는 사람은 누구나 듣고 판단할 수가 있다. 문재인은 그날 인터뷰에서 "(아버지가) 돌아가시기 전에 언제 아까 한두 번 흥남시의 '우리 옛날 살던 곳'"이라 말한 것이다.

당시 그 동영상은 짧지만 조금도 여과 없이 문재인의 발언을 그대로 드러내주고 있다. 일상적으로 우리가 부모님을 말할 때, '**부모님 고향은 '흥남**'**입니다**라고 말하는 것이 상식이다. 이처럼 문재인 자신도 모르게 새어나오는 다양한 발언을 통해 문재인의 태생에 관심 있는 사람들은 자꾸만 감출 수 없는 '**조작의 흔적**'을 만나게 된다고 지적한다. 이와 같은 문재인의 태생과 관련된 의혹들은 이외에도 다 헤아릴 수 없을 정도로 많다.

◇ **문재인 '왜, 어떻게 대한민국 국민으로 둔갑했나?'**

그렇다면 문재인은 어떻게 왜 대한민국 국민으로 둔갑했느냐는 점이 가장 궁금한 포인터가 된다. 왜냐하면 문재인이 1953년 1월 24일 거제도에서 태어났다는 말은 전혀 사실이 아니기 때문이다. 이미 드러난 여러 정황으로 보면 문재인은 전쟁이 터지기 이전 어느 시점에 북한 함경도 (흥남) 지역에서 태어난 것으로 보인다. 그렇다면 문재인은 김일성 정권에 충성한 대를 이은 **'공산주의자(빨갱이)'** 집안이라고 추정해 볼 수 있다.

윤월스님의 증언은 분명하다고 말할 수 있다. 만약 윤월스님이 증언한 것이 조금이라도 팩트에서 벗어났다면 윤월스님은 발언 당시 바로 법의 심판대에 서지 않을 수 없었다. 무엇보다 대통령 문재인의 아버지를 생포했을 당시 10대 어린 나이의 공명심에 북한 인민군 대위 문용형을 너무나 심하게 폭행을 했다고 한다. 그러니 7년 뒤 자갈치시장에서 만나자마자 구타당한 것을 따지며 말싸움을 벌였다. 이 증언을 들은 현직 대통령인 아들이 가만둘 수 있겠는가?

그래서 윤월스님의 증언은 조금도 의심할 여지가 없다고 본다. 그렇다면 문재인은 함경도 (흥남) 지역에서 7세까지 정도 살다가 거제 포로수용소에서 전향하여 부산에 살고 있던 아버지 문용형과 합류한 것이 아닌가라는 합리적 추정을 할 수 있다. 이 정도 추정이 가능하다면 정치권은 물론 학계나 법조계, 또는 공직사회에서도 문재인의 **주소 세탁**을 궁금하게 여기지 않을 수 없다. 그래서 우리 국민은 "문재인 당신의 출생 비밀을 공개하라"고 거세게 몰아붙여야 한다.

그런데 누구도 이런 질문을 하는 사람이 없다. 그렇다면 하는 수 없이 여기서 몇 가지로 문재인의 남한 행, 즉 북한 인민민주의공화국에서 대한민국 국민으로 둔갑한 내용을 합리적 팩트로 추적해볼 수밖에 없다.

첫째, 전쟁 이후에 합류했다면 6·25 전쟁 당시 남과 북을 오가던 공작원의 손길에 이끌려서 내려왔다고 추정할 수 있다. 그때 고향에 있던 친모 강병옥은 북한에 인질로 남아 있을 수 있다. 그리고 아들 문재인만 공작원을 따라 내려올 수 있었다고 추정할 수 있다. 이는 비록 추정이지만 실로 무시무시한 일이 아닐 수 없다.

문용형이 생포된 지 7년 뒤인 1957년 8월 18일 자갈치시장에서 윤월스님과 마주쳤을 때 꼬마 문재인이 이미 7살 정도로 보였다고 한다. 이는 문재인을 추정할 수 있는 주요 단서가 된다. 그러면 남한의 포로수용소에서 전향해 부산 영도에서 살고 있던 아버지와의 재회를 그려볼 수 있다.

특히 문재인 아버지를 생포한 윤월스님은 "(문용형이) 자갈치시장에서 만나 왜 그때 그토록 심하게 폭행을 했느냐고 분노하며 달려들어 서로 말싸움을 벌일 때, 문형용의 뒤에 서 있던 아내가 **'재인이 아빠'**라고 소리쳤다"는 것이다.

윤월스님의 증언을 들은 사람은 누구도 이를 부인할 수 없을 정도로 모든 팩트가 사실에 부합한다는 것을 알 수 있다. 그렇다면 어린 문재인은 현재 문재인 자신의 주장처럼 전쟁이 터진 지 3년 뒤인 1953년 1월 24일 거제도에서 태어난 것은 사실이 아니라고 단정 지을 수도 있다. 무엇보다 윤월스님의 증언으로는 도저히 태어날 수가 없는 시공간적인 한계 때문이다. 따라서 문재인의 대한민국 국민으로의 **'둔갑 시나리오'**는 설득력이 있다.

◇ 문재인 '생가'를 둘러싼 '조작과 날조의 냄새'

첫째, 거제도에 있는 문재인의 생가라는 곳이 굉장히 수상하다. 〈사진: 마치 폐가처럼 보임〉 대한민국 대통령, 그것도 세계경제 10대 대국의 제왕적 대통령의 생가가 마치 폐가처럼 방치돼 있다. 이는 세계 역사를 둘러봐도 한 나라 대통령 생가를 그것도 재임시절에 방치된 곳은 단 한군데도 없었다.

〈경남 거제시에 있는 문재인 대통령 생가〉

현재 문재인 생가의 소유주인 마을 주민이 따로 살면서 방치해 두고 있는 것으로 보인다. 대통령 당선 직후 여기가 문재인의 생가임을 알리던 예전의 안내판(당시 사진)조차 지금은 사라지고 없다. 이는 문재인이 그동안 자신의 생가라고 말해온 것을 재임 이후에는 거들떠보지도 않고 있다는 것이다.

뉴스에도 보도된 바에 따르면 문재인이 대통령 집권시절(2017~2022년)에 거제도 시장이 문재인 생가를 복원하겠다고 여러 경로로 청와대에 메시지를 보냈다. 그때마다 문재인은 그럴 필요가 없다고 거절했다.

거제시로서는 가까운 김영삼의 생가(거제시 장목면 옥포대첩로 743-1)와 연계하여 관광특수효과를 누릴 계획을 가지고 있었던 것으로 예상된다. 그렇다면 왜 문재인은 너무도 통상적이고 상식적인 이런 제의를 거절한 것일까? 우리 국민은 여기에 주목하지 않을 수 없다.

문재인은 왜 자신이 태어났다는 거제도가 아닌 경남 양산에다 '아방궁'처럼 짓고 65명의 경호 인력을 부리면서 살고 있을까? 이 물음에서 우리는 놀라운 사실 하나를 발견할 수 있다. 먼저 생가라는 곳을 직접 찾아간 것은 근래 10년가량 공식적으로 보도된 것은 2016년 추석 직전으로 딱 한 번뿐이다. 물론 대통령이 된 다음에도 생가를 찾은 적은 없는 것으로 확인된다.

왜 그럴까? 누구나 대통령이 되면 적어도 생가를 복원하고 사람들에게 알리는 것이 상식이다. 게다가 대통령은 여러 일정 중에서 혹시라도 생가 주변지역을 찾게 되면 생가를 한번 정도 들르는 것이 정상이다. 더구나 거제도는 거가대교를 건설해서 지금은 부산광역시 권역에 있어 찾아가기도 불편하지 않다.

그런데도 문재인은 그러지 않았다. 물론 김정숙이 대선 승리 직후에

2017년 5월에 혼자서 거제도에 내려간 적이 있다. 그때도 문재인은 동행하지 않았고, 김정숙마저 거제도에 들르면서 문재인 생가는 찾지 않았다. 다만 생가 옆에 있는 경로당을 찾아가서 문재인의 탯줄을 잘라주었다고 하는 추경순(1929년생) 할머니를 만나는 것으로 끝났다. 문재인에 대한 이런 의혹은 끝이 없다.

그래서 우리 국민은 문재인 전 대통령의 생가를 둘러싼 여러 가지 의심스러운 점들을 제기하지 않을 수 없는 노릇이다. 이는 무엇보다 문재인 생가에 대한 의혹들과 연루된 문재인 태생에 얽힌 많은 '조작과 날조'의 비밀을 캐지 않을 수가 없기 때문이다.

◇ 文대통령 탯줄을 끊어준 산파 '추경순 할머니'

특히 생가문제와 맞물린 문재인이 태어날 때 탯줄을 끊어줬다는 추경순 산파할머니마저도 의혹이 있다. 나이를 따져보면 정말 말도 안 되는 산파역을 한 것이다. 문재인 탯줄을 끊었다는 추경순 할머니가 문재인의 탯줄을 끊은 나이가 20대 중반으로 알려졌다. 당시 대한민국은 그야말로 세계 최빈국이었다. 신생아를 받을 만한 조산원이나 산부인과가 거제도에는 거의 없던 시절이어서 산파 역할이 매우 컸다.

그때는 대개 산파라 불리는 할머니가 신생아의 탯줄을 끊어주는 역할을 했다. 그리고 산파 역할을 하는 분들의 나이가 적어도 40대 후반에서 50대 초반을 넘었다. 여기서도 두 가지 석연치 않은 조작의 냄새가 난다. 하나는 고작 20대 중반의 여성이 당시 산파 역할을 했다는 것이다. 그리고 다

른 하나는 굳이 탯줄을 끊은 사람을 거의 63년이나 지난 뒤에 찾은 이유가
아무래도 심상치 않다.

〈지난 2016년 9월 9일 오전 문재인 전 더불어민주당 대표가 고향인 거제 남정마을을 찾아,
태어났을 때 탯줄을 끊어준 추경순(87) 할머니를 만나 인사했다.〉

◇ 누가 탯줄 끊어준 산파 통해 '출생 증명을 하는가?'

산파를 통해 태어난 사람은 대개 누가 자기의 탯줄을 끊었는지는 알 수
있다. 주로 가까운 친척이나 가족 중에서 경험이 있는 분이 끊어주기 때문
이다. 그러나 탯줄을 끊어준 산파를 통해서 내가 어떻게 태어났는지에 대
한 출생증명을 말하는 경우는 거의 없다.

당시 사람들은 더불어민주당 문재인 후보가 굳이 63년 전에 자신의 탯

줄을 끊어준 산파 할머니를 찾은 이유를 매우 궁금히 여겼다. 그러면서 이는 뭔가를 의도적으로 드러내려고 오버한 것이 아닐까 라는 강한 의심을 가졌던 것이다.

실제로 문재인은 2016년 9월 대선을 얼마 앞두고 일부러 추경순 할머니를 찾아갔다. 그리고 그 할머니에게 꽃다발을 안겨주면서 함께 사진을 찍는 연출(사진이 남아있음)을 한다. 무엇보다 가족이나 친지가 아닌 탯줄 할머니의 이름을 기억하고 있는 사람이 주변에 얼마나 있을까?

따라서 이것 역시 '연출이나 조작'이라는 의심의 냄새가 난다. 문재인의 출생에 대해 더 큰 의혹을 안겨주는 것은 문재인이 거제도에서 태어나고 함께 자랐다는 친구가 거의 없다는 것이다. 게다가 친구가 아니더라도 어릴적 문재인이를 알아보거나 기억하는 사람이 없다는 것이다.

◇ 문재인 거제 출생 '거제도 사람도 조롱과 박대'

그런데 문재인은 자서전 『운명』에서 "거제도에서 태어나 살다가 7살쯤에 (부산) 영도로 왔다"라고 말한다. 하지만 7살 때까지 거제에서 함께 자란 친구가 없다는 것이다. 딱 한 명이 있는데, 그가 신해진이라는 사람이다. 그러나 거제도 사람들은 신해진조차도 수상한 점이 있다고 말한다. 그래서 이마저도 문재인이 거제사람이라는 것을 포장하기 위해 동원된 것으로 의심할 수 있다.

게다가 거제도 사람들마저 문재인이를 고향 사람이라고 인정하지 않는다. 2012년 말경 서울서 열리는 재향 거제도 향우회 모임에 문재인이 찾아간다. 하지만 고향사람이라고 환영받은 것이 아니라 오히려 조롱당하고 쫓겨났다는 소문이 돈다. 그날 모인 사람들은 "저 사람(문재인)이 거제도 사람이 아닌데, 왜 여길 찾아왔어"라며 그 자리에 모인 거제 사람들이 하나같이 수군댔다고 한다.

이렇게 거제도 사람들로부터 수모를 당한 문재인이 대선에서도 실패하고 권토중래의 심정으로 다음 대선을 준비한다. 그리고 다시 기회를 잡은 것이 4년 뒤인 2016년이다. 당시 개봉한 **〈국제시장〉**이라는 영화가 막 일천만 관객을 향해 질주하던 때였다. 그 영화에는 작중 인물 중의 한 사람인 현봉학(1922~2007년) 박사가 등장한다. 현봉학은 나치학정에서 유대인을 구출한 '쉰들러'에 비유해 한국의 쉰들러라고 불리는 사람이었다.

1922년 6월 23일 함경북도 성진군 태생인 현봉학은 명문 함흥고보와 세브란스 의전을 졸업했다. 해방후 가족과 함께 월남했다. 적십자병원에서 일하다 이화여대에서 영어를 가르치던 윌리엄스 부인의 주선으로 도미한다. 그리고 한국계 미국인 의사이자 교수로 6·25전쟁 당시 흥남철수 작전에서 북한을 탈출하고 싶어한 피란민들을 위해 에드워드 아먼드 미10군 단장에게 탑승을 간곡히 요청해서 무려 9만8000여 명을 美군함에 태워 살려낸 사람이다.

1000만 관객을 동원한 영화 〈국제시장〉을 통해 작중 인물 현봉학이 유명세를 타자 문재인은 때를 놓치지 않는다. 당시 서울역 근처 연세대 세브란스 빌딩에서 열린 흥남철수의 영웅 현봉학 선생 동상이 세워진다. 그러자 문재인이 '현봉학의 동상 제막식'에 참석하여 축사를 하게 된다. 그때부터 문재인은 거제도가 고향이라는 것을 수많은 사람들의 뇌리에 각인시키는데 성공하게 된다.

문재인의 태생에 관한 상황이 이런 만큼 이제 우리 국민은 태생 의혹이 있는 문재인이 언제, 어떻게, 왜 대한민국 사람으로 둔갑했느냐에 대한 태생 점검을 철저히 해야 할 필요가 있다. 우리는 좌익 세력이 앞장서서 100년 전의 친일 인명사전을 만든 나라에 살고 있다. 대통령의 태생에 문제가 있다면 반드시 바로 잡아야 한다.

'의혹'으로 얼룩진 '문재인 태생부터 검증하라!'

◇ 현대重 민계식 전 회장 '문재인 40년 고정간첩'

특히 울산 현대중공업 회장을 지낸 민계식 씨라는 분이 있는데, 이분은 "문재인을 40년 고정 간첩"이라고 공개석상에서 언급한 적이 있다. 민계식 전 현대중공업 회장은 중공업 및 해양 분야에서 세계적으로도 내로라하는 굉장히 유능하고 실력이 뛰어난 분이다.

특히 민계식 회장은 고 정주영 회장과 정몽준 회장의 대를 이어 인정을 받았던 인물이다. 따라서 현대중공업 민계식 전 회장이 공사석에서 발언한 '문재인 40년 고정간첩'이란 주장을 우리 모두가 새겨볼 필요가 있다. 그리고 이에 대한 사실 증명이 반드시 뒤따라야 한다.

무엇보다 자유민주주의국가 대한민국의 대통령을 지낸 사람을 인민민주주의 공화국 북한의 '간첩'이라고 문제제기를 하는 것은 엄청난 일이 아닐 수 없다. 그렇다면 민계식 회장의 문제제기가 사실무근이라면, 피해 당사자인 문재인 전 대통령이 당장 의혹을 제기한 사람을 고소·고발하는 법적조치를 취하는 것이 너무도 당연한 것이 아닌가?

◇ 문재인이 직접 '고정간첩인지 아닌지 말하라!'

어쨌든 문재인은 이제 본인이 나서 이에 대한 해명을 내놓아야 한다. 왜냐하면 이 엄청난 사건은 온 국민의 관심사인데다 이 나라를 다스린 대통령을 지낸 사람의 일이기 때문이다. 현재 우리 정치권이 특히 국민의힘 정당이 굉장히 엉터리 집단이어서 이런 국면에서도 누구 하나 문제제기를 안 하고 있다. 이는 무책임하기 짝이 없는 것이다.

무엇보다 정치권이 이 문제를 좌시하는 것은 역사 앞에서 엄청난 큰 죄를 짓는 것이다. 만의 하나 문재인이 간첩이라는 사실이 밝혀지면 여야를 떠나 문재인 시대 정치를 한 사람은 역사 앞에 직무 유기라는 죗값을 받아야 한다. 왜냐하면 수많은 사람이 문재인을 간첩이라고 지적했는데도 책임 있는 정치인 당사자가 이에 관심을 가지지 않았기 때문이다.

지금 우리가 살고 있는 이 나라는 정상적인 국가가 아니다. 간첩만 해도 무시무시한 일인데, 간첩이 대통령이었다는 것이 사실이라면 어떻게 될 것인가? 이는 정상적인 국민이라면 참을 수 없는 일이다. 이제 문재인 주변의 측근이라도 나서서 내가 모신 문재인 대통령은 간첩이 아니라고 적극적이고 이치에 합당한 해명을 내놔야 한다.

4. 문재인 父 문용형은 '북한군 대위'

문재인 '내 아버지는 함흥시 농업계장'

문재인 전 대통령은 자신의 아버지(父親)에 대한 소개로 자신이 쓴 『문재인의 운명(이하 〈운명〉)』이란 자선전의 110쪽에 있는 '가난' 이라는 부제의 글에서 밝힌 내용이다.

"아버지는 일제 때 함흥농고를 나왔다. 그 곳 분들은 '함흥농업'이라고 불렀다. 함흥고보와 함께 함경도지역의 명문이었다. 아버지는 인근에서 수재라는 말을 들었다고 했다. 어릴 때 아버지를 업어 키우기도 했다는 큰어머니 말씀에 의하면 입학시험을 앞두고 별로 공부하는 모습을 못 봤는데도 집안에서는 물론 인근에서 혼자 '함흥농업'에 입학했다고 한다.

졸업 이후 아버지는 공무원 시험에 합격했고, 북한 치하에서 흥남시청 농업계장을 했다. 그때 공산당 입당을 강요받았으나 끝까지 버티고 안 했다고 한다. 유엔군이 진주한 짧은 기간 동안 농업과장도 했다. 그리고 피난을 내려왔다. 이북에서 공무원 생활한 사람들은 공무원으로 채용하는 기회가 있었던 모양이다. 그러나 아버지는 농업계장 시절 공산당 입당을 강요받으며 시달렸던 경험 때문에 북한 공산당을 피해 함흥 철수 때 미군이 제공한 **'빅토리호'**를 타고 남한으로 내려왔다"라고만 짤막하게 소개하고 있다.

그러나 1950년 '6·25 전쟁' 당시 학도병으로 전쟁에 참가한 윤월스님의 증언은 문재인 전 대통령의 자서전 『**운명**』에서 밝힌 내용과는 완전히 다르다는 것을 알 수 있다.

"나(윤월 스님)와 함께 학도병 3명이 문재인의 아버지 '문용형'을 지난 1950년 8월 29일 생포했다. 그날 문용형을 체포한 사건은 경북 영천의 보현산 전투에서 일어났다. 그리고 우리가 잡은 문용형은 소속 15연대에 넘겼으며, 이후 문용형이 거제도 포로수용소에서 포로생활을 하고 있는 것을 직접 확인했다."

윤월스님의 이 놀라운 증언 때문에 문재인 아버지가 6·25때 우리 대한민국 국민에게 총부리를 들이댄 북한인민군 장교, 대위 출신이었다는 엄청난 사실이 세상에 처음으로 밝혀지게 된 것이다. 윤월스님의 이 폭로를 처음 듣는 사람들에게는 그야말로 청천벽력이 아닐 수 없다.

중요한 것은 이러한 진실을 온 국민이 반드시 알아야 한다는 것이다. '**간첩**'이라면 어느 국가를 막론하고 높은 형벌에 처해야 하는 범죄행위임에 틀림없다. 무엇보다 남북한이 체제를 건 건곤일척의 참혹한 '이념 전쟁'을 잠시 멈추고 있는 現휴전 상태에서 간첩은 극형에 처할 수도 있는 심각한 문제인 것이다.

무엇보다 문재인 전 대통령의 부모가 흥남철수 때 내려왔다는 주장도 새빨간 거짓말이 된다. 이것이 거짓말이라면 문재인 전 대통령이 6년 전인 2017년 대선 후보로서 대한민국 국민을 완전히 기만한 것이나 다름없다. 따라서 이 사실을 아는 사람들은 문재인이 "나는 흥남철수 때 내려온 대한민국의 아들이다"라고 말한 것은 '대국민 사기극'이라고 말한다.

◇ 文, 미국 방문에서도 쏟아낸 '뻔뻔한 거짓말'

문재인은 또 국제사기극을 벌이기도 했다. 왜냐하면 문재인이 미국을 방문한 자리에서도 거짓말을 했기 때문이다. 문재인이 대통령에 당선된 직후 미국을 방문했을 때, 한 연설의 일부분이다.

"(6·25전쟁) 2년 후 저는 빅토리호가 내려 준 거제도에서 태어났습니다. 장진호의 용사들이 없었다면 그리고 흥남철수작전의 성공이 없었다면 제 삶은 시작되지 못했을 것이고, 오늘의 저도 없을 것입니다. 그 급박한 순간에 군인들만 철수하지 않고 그 많은 피란민들을 북한에서 탈출시켜준 미군의 인류애에 깊은 감동을 느꼈습니다."

문재인 전 대통령은 미국을 방문한 자리에서 대한민국의 군사동맹국인 미국 국민들이 바라보는 시선이 두려워서인지 천연덕스럽게도 새빨간 거짓말을 한 것이다. 이는 실로 무시무시한 일이 아닐 수 없다. 패권국가인 미국 정부와 국민을 향해 거짓말을 한 것이기 때문이다.

그러나 문재인의 아버지 문용형은 윤월 스님과 동료 학도병들이 낙동강 전투가 치열하던 시절 영천시의 보현산 기슭에서 생포한 '**북한인민군 대위**'였다. 그리고 체포된 문용형은 학도병들이 소속된 15연대로 넘겨진 뒤에 거제도 포로수용소에 수감중인 것을 윤월스님이 직접 확인했다고 증언한 것이다.

무엇보다 윤월스님의 이 생생한 증언은 다른 곳이 아닌 문재인 대통령의 재임시절에 청와대 분수대 광장에서 직접 기자회견을 통해서 밝힌 것이다. 그런데도 당시 청와대에서는 어느 누구도 일언반구하지 않았다. 이것은 너무도 이상한 일이 아닌가?

어떻게 현직 대통령의 집무실이 있는 청와대 분수대 광장에서 마치 체포현장에서 현장검증이라도 하듯이 그토록 리얼하고도 정확한 논리적 전개로 현직 문재인 대통령의 아버지를 생생하게 증언하는데도 한마디 대꾸가 없단 말인가.

물론 조중동을 비롯한 중앙일간 신문과 공중파와 지상파 등 주요 언론의 기자가 나오지 않았던지, 또는 취재를 했어도 입을 닫은 것인지 모른다. 그래서 청와대는 여론의 파장을 완전히 무시한 탓일까.

◇ **문재인 전 대통령 아버지 '문용형의 행적'**

문재인 전 대통령의 자서전 『운명』을 토대로 아버지 문용형의 삶의 궤적을 추적하면 그의 행적을 알 수 있다. 무엇보다 전쟁 당시 자유민주주의 대한민국 국민의 가슴에 총부리를 들이댄 북한 인민민주의공화국 장교,

대위 출신인 문재인 전 대통령의 아버지 문용형의 삶을 우리는 반드시 알아야 한다.

문재인의 부친 문용형은 1920년 태생으로 16세 때인 1936년 함흥농업학교에 입학하여 1940년 졸업했다. 졸업 후 공무원 시험에 합격하고 함흥부 예하 흥남읍사무소 농업계 계장으로 근무했다. 다음은 문재인의 자서전인 『운명』의 110쪽 **'가난'**이란 부제에 언급된 내용 일부를 발췌한 내용이다. 앞서 밝힌 내용이지만 짧고 중요한 대목이어서 다시 한번 언급한다.

"아버지는 일제 때 함흥농고를 나왔다. 그 곳 분들은 '함흥농업'이라고 불렀다. 함흥고보와 함께 함경도 지역의 명문이었다. 아버지는 인근에서 수재라는 말을 들었다고 했다. 어릴 때 아버지를 업어 키우기도 했다는 큰 어머니 말씀에 의하면, 입학시험을 앞두고도 별로 공부하는 모습을 못 봤는데 집안에서는 물론 인근에서 혼자 '함흥농업'에 입학했다고 한다.

졸업 후 아버지는 공무원 시험에 합격했고, 북한 치하에서 흥남시청 농업계장을 했다. 그때 공산당 입당을 강요받았으나 끝까지 버티고 안 했다고 한다 유엔군이 진주한 짧은 기간 동안 농업과장도 했다. 그리고 피난을 내려왔다. 이북에서 공무원 생활한 사람들은 공무원으로 채용하는 기회가 있었던 모양이다. 그러나 아버지는 농업계장 시절 공산당 입당을 강요받으며 시달렸던 경험 때문에 다시는 공무원을 하지 않겠다고 결심했다. 그래서 부산에서 장사를 했다."

(중략)

문재인 전 대통령의 아버지 문용형이 함흥농업을 졸업 후 합격한 '공무원 시험'이 일제강점기 당시의 시험인지, 1945년 10월 3일, 삼팔선 이북에 소련군정이 성립된 직후 흥남 지역에서 별도의 공무원 시험이 시행되었는지, 1948년 9월 9일 북조선인민위원회가 북한 정부를 수립한 뒤에 공무원 시험이 시행되었는지에 대해서는 『운명』이란 자서전 내용만으로는 알기 어렵다. 이는 소련군정 또는 북한 성립 초기의 공무원 인사에 관한 정확한 자료가 있어야 하기 때문이다.

하지만 자서전은 "큰어머니 말씀에 의하면, 입학시험을 앞두고도 별로 공부하는 모습을 못 봤는데 집안에서는 물론 인근에서 혼자 함흥농업에 입학했다고 한다. 졸업 후 아버지는 공무원 시험에 합격했고…."라는 부분을 살펴보면 졸업 직후 일제강점기에 시험을 치고 공무원이 됐을 개연성이 굉장히 높다. 가난하고 배고픈 시절 또래에서도 뛰어난 실력을 어렵게 갖춘 사람이 졸업 후 5년 동안 공무원을 하지 않고 공백기를 가진다는 것은 어불성설이다.

이에 대해 2023년 9월 6일 국회 브리핑에서 더불어민주당 윤건영 의원은 "문 전 대통령 부친이 '흥남시청 농업계장'을 한 것은 일제 치하가 아니라 해방 후"라고 밝혔다. 윤건영의 주장대로 문용형이 계장의 직위를 역임한 것은 해방 이후 북한 치하로 볼 수도 있다. 그렇다면 1940년 졸업직후 공무원시험에 합격하고 5년이란 기간 근무를 하지 않고도 곧바로 계장직에 오를 수 있는 그런 '재주'는 어디서 나오는 것인지 묻고 싶다.

그런데도 계장이 되기 이전의 공무원 행적에 대해서는 의도적으로 언급하지 않고 있다. 따라서 시간을 소급하면 일제치하에서 공무원을 시작한 것으로 충분히 짐작할 수 있다. 그러나 문재인은 자서전에서 이런 사실을 거두절미하고 교묘하게도 "북한 치하에서 흥남시청 농업계장을 했다"면서 아버지의 공무원 초기 이야기는 언급하지 않음으로써, 일제 치하에서의 이력을 의도적으로 밝히지 않았다고 볼 수밖에 없다.

◇ 일제치하 공무원 '문재인 父 문용형은 친일파'

한편 박민식 국가보훈부 장관은 국회 정무위원회 전체회의에서 김성주 더불어민주당 의원이 백선엽이 친일반민족행위를 했다는 건 국가의 위원회에서 내린 정식 결론이라고 지적하자 그에 반박하면서 "백선엽이 친일파면 문재인 부친도 친일파" "백선엽이 스물 몇 살 때 친일파라고 한다면 문재인 전 대통령의 부친인 문용형 그 분도 나이가 똑같다. 그건 친일파가 아니고 백선엽 민주군관학교 소위는 친일파인가?"라고 반문했다.

이와 관련해 문재인은 박민식의 해당 발언에 대해서 곧바로 '사자명예훼손 혐의로 고소하겠다'라는 방침을 밝혔다. 이에 대해 하태경 국민의힘 의원은 "문재인 전 대통령의 부친은 일제시대인 1940년 보통문관시험(현 9급 공무원시험)에 합격했다"면서 "이는 문재인 전 대통령의 부친이 해방 전 일제시대에도 관리(공무원)를 하셨다는 걸 의미한다"라고 주장하면서 박민식 장관의 말을 옹호하고 나섰다.

조선총독부 관보 1941년 자료를 보면 '文塚英治(후미즈카 에이지)'라는 일본에서는 흔치않은 성 씨를 가진 인명을 볼 수 있다. 그런데 이는 일제강점기에는 흔하던 창 씨개명식 이름이다. 해당 인물은 문 씨 성을 가진 조선인으로 추측된다. 하지만 문재인 전 대통령 측은 "문용형의 확실한 창 씨 개명 이름을 알지 못한다면 결정적인 증거는 되지 못한다"라고 궁색한 주장을 하고 있다.

그러나 기미년(1919년) 독립언선문이 선포된 이후 일제의 탄압이 훨씬 가중되었다. 그리고 1940년 당시 일제치하에서 공무원을 하려면 누구든지 반드시 창 씨개명을 해야만 했다. 그리고 일제 당시 1940년에서 해방 1945년 사이의 일제 막바지에는 조선인은 아무나 공무원을 할 수 있는 사항이 아니었다. 그런데 자서전 『운명』에서는 '북한치하에서 흥남시청 농업계장을 했다'고 한다.

그렇다면 일제 치하인 1940년경부터 공무원을 시작하지 않았다면 어떻게 해방 후 북한치하에서 흥남시청 농업계장이란 지위에 오를 수가 있단 말인가. 그 당시는 남북한이 공히 농업국으로 GDP의 80% 이상 농업생산물이 차지할 정도여서 농정국 산하의 직장이 가장 권위가 있는 인기 직종이었다. 따라서 문재인의 아버지 문용형은 여러 정황을 미루어보아 박민식 국가보훈부 장관의 말대로 "백선엽이 친일파면 문재인 부친도 친일파"라는 말이 설득력을 갖는다.

게다가 박민식 장관을 대상으로 곧바로 '사자명예훼손 혐의로 고소하겠다'라는 방침을 밝혔지만 벌써 1년이란 시간이 지나는데도 여전히 고소는 이루어지지 않고 있다. 더불어민주당은 항상 친일 프레임으로 재미를 보는 정당이다. 그래서 친일에는 특히 강한 반감을 가진 당이다. 그런데도 자당의 대통령을 지낸 사람의 아버지가 친일이라는 말을 듣고도 강력하게 대응하지 못하는 이유가 무엇인지 매우 궁금하다.

◇ 문재인 아버지 문용형 '해방 이후 삶의 궤적'

문용형은 해방 이후 공무원으로 일하면서 강한옥과 결혼한 것으로 알려졌다. 그리고 1950년 6·25 전쟁이 발발하고 인천상륙작전 이후인 그해 10월 말 유엔군이 함흥 지역을 탈환하였다. 자서전에 따르면 이 기간에 그는 계장에서 승진하여 농업과장도 역임했다고 한다. 문재인은 자서전『운명』을 통해 "아버지가 소련 군정기와 북한 정부 시절, 당국에 의해 매우 시달렸다"고 밝혔으며, 이 시달림이 1950년 12월 흥남 철수 때 미군을 따라 남한으로 내려오게 된 계기가 되었다고 한다.

문재인의 자서전『운명』에 따르면 "그러나 아버지는 농업계장 시절 공산당 입당을 강요받으며 시달던 경험 때문에 다시는 공무원 생활을 않겠다고 결심했다고 한다. 그래서 부산으로 이사 나온 후 장사를 했다. 그러나 아버지는 내가 보기에도 장사 체질이 아니었다. 조용한 성품이었고 술도 마실 줄 몰랐다. 그저 공무원이나 교사를 했으면 체질에 맞을 분이었다"고 언급하고 있다.

그러면서 "아버지는 부산의 양말 공장에서 도매로 납품받아 전남지역 판매상들에게 공급하는 등의 사업을 벌였다. 그러나 미수금이 많아 제대로 수입을 올리지 못하고 빚만 잔뜩 남기고 사업을 접었다. 그래도 공장에서 매입한 대금은 갚아야 했기 때문에 오랫동안 그 빚을 갚느라 허덕였다. 혹시 나중에라도 돈을 받을 수 있을까 싶어 전표 같은 것을 꽤 오랫동안 보관했지만 결코 그런 날은 오지 않았다. 그것으로 아버지는 무너졌고 다시 일어서지 못했다"라고 했다.

이후 문재인의 아버지 문용형은 별다른 행적은 남기지 않고 있다. 그리고 지난 1978년 4월 7일 심정지로 향년 57세를 일기로 사망한 것으로 알려졌다. 문용형은 천주교 신자였다고 한다. 그러나 문용형에 대한 자세한 이야기는 더 이상 언급된 내용은 없다.

윤월 스님 '문재인 父 문용형 생포 밝힌 뒤 피살?'

윤월스님의 생생한 증언으로 문용형의 해방 이후 행적은 대부분 거짓말로 탄로났다. 6·25 당시 학도병으로 전쟁에 참가한 윤월 스님이 문재인 전 대통령의 아버지 '문용형'을 1950년 8월 29일 자신이 체포했다고 밝힌 것이다. 그리고 그 생포현장이 바로 경북 영천 전투지역이었다.

윤월스님의 이 놀랍고 두려운 증언 때문에 문재인의 아버지가 6·25때 우리 대한민국 국민에게 총부리를 들이댄 북한인민군 장교, 대위 출신이었다는 충격적인 사실이 세상에 밝혀지게 된 것이다. 윤월스님은 "문재인의 아버지 문용형이 영천 보현산에서 당시 윤월스님을 포함한 학도병 3명에게 체포되어 15연대로 넘겨진 뒤에 나중에 거제도 포로수용소에 수감되어 있는 것을 직접 확인까지 했다"라고 여러 유튜브 채널을 통해 수차례나 밝혀왔다.

그러면서 "체포된 지 꼭 7년 뒤인 1957년 8월 18일 부산 자갈치 시장에서 그때 영천 보현산에서 생포한 문용형을 만나 심한 말다툼을 벌였다"라면서 "그때 본 꼬마 재인이가 이미 7살 정도로 보였다"라고 바로 문재인 대통령 재임시절에 청와대 분수대 광장에서 직접 증언했다.

◇ 문재인 아버지 증언한 '윤월 스님의 의문사'

문재인 전 대통령 아버지 문용형을 6·25 전쟁 중에 생포했다고 증언했던 윤월스님이 2021년 9월 14일 오전 5시경 입적(사망)했다. 스님의 소속 '갑사(寺)' 관계자에 따르면 "윤월스님은 전날인 13일 서울로 가신다며 매우 건강한 모습으로 절에서 나가셨는데, 갑자기 다음날인 14일 오전에 사망 통보라는 비보를 동해에서 받았다"라고 밝혔다.

이 관계자는 그러나 "평소 스님께서 외출을 자주하시고 혼자서 여행도 잘 다니실 정도로 건강하셔서 이날(13일)도 서울로 출타하시는 줄 알았는데, 함께 동행한 A여행사 대표로부터 14일 새벽 5시에 갑자기 각혈을 시작해 119를 불러 병원으로 이송하던 도중 숨졌다"라는 소식을 전해 들었다고 말했다. 스님의 시신은 이날 오후 7시께 동해의료원에서 공주의료원장례식장으로 옮겨 3일장을 치른 것으로 알려졌다.

고(故) 윤월스님은 향연 89세로 고등학교 2학년 때 학도병으로 6·25 전쟁에 참전해 1사단 15연대 소속으로 1950년 8월 29일 영천 신녕 전투에 참가해 영천 보현산 서남쪽 400고지 인근에서 당시 동료 학도병 2명(스님 포함 3명)과 함께 문재인 전 대통령의 아버지(親父) 문용형을 생포했다. 그리고 동료 학도병들과 함께 문용형을 체포하면서 당시 북한군 대위로 6·25전쟁에 참여한 것을 입증한 역사의 증인이었다.

◇ 윤월스님 '외신 기자회견 앞두고 피살!'

특히 윤월스님의 피살 소식은 불과 며칠 뒤에 CNN, BBC, NYT 등 외신과의 기자회견을 며칠 앞두고 있었기 때문에 스님의 죽음이 더욱 석연치가 않다. 앞서 윤월스님은 지난 2021년 4월 2일 청와대 분수대 앞 광장에서 "문재인 아버지 문용형을 내가 체포하면서 많이 때렸다"라고 주장한 적이 있다.

그러면서 "문용형을 체포한 이후 무려 7년 만인 1957년 8월 부산 자갈치시장에서 우연히 다시 만나자 문용형이 체포 당시 심하게 맞은 것을 항의하는 바람에 서로 목소리를 높여 다투었다. 문재인이 이놈이 사람이라면 자기 아버지를 죽도록 두들겨 팬 나를 어찌해야 하지 않겠느냐"라고 청와대를 향해 목소리를 높이기도 했다.

당시 윤월스님 기자회견에 참석한 한 관계자는 "일국의 대통령의 아버지가 6·25 전쟁 때 북한인민군 대위였다는 것을 밝히는 자리인데다 그것이 사실이면 문재인 대통령이 그동안 말한 가족 관련 발언이 대부분 거짓으로 드러나게 된다"면서 "무엇보다 이런 중대한 문제를 조중동을 비롯한 방송등 주요 언론매체들이 보도하지 않는다는 것은 언론의 사회적 책임성과 공기로서의 사명을 상실한 것"이라고 비난했다.

5. 언론과 국회는 '간첩 대통령을 검증하라!'

'간첩' 대통령이 다스린 '대한민국'

지금도 현대중공업 회장을 지낸 민계식 씨의 주장을 비롯해 특히 장차관 등 수많은 국가 고위급 관료들이 앞다퉈 나서 **'문재인은 간첩이다'**라고 언급하고 있다. 이런 주장과 추론만으로도 문재인 전 대통령 가족사에 대한 비밀은 가히 충격적인 일이 아닐 수 없다. 이제 국민의 알 권리를 충족해야 할 대한민국의 모든 언론과 또 국민을 대표하는 대의기관인 국민의힘당과 더불어민주당 등 여야가 이 문제 해결을 위해 발 벗고 나서야 한다.

무엇보다 언론과 국회가 이 문제 해결에 관심을 가지고 합류한다면 문재인의 태생 비밀을 쉽게 풀 수가 있다. 그리고 이들의 주장대로 만의 하나 문재인이 간첩이라는 것이 확실하다면 국가적 차원에서 특단의 대책을 세워야 한다. 그러나 이 나라 대한민국의 대통령을 지낸 문재인을 **'간첩'**이라고 주장하는 말들이 끊임없이 제기되고 있는데도, 이를 좌시한다면 **'대한민국은 이미 간첩이 점령한 국가임이 분명하다.'** 그리고 언론과 국회는 시대 사명을 감당 못 한 죄과로 반드시 역사의 심판대에 서게 될 것이다.

문재인 정부가 저지른 '北 위한 이적 행위'

◇ 문재인의 탈원전 정책이 '국가반역인 이유'

"문재인이 '탈원전 정책'이란 뜬금없는 명목으로 멀쩡한 원전을 폐쇄해버린다. 그리고 세계 최고의 원전 기술을 USB에 담아 직접 북한 김정은 손에 넘겼다. 그런데 통일부는 또 그 'USB'에는 '심각한 국가의 비밀사항이 많으므로 공개할 수 없다고 말한다."

문재인 정부가 들어선 지 불과 1년 만인 지난 2018년 6월 15일 전력사업자인 한국수력원자력(약칭 한수원) 이사회는 기습 이사회를 열어 월성원전 1호기를 **'영구정지'**하기로 결정했다. 2017년 6월 19일 부산 기장군 고리원전1호기 영구정지 결정에 이은 두 번째 원전 폐쇄 조치였다.

월성 1호기의 경우 7000억 원의 예산을 투입해 노후 설비를 교체했고, 고리 1호기도 수백억 원을 들여 비상발전기 등을 교체한 상태였다. 미국에서는 같은 회사에서 만든 원전을 60년간 사용하는데, 우리는 고작 40년을 쓰고 버린 것이다. 문제는 왜 폐쇄해야 하는가에 대한 합당한 이유가 없다는 것이다.

앞서 문재인 대통령은 2107년 6월 이미 30% 정도 공사가 진행된 신고리원전 5, 6호기 공사를 3개월간 중단시킨 바 있다. 신고리 5, 6호기 공론화위원회가 공사 재개를 결정했다. 하지만 당시 공사중단으로 1천300억 원 가량의 손실이 발생하게 된 것이다.

문재인 정부의 '밀어붙이기식' 탈원전 정책을 누구보다 안타깝고 허탈한 마음으로 지켜보는 이가 있다. 바로 이익환 전 한전원자력연료주식회사(KNF) 사장이다. 그는 1978년 월성1호기의 건설 기계책임자로 일했다. 이후 그는 한국 원전기술자립을 위한 기술전수 목적으로 1988년부터 약 3년간 미국의 웨스팅하우스사(Westinghouse 社)에 한국원자력연구원의 현지 책임자로 파견된다.

그와 함께 파견된 150여 명의 기술자들은 시차를 두고 귀국하면서 우리나라 최초의 국내 주도로 건설된 한빛원전 3, 4호기 원자로계통설계를 담당했다. 미국에서 돌아온 이익환 전 사장은 1992년부터 월성 2, 3, 4호기의 원자로계통 설계책임자로 역할을 수행했다.

이익환 전 사장은 "국민총생산(GNP) 300달러 시대에 원전이 전력을 공급하기 시작해 그동안 에너지원이 거의 없던 우리나라가 3번의 석유파동을 거치며 GNP 3만 달러 시대, 세계 9위의 수출산업과 산업발전의 견인차 역할을 지속해왔다"라며 "국민이 값싸고 품질 좋은 전기를 안정적으로 사용할 수 있었고, 온실가스 발생이 없었기에 이만큼 깨끗한 환경을 유지해온 것"이라고 말했다.

그러면서 "앞으로 20년 이상을 충분히 사용할 수 있는 원전을 조기 폐쇄한다는 소식을 들었을 때, 젊은 시절 우리나라 원전 자립을 위해 온갖 고생을 하던 모습이 뇌리를 스쳤다. 월성1호기 건설 당시 현장 건설책임자로 원자로 건물을 수십 번도 더 오르내렸다. 아무것도 없는 원전 불모지에서 기술 자립을 위해 온몸을 바친 원전 1세대들의 모습도 떠올랐다. 참으로 뭐라 할 말이 없을 정도로 참담한 심정"이라고 밝혔다.

원전도 문제가 생긴 부품을 교체하면 얼마든지 사용을 할 수 있다. 사람에 비유하면 고리 1호기는 이제 겨우 50대에 접어든 것으로 판단된다. 한마디로 50대에 '고려장' 시켜버린 꼴이다. 고리 1호기를 공급한 회사(웨스팅하우스)의 동일한 설계로 지은 미국의 원전 5기는 20년 가동연장을 받아 현재 운영 중이다. 총 60년을 운영하는 셈이다. 미국의 원전 전문가들은 안정성을 확인하고 부품을 교체하면서 80년까지 사용할 수 있는 원전을 폐쇄해버린 것이다.

문재인은 아랍에미리트(UAE)와 사우디아라비아 등 해외에 원전을 수출하겠다고 밝혔다. 2021년 3월 문재인이 UAE 원전 1호기 준공식에 참석해 한국 원자력기술을 격찬했다. 원전 수출은 그 나라의 기술이 이전되는 것이다. 현재 한국의 우수한 원전기술에 관심을 갖는 국가는 사우디아라비아, 영국, 체코, 핀란드 등이다. 도입대상국의 입장을 배려하지 않으면서 수출하겠다는 것은 앞뒤가 맞지 않는다. 40년도 안 쓰고 버리는 나라의 원전을 누가 사주겠느냐는 것이다.

◇ 北 도발 미사일 한국군과 흡사 '우리 기술 의심'

이런 의혹이 제기되기 전인 2019년 5월에 북한은 '북한판 이스칸데르'라 불리는 KN-23, 북한판 ATACMS(에이태킴스) KN-24의 시험 발사를 시작했다. 미사일 신형 발사는 며칠 간격을 두고 이어졌다. 그동안 북한 탄도미사일은 주로 구소련제나 중국제 미사일을 개량한 것이었다. 그런데 신형 미사일은 우리나라 현무-ⅡB, ATACMS와 매우 흡사했다.

당시 군 당국과 학자들은 "우리나라의 현무-2와 북한 KN-23의 원류는 러시아 이스칸데르 미사일이므로 닮을 수밖에 없다"라고 설명했다. 하지만 KN-24는 어떻게든 설명이 불가능했다. KN-24는 이동식 차량발사대(TEL)까지도 우리 군이 쓰는 M270 MLRS를 빼다 박았다. 2019년 8월 군사전문가들에게 이에 대해 물었다. 몇몇 군사전문가가 익명을 요구하며 "북한이 어떤 경로로든 우리나라 무기 설계 기술을 입수한 것으로 의심된다"라고 말했다.

전문가들은 문재인이 김정은에게 건넨 USB에 중요한 무기 기술이 담겼을 가능성도 배제하면 안 된다고 말한다. 2018년 4월 하순 USB를 건넸는데 1년 만에 신형 무기를 대거 만들어 시험 발사한 것이 의심스럽다고 지적했다. 또 북한이 2021년 3월 발사한 '고중량 탄두형 전술유도탄'과 2022년 4월 발사한 '신형전술유도무기'가 각각 우리 군의 현무-Ⅳ, KTSSM(전술지대지유도탄)과 매우 흡사한 형태인 것으로 드러나 이런 의혹은 더욱 증폭되고 있다.

김여정의 '하명'에 즉각 움직인 '文정부'

더불어민주당은 지난 2020년 12월 2일 접경 지역에서 대북전단 살포와 확성기 방송 등을 금지하는 이른바 **'김여정 하명법'**(남북관계발전에관한법률 일부개정법률안)을 외교통일위원회 전체회의에서 단독으로 통과시켰다. 국민의힘은 (노발대발했다는) 김여정의 말 한마디에 여당이 법안을 만들고 실제 본회의에서 통과시켰다며 '김여정 하명법'이라고 강하게 반발했다.

◇ 김여정 하명법이란?

지난 2020년 6월 30일 국회 외교통일위원장인 송영길 더불어민주당 의원은 대북전단 살포를 남북합의서 위반행위로 규정해 처벌규정을 신설하고, 미수범까지 처벌하는 내용의 '남북관계발전에관한법률 일부개정안'을 21대 국회 1호 법안으로 발의했다.

개정안에는 △군사분계선 일대 확성기 방송행위 △시각매개물 게시행위 및 북한 전단 살포행위 등을 금지사항으로 규정했다. 법안을 위반할 경우 '국민의 생명·신체에 위해를 끼치거나 심각한 위험을 발생시킬 우려가 있는 행위를 한 자'로 규정하고 3년 이하 징역 또는 3000만 원 이하의 벌금에 처하도록 했다.

당시 송영길 의원은 "표현의 자유도 중요하지만, 국민의 생명과 신체에 심각한 위험을 발생시킬 가능성이 크다면 법률로 제한해야 한다"면서 "6월 초순 시작된 북한 도발의 시작점이 대북전단이었다"라고 밝혔다.

그리고 '김여정 하명법안'에 더불어민주당 안민석, 이낙연, 이상민, 김영주, 이인영, 김경협, 전해철, 김영호, 이재정, 윤건영 등 12명의 민주당 의원이 공동 발의했다. '대북전단살포금지법'이 소관 상임위에 오르자 야당은 강하게 반발했다. 여야는 공방 끝에 지난 8월 3일 해당 법안을 안건조정위원회에 넘겼다. 그러나 심사 기간 90일을 넘겨 개정안은 자동으로 법안심사소위에 회부됐다.

결국 2일 외통위 전체회의에서 여당은 단독으로 의결했다. 이날 정진석 국민의힘 의원은 "김여정 북한 노동당 제1부부장이 대북전단을 비난하고 엄포를 놓치 않았다면 과연 대북전단살포금지법을 만들었겠느냐"면서 "대북전단살포금지법은 명백한 **'김여정 하명법'**"이라고 비난했다.

문제는 2020년 5월 31일 자유북한운동연합이 김포에서 '새전략핵무기 쏘겠다는 김정은'이라 적힌 대북전단 50만장과 1달러 지폐 2000장, 메모리 카드 1000개 등을 대형 풍선에 달아 북으로 보냈다. 이에 김여정은 대북전단 살포가 이어지면 △남북공동연락사무소 폐쇄 △남북 군사합의 파기에 나설 것이라고 엄포를 놨다. 그리고 북한은 같은 달 16일 남북공동연락사무소를 폭탄으로 폭파했다. 이는 단지 김여정이 노발대발했기 때문이다.

文 '제주 4.3사건, 우리의 꿈을 먼저 꾼 것!'

문재인 대통령이 2019년 제주 4·3 사건 71주년 추념식에 참석해 "원점으로 돌아가 그 학살의 현장에서 무엇이 날조되고, 무엇이 우리에게 굴레를 씌우고, 무엇이 제주를 죽음에 이르게 했는지 낱낱이 밝혀내야 한다"라고 말했다.

문 대통령은 "누구보다 먼저 꿈을 꾸었다는 이유로 제주는 처참한 죽음과 마주했고, 통일 정부 수립이라는 간절한 요구는 이념의 덫으로 돌아와 우리를 분열시켰다"라고도 했다. 문 대통령은 2018년 4·3 70주년 추념식에도 참석해 사과를 했다. 현직 대통령이 재임중 제주 추념식에 두 번 참석한 것은 처음이었다.

4·3 사건은 남로당이 대한민국 정부 수립에 반대해서 일으킨 무장 폭동을 진압하는 과정에서 민간인 희생자가 다수 발생한 우리 현대사의 비극이다. 군경의 반란 진압 과정이 지나쳐 억울하게 희생된 민간인에 대해서는 국가가 마땅히 위로·사과·보상을 해야 한다. 그러나 4·3 사건은 명백한 **'무장폭동'**이었다.

그런데도 그 대상에 대한민국을 부정하고 폭동을 일으킨 남로당과 그 배후인 북한 당국에 대해서는 언급하지 않았다. 문재인은 단지 **'먼저 꿈을 꾼 사람들'**이라며 정부 수립에 반대한 무장 폭동 자체에 대해 정당성을 부여하는 말을 했던 것이다. 문 대통령이 말한 **'꿈'**은 무엇을 의미하는지 명백히 밝혀야 한다.

무엇보다 문재인은 대한민국을 세운 이승만 정권의 **'국가 폭력'**을 강조하며 정작 남로당과 북한 책임은 거론하지 않았다. 또 천안함 폭침 추모 행사와 현충일 기념사에서도 책임 주체인 '북한'을 언급한 적이 없다. 대한민국을 '태어나지 말았어야 할 나라'로 보는 역사인식을 가진 것이 매우 우려스럽다.

文정부 '서해 공무원 피살방치 및 은폐·왜곡'

전임 문재인 정부가 지난 2020년 발생한 '서해 공무원 피살(피격) 사건' 당시 상황을 방치하고, 사건 이후에는 관련 사실을 유관기관들이 조직적으로 은폐·왜곡했다는 감사원의 최종 감사 결과가 3년 2개월이 더 지난 2023년 12월 7일 최종 발표됐다.

서해 공무원 피살 사건은 2020년 9월 22일 밤에 서해 소연평도 인근 해역에서 어업지도활동을 하던 해양수산부 어업관리단 소속 전라남도 목포시 공무원인 이대준 씨가 연평도 인근 해역에서 실종된 뒤, 실종 지점에서 북서쪽으로 38㎞ 떨어진 북방한계선 이북의 북한 황해남도 강령군 등산곶 해안에서 조선인민군의 총격에 숨진 것이다.

문재인 정부는 이 씨 사망 전에는 손을 놓고 방치했고, 북한의 피살·시신소각 후에는 사건을 덮으며 '자진 월북'으로 몰아갔다고 감사원은 결론 내렸다. 또 감사원은 위법·부당 관련자 13명에 대한 징계·주의를 요구하고, 공직 재취업 시 불이익이 되도록 기록을 남기는 인사 자료 통보를 조치했다. 관계 기관들에도 별도의 주의 요구를 내렸다.

관련자 13명 중 주요 인사는 서욱 전 국방부 장관, 김홍희 전 해양경찰청장이 포함된다. 감사원은 이런 내용을 담은 '서해 공무원 피살사건 주요 감사 결과'를 보도자료를 통해 밝혔다. 지난 2022년 10월 중순 발표한 중간 감사 내용을 최종 확정한 것으로, 감사보고서 원문은 국가 보안상 이유로 공개하지 않았다.

◇ 사망 전 발견 '장시간 방치…통일부 보고 누락'

감사원이 7일 발표한 '서해 공무원 피살 사건 관련 주요 감사 결과'에 따르면 문재인 정부의 국가안보실과 국방부, 통일부, 합동참모본부(합참), 해양경찰청(해경), 국가정보원 등 관계 기관은 이 씨가 사망하기 전부터 사실상 손을 놓고 아무런 조치도 취하지 않았다.

감사원에 따르면 국가 위기관리 컨트롤타워인 안보실은 2020년 9월 22일 당일 오후 북한 해역에서 서해 공무원이 발견됐다는 사실을 합동참모본부로부터 보고 받고도, 통일부 등에 위기 상황을 전파하지 않고 '최초 상황평가회의'도 하지 않았다.

당시 국가위기관리센터장은 북한이 서해 공무원을 구조하면 상황 종결 보고만 하면 되겠다고 판단하고, 상황이 종료되지 않았는데도 오후 7시 30분께 조기 퇴근했다. 서훈 안보실장도 조기에 퇴근했다. 해경은 당일 오후 6시쯤 안보실로부터 정황을 전달받았지만, 보안 유지를 이유로 추가 정보를 파악하지 않고, 국방부 등에 필요한 협조 요청도 하지 않았다.

통일부 납북자 관련 대북정책 총괄 부서장인 A 국장은 국정원으로부터 정황을 전달받아 서해 공무원의 생명이 위협받고 있다고 파악했으나 장·차관에게 보고하지 않았다. 규정에 따른 조치도 하지 않고 이 씨 무사 여부를 파악하지 않은 채 당일 밤 퇴근했다.

합참 역시 당일 오후 4시대에 정황을 확인하고도 '통일부가 주관해야 하는 상황으로, 군에서는 대응할 게 없다'고 국방부에 보고하고 손을 놨다고 지적됐다. 국방부는 합참의 보고를 받고도, 대북 전통문을 발송할 필요성이나 군에서 가능한 방안을 검토하지 않고 안보실에 건의도 하지 않았다.

◇ 피살 후에는 은폐·왜곡…'일제히 월북몰이'

감사원은 이 씨가 피살·소각된 이후부터는 관계 기관들이 사실을 덮고 책임을 회피하기 위해 자료 등을 삭제·왜곡하며 자진 월북으로 몰아갔다고 밝혔다. 그리고 9월 23일 새벽 1시에 개최된 관계 장관회의에서 안보실이 이 씨 시신 소각 사실에 대한 '보안 유지' 지침을 내리자 국방부는 2시 30분께 합참에 관련 비밀자료를 삭제하라고 지시했다.

통일부가 실제로 사건을 최초 인지한 시점은 국정원으로부터 전달받은 9월 22일 오후였다. 하지만, 국회와 언론 등에는 23일 새벽에 열린 관계 장관회의에서 최초로 인지했다고 거짓으로 알렸다.

국방부, 국정원, 해경도 모두 '자진 월북' 방침이 사실과 다르다고 파악했으나 그 방침을 따랐다. 국방부와 국정원은 시신이 소각됐다는 점을 알고도 '소각 불확실' 또는 '부유물 소각'이라고 말을 바꿨다. 정부는 이 씨가 자진 월북했다는 내용을 여러 차례 대국민 발표했다. 이에 대해 감사원은 "사실과 다른 내용일 뿐만 아니라 피해자인 이 씨의 사생활까지 부당하게 공개했다"라고 비판했다.

감사원은 앞서 지난해 10월 중간 결과를 발표하며 서훈 전 국가안보실장, 박지원 전 국가정보원장, 서욱 전 국방부 장관 등 20명을 검찰에 수사 요청해 현재 재판이 진행 중이다. 이번에 조치가 요구된 13명 중 서욱 전

장관, 김홍희 전 해경청장 등 퇴직자 5명에 대해서는 해당 기관이 징계 사유를 인사 기록에 남겨 향후 공직 재취업 시 불이익이 가도록 했다.

당시 문재인 정부는 북한의 눈치를 보느라 국민의 안전과 생명을 보호해야 할 국가가 소중한 국민, 그것도 공무를 수행하다 일어난 이대진 씨의 사건을 내팽개쳤다. 무엇보다 피살·소각된 이후부터는 관계 기관들이 사실을 은폐하고 책임을 회피하기 위해 자료 등을 삭제·왜곡하며 자진 월북으로 몰아갔다. 따라서 대다수 국민들은 문재인 정부를 향해 국가가 국민을 위해 있는 것인가, 아니면 북한을 위해 있는 것이냐면서 울분을 토했다.

文정부 '국가 통계조작은 심각한 범죄행위!'

문재인 정부가 국토교통부와 통계청 등을 대상으로 국가 통계를 조작해 국민을 속이는 일이 사실로 밝혀졌다. 이에 따라 국가통계를 자신들 입맛대로 조작한 자들을 엄벌에 처하는 한편, 국가통계의 투명성과 신뢰성을 높일 수 있는 방안을 마련해야 한다는 목소리가 높아지고 있다. 이와 함께 향후 이런 사태가 다시는 발생하지 않도록 제도적 대비책 마련이 필요하다는 지적이 나왔다.

2023년 9월 15일 감사원은 "국가 정책의 수립 근거가 되는 국가통계의 신뢰성과 정확성에 대해 국회·언론 등에서 지속적으로 문제가 제기돼, 주택·소득·고용 등 국가통계 작성·활용의 적정성을 밝히고자 감사를 실시했다"고 말했다. 그러면서 "감사원의 감사 결과, 문재인 정부의 대통령 비서실과 국토교통부가 통계 작성 기관인 통계청과 한국부동산원을 압박해 통계수치를 조작하고 왜곡하는 등 권력형 불법행위가 확인됐다"고 밝혔다.

감사원에 따르면 범죄혐의가 확인된 관련자만도 무려 22명에 달하며, 감사원은 이들에 대해 검찰에 수사를 요청했다. 앞서 지난 2020년 국정감사장에서 문재인 정부의 통계조작 의혹을 제기했던 송언석 국회의원실에 따르면 국토교통위원회 국정감사에서 문재인 정부 출범 이후 한국부동산원과 KB국민은행의 부동산 가격 통계 격차가 이명박 정부 때에 비해 38배가 커진 것을 알고, 통계 조작 의혹을 강하게 제기했다.

그러나 문재인 정부의 김현미 국토교통부 장관 등 당시 책임있는 자리에 있었던 사람들은 "산정 방식이 서로 다르다"는 해괴한 논리로 발뺌하기에 급급했다. 하지만 이번 감사원 감사로 송언석 국회의원이 국정감사에서 제기한 문제가 진실임이 결국 밝혀져 이에 대한 대책이 시급한 것으로 알려졌다.

문재인 정부는 실제로 지난 2020년 8월 국토교통위원회에서는 6개(매매가격시수, 평균매매가격, 중위매매가격, 매매실거래가지수, 매매평균가격, 매매중위가격)의 한국감정원 통계 중 가장 수치가 낮은 통계인 매매가격지수를 근거로 "3년간 서울아파트 값이 14% 올랐다"는 터무니없는 주장을 앵무새처럼 되풀이하는 국토교통부 김현미 장관에게 일침을 가했다.

전문가들에 따르면 국가통계 조작·왜곡은 선동과 궤를 같이한다. 선동의 대표적인 행위가 통계를 조작하거나 왜곡해 일반화하고, 세뇌하는 짓이다. 국가의 통계를 왜곡하고 조작하는 행위는 국가의 근본을 파괴하는 심각한 범죄행위가 분명하다.

국민의힘 '文, 간첩 지원받아 대통령 됐나?'

지난 2021년 8월 2일 오후 북한의 지령을 받아 미국산 스텔스 전투기 도입 반대 활동을 했다는 의혹을 받은 충북 청주 지역 활동가 4명이 구속 전 피의자 심문(영장실질심사)을 위해 법정에 출석했다.

북한의 지령을 받아 스텔스 전투기인 F-35A 도입 반대운동을 벌인 간첩 사건을 두고 야당의 비판이 문재인 대통령을 향했다.

실제로 해당 활동가들이 지난 대선에서 문재인 캠프에서 특보 역할을 맡고, 지난해 국회 외통위원장이던 송영길 민주당 대표를 만난 사실이 알려지면서 야당은 공세를 강화하고 나섰던 것이다. 그런데도 민주당은 현재까지 이번 간첩사건과 관련해 어떤 공식적인 견해도 내지 않았다.

◇ 2020년에는 '국회에서 송영길 만나기도'

최근 청주 지역 노동단체 출신 활동가 4명은 북한의 지령을 받고 F-35A 스텔스기 도입 반대활동을 한 혐의(국가보안법 위반) 등으로 수사기관의 수사를 받는다. 이 중 3명은 지난 2일 청주지법에서 열린 영장실질심사에서 도주 우려가 인정돼 법정구속이 결정됐다.

문제는 수사를 받는 활동가 4인이 2017년 대선 당시 문재인 후보 선거

대책위원회 특보단으로 활동한 전력이 밝혀졌다는 점이다. 이들은 2017년 문 대통령 지지 기자회견을 열기도 했다.

게다가 이들은 2020년 10월께 '2022 북녘 통일 밤묘목 100만 그루 보내기운동본부'라는 단체 회원 자격으로 당시 국회 외통위원장이던 송영길 민주당 대표를 만나기도 했다. 국정원은 F-35A 도입 반대투쟁과 통일 밤묘목 100만 그루 보내기운동 등을 모두 북한의 지령에 따른 것이라고 판단하고 있다.

◇ 문재인 정권 들어와 '특히 보안 기능 약화'

국민의힘은 문재인 대통령과 민주당이 직접 견해를 밝혀야 한다고 주장했다. 당시 국민의힘은 "지난 대선에서 이들은 문재인 캠프 특보단으로 활동한 사실이 드러나 충격"이라며 "21세기 대한민국에서 버젓이 간첩활동이 이뤄지고 정치권에까지 손을 뻗쳤다는 것을 국민이 상상이나 했겠나. 문재인 정권에서 보안기능이 얼마나 악화했는지 확인할 수 있다"고 강하게 비난했다.

DJ의 적자로 불리며 국민의힘 소속으로 대선 출마를 선언한 장성민 세계와동북아평화포럼 이사장도 페이스북을 통해 이 사건을 '문재인 간첩 특보단 게이트'라고 규정했다. 장 이사장은 "문 대통령은 간첩이 미는 후보였고, 간첩의 지원을 받아 대통령에 당선된 것인가"라며 "문재인은 지난 대선때 어떻게 간첩들이 문 대통령의 특보단에 들어왔는지 국민에게 밝혀야 한다"라고 촉구했다.

문재인 '재임시절 심각한 범죄행위 혐의들!'

1. '80년 쓸 수 있는 원전 40년 만에 폐쇄'

2. '北 김정은에게 국가기밀 담긴 USB 전달'

3. '종전선언(평화협정)으로 미군철수 획책'

4. '국가 통계조작으로 심각한 범죄 행위'

5. '해수부 공무원 죽음의 월북몰이 혐의'

6. '탈북어민 사전 조사없이 강제북송 혐의'

7. '친구 송철호 울산시장 선거 개입 혐의'

8. '성남-청주-창원지역의 간첩단 지원혐의'

9. '태양광 카르텔 결재로 국토오염'

10. '48년 8월15일 대한민국건국 인정 못한다'

11. '국가통계 조작의혹 윤성원 전 차관 구속'

Part 2
이석기는 '종북 주사파 대부'

"

'이석기의'

부활은 적화통일 신호탄!

'4·10총선'의 더불어민주당 승리는

대한민국 적화통일을 확정한다.

반국가단체 구성혐의로 2년 6개월

내란 선동죄로 9년을 선고받은

이석기는 남조선 최고 종북

'거물 정치인!'

"

"

이재명은

보안사범 이석기 아바타

더불어민주당 승리는 이석기 부활!

숙주 이재명, 기생충 경기동부연합

이재명 성남시와 경기도가 발주한

각종 이권사업의 수익금은

당시 간첩당 '통진당'의

'혁명자금?'

"

1. 이석기를 알면 '대한민국은 적화상태다!'

'4·10총선'은 국가 존망 걸린 '체제 전쟁!'

대한민국은 지금 북한 김정은 정권의 손아귀에서 놀아나고 있다. 총선에서부터 대통령선거에 이르기까지 모든 선거는 북한의 지령에 따라 움직이고 있기 때문이다. 현재 북한 정권이 대한민국의 **'정치-경제-사회-문화예술-국방-교육'** 등 모든 분야의 하부구조를 완전히 장악하고 있다. 오늘날 대한민국이 이 지경이 된 것은 지난 2001년 3월 북한 김정일 정권이 남한 주사파에 내린 지령문 **"민노당을 통일전선적 정당으로 발전시켜라"**는 것에서 비롯된다.

이제 대한민국 정치권의 중심인물은 누가 뭐래도 **'이석기'**다. 모든 정보담당 전문가들은 한결같이 이석기를 주목해온 지 오래다. 그런 이석기는 북한에 의해서 계속 지원되고 그 지원에 의해서 지금은 대한민국의 정치를 완벽하게 틀어쥔 정치거물이 된 것이다. 이석기는 자신의 아바타 이재명을 통해 이미 더불어민주당을 장악했다. 또 직속후배 양경수를 통해 민주노총까지도 완전히 손아귀에 넣음으로써 대한민국에서는 누구도 이석기를 능가할 정치 권력자는 없다.

이석기가 지난 2014년 '**내란 선동**'으로 9년을 선고받고 8년간이나 교도소에서 수감돼 있었다. 그런데 도대체 어떻게 해서 이석기가 완벽한 권력을 손아귀에 넣을 수 있었단 말인가? 수많은 사람들은 이를 의아하게 여길 것이다. 바로 이석기 배후에는 거대한 북한 정권이 있기 때문이다. 이는 조금도 거짓이 없는 현실이다. 그러면 북한이 어떻게 이석기를 지원하였기에 오늘날 이와 같은 엄청난 일이 벌어지고 있단 말인가? 그래서 '정말로 자유민주주의 대한민국이 적화상태인가?'라고 흥분할 것이다.

이 사실을 믿든 믿지 않든 지금 우리 눈앞에서 펼쳐지고 있는 현실이 이를 명확히 증명하고 있다. 자유민주주의를 원하는 국민이라면 흥분한 숨을 잠시 고른 뒤, 이제부터 이석기의 행적을 함께 추적해보자. 대부분 우리 국민이 이를 쉽게 이해하기 어려운 것은 바로 북한이 남한의 지하에서 벌이고 있는 대남공작이란 그 실상을 잘 모르고 있기 때문이다. 실제로 자유민주주의 우파 국민의 대다수는 이 중차대한 현실에 대해 아무것도 모르고 있다.

왜냐하면 남북한이 이념으로 갈라져 있고, 특히 남한 사람은 뭔가 깊이 생각하며 사물이나 사건의 이면까지 바라보고 분석하려는 인내가 턱없이 부족하다. 이미 우리는 배부른 '**개돼지**'가 된 것이다. 우리 사회는 담론이 사라진지 오래다. 남자나 여자나 그냥 앉으면 소맥이나 막걸리 한잔 걸치면서 시시껄렁한 종편 연예 잡담이 주류를 이룬다. 그나마 조금 있어 보이는 이야기가 고작 골프나 주식 정도다. 혹시라도 누가 정치 얘기를 꺼내면

곧장 말싸움(사상 투쟁)으로 번진다. 우리는 친구도 좌우파로 갈리는 세상에서 살고 있다.

이렇게 **'배부른 개돼지'**들이 모여서 날마다 아무런 생각이 없이 노닥거리며 소중한 시간 허비하고 있을 때, 배고프고 악에 바친 북한 당국은 호시탐탐 남조선해방을 위해 온갖 공작을 벌여오고 있는 것이다. 이는 비단 어제 오늘의 일이 아니다. 그런데 우리 남한의 '개돼지'는 항상 **'정치-경제-사회-문화-예술'** 등 다양한 분야를 바라볼 때 이면을 생각지 않고 현상만 보려고 한다. 그래서 이 사회에서 일어나는 진실을 올바로 파악하지 못해 이 지경이 된 것이다.

우리 대한민국을 걱정하는 의식있는 사람은 주변에서 일어나는 모든 사안을 그냥 허투루 보지 않는다. 특히 광화문 애국세력은 어떤 범상치 않는 사건이 일어나면 지금 그 배후에서 또는 물밑에서 이루어지고 있는 북한의 대남공작을 먼저 생각한다. 이제 대한민국사회에서 제대로 된 삶을 사는 사람이라면 북한이 어떤 행동을 하고, 어떤 지령을 내리고, 남한에 있는 간첩들과 종북 세력들을 어떻게 조종하고 호응하면서 연합전선을 펼치고 있는가를 항상 깨어서 의식하고 살아야 한다.

비록 확실한 근거는 찾지 못하더라도 저들이 어떻게 움직이고 있는지를 생각하면서 문제를 분석하고 바라보면 대한민국에서 일어나는 다양한 현상을 별로 틀리지 않고 바르게 볼 수 있게 된다. 그런데 북한의 대남공작으로 움직이는 지하의 흐름이나 행동은 무시하고 현상에서 나타난 것만 바라보고 분석하면 거의 십중팔구 틀린 결론에 이르게 된다. 특히 자유민주주의를 원한다면 위정자와 공직자가 깨어 있어야 하는 이유다.

남한의 배부른 개돼지는 지금 이구동성으로 광화문 애국세력을 극우보수, 또는 수구꼴통으로 내몰고 있다. 그러면 간첩 문재인을 하야시키기 위해 2019년 10월 3일 개천절 하루에 몰려나온 500만 시민이 극우꼴통인지 묻고 싶다. 지난 5년간 국정을 이끈 문재인 정부를 경험하고도, 대한민국을 살린 애국자들을 극우보수라 부르는 자는 북한 김정은 정권의 개돼지들이 분명하다. 이는 문재인 정권 나팔수 좌파언론의 날조된 정보가 대한민국을 오염시키고 있기 때문이다.

지금 간첩이나 종북 세력이 대만민국의 신문과 방송을 장악하고 있다. 이는 지난 80년 대 중반 NL(친북 주사파)과 PD(친중 빨갱이)의 사상투쟁(사투)에서 밀린 PD계열이 대거 언론으로 흘러들어갔기 때문이다. 한국의 좌파언론은 공기의 사명을 잃어버렸다. 언론의 생명인 객관성과 공정성을 내팽개쳤다. 수많은 국민은 한국 언론의 좌파 편향성에 혀를 내두르고 있다. 이 또한 이석기가 이끄는 경기동부연합 세력이 장악한 민노총에 언노련이 예속돼 있기 때문이다.

이석기 경기동부연합 세력이 장악한 민노총(양경수 위원장)은 대한민국의 최고의 조직력과 영향력을 행사하고 있다. 현재 민노총 산하에는 "전공노(입법-사법-행정부)를 비롯해 교육, 교수, 운수, 금속, 건설, 보건, 그리고 언론"에 이르기까지 대한민국의 모든 것을 거머쥐고 있다. 문제의 심각성은 지도부가 간첩들로 구성돼 있다는 것이다. 그래서 **'적화통일이 코앞에 와 있다'**라는 것이다.

北 김정일 '남한 주사파는 민노당 점령하라!'

◇ 北 〈군자산의 약속〉으로 '간첩당'을 만들라!

김정일 생전인 2001년도 3월에 남한 내 **'종북 주사파'**에게 한 가지 특별 지령을 내린다. "민주노동당(민노당)을 통일전선적 정당으로 발전시키라!" 그 당시 민노당은 PD(친중 빨갱이)계열이 당을 만들어서 이끌고 있었다. 김정일이 내린 지령은 한마디로 남한의 NL(종북 주사파)이 민노당으로 들어가서 PD계 민노당을 접수해 종북 주사파가 주인인 완전한 '간첩당'으로 개조하라는 것이었다.

실제로 김정일의 지령에 따라 지난 2001년도 9월 23일 충북 괴산에 있는 군자산 보람원 수련원에서 주사파 무리인 전국연합 회원 700여 명이 모였다. 그 회합을 흔히 〈군자산의 약속〉이라고 말한다. 군자산에 모인 종북 주사파는 **'3년의 계획 10년의 전망'**이라는 주제를 가지고 치열한 논쟁을 벌인다. 그 결과는 주사파가 북한 김정일의 지령에 따라 "3년 내에 민노당 당권을 장악하고, 민노당을 확대발전시켜 10년 안에 정권을 잡겠다"고 결의를 다짐한 것이다.

종북 주사파는 〈군자산의 약속〉을 결의한 이후 곧바로 민노당 속으로 급속히 침투해 들어간다. 인천 중심으로 활동하던 주사파들이 가장 먼저 용산지구당으로 주소를 대거 이전한다. 주사파가 한 가구에 20여 명씩 불법으로 주소를 이전한 뒤, 지구당 위원장선거에서 투표로 용산지구당위원장을 당선시킨다. 그리고 또 다른 지역으로 옮겨 다니면서 동일한 수법으로 당을 장악하기 시작한다.

결국은 김정일이 특별 지령한 〈군자산의 약속〉대로 정확히 3년만인 2004년 주사파가 민노당의 당권을 완전히 틀어쥐게 된다. 그리고 4년 뒤인 2008년 18대 총선에서는 국회의원 10명(지역구 2, 비례대표 8석)을 민노당 이름으로 당선시키는 놀라운 성공을 이룩하게 된다.

◇ 北 지령대로 움직이는 좀비 정당 '민노당'

곧 바로 북한이 직파한 〈일심회〉라는 간첩단 소속 간첩들이 민노당으로 침투한다. 민노당 내로 스며든 간첩들이 민노당 당직자 300명의 명단을 입수해 북으로 넘긴다. 북한 당국은 이들이 넘겨준 300명의 당직자 명단을 가지고 성분을 분석한 뒤 사상과 충성도를 따져서 그들을 입맛대로 활용하기 시작한다.

종북 주사파 정당이 된 '민노당'에 들어간 〈일심회〉 간첩단이 확보한 300명의 명단으로 북한 당국은 일일이 '당 대표는 누구, 사무총장은 누구를 시켜라'라고 지령한다. 북한은 충성도 높은 종북 주사파 간첩들로 민노당을 완전히 장악한다. 이석기가 이끄는 민노당은 북한이 움직이는 간첩당으로 탈바꿈 된다. 이로써 민노당은 북한의 '좀비 간첩정당'이 된 것이다.

당시 이석기가 이끄는 경기동부연합 세력으로는 〈군자산의 약속〉을 수행하기가 사실상 불가능해 보였다. 그러나 북한 당국의 끊임없는 지원과 대남공작으로 인하여 진짜 10년 만인 2012년도엔 이석기 그룹이 명실공히 괄목상대할 세력으로 거듭나게 된다. 그들의 군자산 결의가 그냥 허접한 구호만은 아니었다. 이는 북한의 뒷배가 얼마나 무시무시한가를 보여준 사건이었다.

그리고 2012년 대선에서 문재인 좌파세력은 박근혜 우파에게 아슬아슬하게 진다. 종북 주사파 세력이 머지않아 대한민국을 접수할 수 있다는 것이 현실로 다가온 셈이다. 진짜 〈군자산의 약속〉대로 그들이 정권을 잡을 뻔했던 엄청난 사건이 바로 우리 코앞에 다다른 것이다. 이제 자유민주주의를 원하는 대한민국민이라면 이석기의 실체를 두 눈 부릅뜨고 지켜봐야 한다.

이석기가 진실로 대한민국을 좌지우지하는 요주의 인물이다. 이제 이석기는 '**남조선 주사파의 주석**'이라 불리는 거물 정치인이다. 이석기가 '내란 선동'으로 교도소에서 8년간이나 갇혀 있었는데도 불구하고 대한민국의 좌파정치권력을 완전히 장악하게 된 것은 북한 당국이 이석기를 철저히 돕고 있기 때문이다.

김정일의 지령으로 시작된 〈군자산의 약속〉의 궁극적 목표는 종북 주사파가 남한에서 정권을 잡은 후에 북한과 연방제로 적화통일을 이룩하겠다는 것이다. 정말 무시무시한 결의가 아닐 수 없다. 불가능해 보였던 그 약속으로 남한은 이제 이석기를 제대로 알면 '**내면적 적화통일**'이 된 것이나 다름이 없다.

도대체 국민들이 감쪽같이 모르는 사이에 어떻게 이와 같은 일이 일어날 수 있단 말인가? 이석기가 무려 8년간을 교도소에서 보냈는데, 아무리 북한이 돕고 있다고 해도 '우째' 이런 일이? 지금 이재명은 이석기의 아바타에 불과한데 이런 일이 일어날 수 있단 말인가. 게다가 가장 똑똑하고 많이 배운 선진국이라고 자부하는 대한민국이 이석기라는 북한의 개만도 못한 허접한 인간에게 모든 권력을 장악당할 수 있단 말인가.

이는 **북한의 끊임없는 대남공작과 종북세력과의 연합전선에 대해서 우리가 너무나 무관심했기** 때문에 나타난 현상이다. 남한의 개돼지들이 사상에 대한 무지가 낳은 산물이고, 그 무지의 대가를 지금 톡톡히 치르고 있는 것이다. 그러나 그 실상을 똑바로 파악하였으니 이제부터라도 정신만 똑바로 차리면 늦지 않다. 이 나라를 이석기를 통해 북한 김정은의 손아귀에 넘기느냐? 아니면 우리가 이 냉엄한 현실을 똑바로 직시하고 자유민주주의 대한민국을 지키느냐? 그것은 전적으로 우리의 태도에 달렸다.

우리의 선배세대는 참혹한 6·25전쟁을 겪은 뒤, 지난 70여 년간 초근목피로 허리띠를 졸라매고 살았다. 그분들이 노력한 결과 대한민국은 현재 세계 경제 10대 대국이라는 엄청난 부를 얻었고, 그동안 축적한 지식과 값진 과학기술의 명성을 자칫 모두 한 순간에 날려버릴 수 있는 절체절명의 위기에 놓여있다.

4·10총선 '진보 vs. 보수 프레임'으로 치르라!

죽은 김정일의 망령이 되살아났다. 이번 '4·10총선'도 **'진보 vs. 보수 프레임'**으로 치르라는 지령이 벌써부터 작동되고 있다. 이제 북한은 과거처럼 무력으로 남한을 접수하려고 하지 않는다. 무력으로는 불가능하다는 것을 깨달았기 때문이다. 저들의 전략은 **선거를 통해서 합법적으로** 정권을 장악하는 쪽으로 방향을 선회했다. 이때 가장 강력한 무기로 사용되는 것이 바로 '**진보와 보수**'라는 '**프레임(frame) 선거 공작**'이다.

대한민국의 모든 선거에서 '**진보와 보수**'라는 프레임은 절대적으로 민주당을 이롭게 하고 있다. 진보와 보수라는 용어 프레임에 속아서는 절대로 안된다. 이 프레임은 북한 당국의 지령으로 우파 표를 도둑질하기 위해 교묘하게 위장한 거짓 용어라는 것을 분명히 알아야 한다. 이것을 모르고 그 프레임에 끌려 다니면 이번 '4·10 총선'에서 또 다시 치명상을 입을 수 있다. 그래서 '진보와 보수'라는 용어 프레임은 대한민국 국민에게 독극물을 먹이는 것과 같다.

북한과 연계한 종북 주사파 세력은 남한의 우파에게 '진보와 보수'는 독극물과 같은 것이라는 걸 너무도 잘 알기 때문에 이번 '4·10총선'에서도 이 핵폭탄과도 같은 위력을 발휘하는 '**진보-보수 프레임**'을 벌써부터 들고 나와 떠들고 있다. 종북 주사파 세력은 북한 당국의 지령에 따라 이런 거짓되고 날조된 용어 프레임과 허튼 생각을 바탕으로 사상전과 심리전을 동시에 전개하고 있는 것이다. 또 위장한 '**진보**'라는 용어를 뒷받침하기 위해 백낙청과 같은 거물급 거짓 지식인을 앞세워 새빨간 날조로 국민들을 미혹하거나 호도하고 있다.

우선 '진보'라는 용어는 그 액면 가치만으로도 '보수'를 짓누를 수 있다. 진보는 보다 신선하고 새로운 가치를 추구하는 뉘앙스를 풍긴다. 특히 진보는 디지털시대의 키워드인 혁신과 변화를 상징하기도 한다. 하지만 보수는 이런 변화 시대를 역행하는 수구꼴통과 같은 뉘앙스를 가지게 되는 것이다. 그래서 종북 주사파들이 보수라는 단어를 악용하고 있다. 그러나 진보와 보수라는 개념의 연원을 찾아 뿌리를 캐보면 진보와 보수는 서로 다른 둘이 아니라 하나다. 이는 **'고전적 리버럴**(classical liberal)**'**이라는 진보가 보수의 가치로 습합된 것이기 때문이다.

그런데 사상전에 능한 저 악마 김정일이 2006년 1월 1일 신년사에서 **"남한에서 '반보수대연합 vs. 진보대연합'으로 매국반역집단에 종국적 파멸을 안겨줄 것이다"**라고 말했다. 김정일의 지령으로 대한민국을 완전히 파괴하는 프레임이 바로 **'진보와 보수'**라는 것이다. 그리고 2011년 5월 범민련 남측 본부도 **'진보대연합, 반보수대연합'**을 적극 추동하면서 **자주적 민주정부(미국 몰아내는 종북 정권)**를 지향하는 **연립정부**를 쟁취해야 한다고 주장한다. 즉 **공동정부 및 연립정부**를 구성한다는 말이 굉장히 의미심장하다. 이는 곧 투 트랙으로 보수를 왕따시킨다는 추악한 계략이 숨어 있는 것이다.

◇ 우파는 '진보 vs. 보수 프레임' 걷어 내야!

우리 국민은 기발하고 발칙한 거짓 프레임에 속아서는 안된다. 이를 위해 저들의 전술 용어를 잘 이해해야 한다. 이 거짓 프레임 '진보와 보수'가 이번 '4·10 총선'에서 더는 효과를 볼 수 없도록 차단해야 한다. **'진보세력의 대연합'**은 새빨간 거짓 선동전략이다. 정확한 것은 **'좌파 또는 좌익세력 대연합'**을 말한다. 좌익세력은 더불어민주당을 비롯한 정의당, 진보당, 녹색당, 노동당 등 공산사회주의 노선이나 김일성 주체사상을 따르는 무리의 연합체를 말한다.

공산사회주의 노선을 따르는 것이 겉으로 드러나면 자유민주주의체제 남한에서는 표를 구걸하기가 어렵다. 그래서 공산사회주의 사상노선을 분명히 말하지 못하고 진보라는 가짜 이름으로 위장해 진보정당이라고 떠드는 것이다. 이는 천박하고 시대에 뒤떨어진 종북 세력이 주체사상을 숨기고 진보라는 용어로 둔갑한 것이다. 이제 '**진보대연합**'은 곧 공산사회주의 노선을 지향하는 정치세력이다. 따라서 대한민국에서 이들은 '**빨갱이**', '**종북 세력**', '**간첩**'이라고 부르면 된다.

또 '**반보수 대연합**'은 사회주의 노선을 갖지는 않지만 보수세력을 좋아하지 않는 중도에 있는 모든 정치세력을 아우르는 말이다. 이는 보수 세력만 제외하고 나머지가 모두 다 통합하자는 전술적 계략이다. 따라서 '**보수대연합**'과 '**반보수대연합**'을 묶어버리면 자연히 보수 세력만 남게 된다. 그러면 무엇인가 수구적인 뉘앙스를 가지는 보수를 결국은 '**수구꼴통**' '**극우보수**'로 몰아서 왕따시켜 버리자는 간계가 숨어 있다.

그리고 나머지는 모두 다 통합하자는 참으로 가증스러운 거짓 용어 프레임이 바로 '**진보 vs. 보수 프레임**'이다. 이번 '4·10총선'에서도 이렇게 투트랙으로 선거를 치러 완벽하게 보수를 제압하자는 것이 바로 저들의 용어전술이다. 이는 용어 프레임으로 보수를 3분의 1의 꼴통집단으로 내몰아서 쪼그라뜨리려는 것이다. 저들이 주장하는 '**진보와 보수**'라는 프레임에 걸려들면 선거를 망칠 수밖에 없다. 따라서 이번에도 '**진보**'라는 말이 나오면 곧바로 '**빨갱이-주사파-간첩**'이라는 말로 맞받아 쳐야 한다.

◇ 영미 보수-진보는 한 뿌리 '지속과 변화 속의 조화'

프랑스 대혁명이 일어난 이듬해인 1790년 영국인 에드먼드 버크가 프랑스 혁명에 반대하는 내용을 책으로 출간한다. 그 책이 『프랑스 혁명에 대한 고찰(The reflection on the French Revolution)』이다. 이것이 바로 보수 정치 철학의 신호탄이었다. 그 이전에는 보수라는 용어가 없었다. 따라서 '보수'는 프랑스 사람들이 붙인 '1820~30년대' 등장한 새로운 용어다. 원래 '진보정치인'이었던 에드먼드 버크는 '보수'라는 용어가 없던 시절에 고전 리버럴, 즉 '진보'였다. 그 연원을 보면 진보와 보수는 한 뿌리에서 나온 개념이다.

버크와 같은 '고전 리버럴(classical liberal)'이 '보수'를 외친 것은 지금 우리가 가진 통념을 뛰어넘는다. 보수는 가만히 기득권을 지키려는 수구 세력이 아니었다. 보수는 '지속과 변화 사이의 균형'을 찾는다. 보수의 핵심 가치는 개인과 집단의 존중을 근저에 두고서도 변화와 발전을 추구하는 조화에 있다. 보수의 근본정신은 '지속과 변화속의 조화'에 있다. 따라서 보수와 진부는 하나다.

미국 '보수'도 영국과 흡사하다! 1860년대 미국 공화당의 '고전 리버럴'이 일으킨 남북전쟁은 우리의 6·25만큼이나 참혹했다. 당시 인구 3천만인 미국에서 벌어진 전쟁으로 사상자만 약 100여만 명에 달할 정도로 피해가 엄청났다. 남북전쟁을 진두지휘한 공화당 대통령 링컨은 당시 민주당 출신 부통령을 데리고 전쟁터에 나선다. 그런 링컨은 〈흑인 노예해방〉, 〈흑인남성 투표권 주장〉, 〈남북전쟁으로 연방정부 강화〉 등을 부르짖다가 결국 암살

당한다. 링컨의 정치노선을 보면 고전 리러벌의 **'표상'**이다. 그리고 이것이 바로 미국의 **'보수'**다.

4·10총선에서 밀리면 '대한민국은 끝장이다!'

◇ '왕재산 사건'에서 드러난 '北, 선거 지령'

2011년 8월에 일어난 왕재산 사건은 인천을 중심으로 활동하던 왕재산 이라는 간첩단이 적발된 것이다. 이 때 김덕용이라는 주도자의 노트북에 서 100건이 훨씬 넘는 북한의 지령문이 쏟아져 나온다. 그 중에 하나가 2012년도 4월 총선과 12월에 있을 대통령선거를 어떻게 치러서 승리를 쟁 취하라는 전략의 내용이 고스란히 들어 있었다.

그 내용을 보면 이석기가 장악하고 있는 민노당을 중심으로 진보대통 합정당을 구성하라. 그 통합진보당(통진당)을 10월 이내는 완성하라는 지 령이었다. 그리고 이는 민노당뿐만 아니라 국민참여당(국참당: 대표 유시 민)도 끌어넣어라는 것이다. 당시 국참당 유시민은 노무현의 아바타였다.

특히 국참당을 끌어넣을 땐 노무현이 저지른 '비정규직법', '이라크 파 병', '한미 FTA 발기 추진' 등의 과오를 공개반성하게 하라고 지령을 내린 것이다. 따라서 유시민의 경우 반성을 할 때만 끼워 줄 수 있다는 것이다. 여기서 진보대통합을 이끄는 중심 세력은 바로 이석기가 장악한 민노당 이라는 것을 알 수 있다.

결국 국참장의 유시민이 참여한 것을 보면 아마도 공개반성을 한 것으로 파악된다. 또 다른 지령문은 대통합진보당 건설과정에서 민노당의 명칭을 견지하다가 양보하는 척하면서 의석수를 더 받아내야 하는데, 이 경우에는 본사(북225국)에 문의해 일을 진행하라고 명령한다. 진보대통합이 완성되면 민주당과 야권연대를 통해 '반보수대연합'으로 완전히 통합을 이룩하라고 지령했다.

마지막으로 민주당과 야권연대를 할 경우 '반보수대연합'이라는 명칭으로 선거연대를 해서 총선에 임하라고 지령한다. 그러면서 이석기가 이끄는 통합진보당이 민주당으로부터 정책적 담보도 받아내고 의석도 많은 양보를 받아내라고 주문한다. 당시 그 선거는 결국 북한 당국이 지령한 그대로 이행됐다. 총선 한 달 전에 야권대결성식을 하는데 백낙청과 같은 노욕에 찬 늙은 좌파 지식인들이 배후에서 버티고 서서 바람을 잡으며 진보 색깔을 덧입혀준다.

결국 통진당이 민주당과의 야권연대를 통해 민주당으로부터 많은 양보를 받아낸다. 특히 특정지역에서는 단일후보까지 내세워서 13석을 얻는다. 그리고 국민지지율 10.3%, 득표율 220만표를 얻어 큰 성과를 거둔다. 이처럼 대한민국에서는 총선이나 대선 등 모든 선거는 북한의 지령에 따라 종북 주사파 세력들이 상호 합의하면서 치러지고 있다. 그런데도 이러한 사실을 우리 국민은 전혀 모르고 있다.

당시 통진당이 10.3%의 지지율로 문재인을 앞세운 더불어민주당과 대선에 임하게 되면서 결국 공동정부가 구성될 수밖에 없다. 여기서 문재인과 이석기의 공동정부가 등장하게 된 것이다. 통진당과 더불어민주당의 공동정부가 구성된다면 결국 주도권은 이석기가 차지하게 된다. 왜냐하면 이석기는 북한의 특별 지원을 받고 있기 때문이다. 무엇보다 당시 1500개 좌파 단체가 모두 북한의 지령에 따라 움직이면서 통진당과 깊이 결속돼 있었다.

무엇보다 통진당은 거대 단체인 민주노총과 거대 교육 단체인 전교조, 그리고 이적 단체 범민련, 실천연대 등을 아우르고 있었다. 특히 북한의 지령문에는 전신인 민노당과 통진당이 민주당을 견인하라는 문건들이 많이 발견됐다. 이는 통진당이 민주당을 이끌고 가라는 것이다. 북한이 주도적으로 지원하는 이런 구도를 알면 남한 좌파는 국회의원의 숫자보다는 누가 더 센 종북 세력인가, 누가 더 북한과 깊이 결속돼 있느냐가 야권을 주도하는 세력이 된다.

그러나 2012년 5~7월에 민노당 내분으로 민노당 의원 5명이 무더기로 구속되는 사태가 일어난다. 민노당 사태가 뉴스에 보도되면서 그제야 국민들이 깜짝 놀라서 간첩당 통진당 주목하게 된다. 국민의 엄청난 비난을 받으면서 결국 통진당의 지지율이 2%대로 떨어지면서 야권연대가 깨진다. 여기서 종북 주사파의 대부 이석기의 정권 장악 시도는 일단 실패하게 된다.

당시 이 사건이 아니었다면 〈군자산의 약속〉은 종북 주사파들이 결의한 대로 10년 만에 약속이 이루어지게 되는 셈이다. 이는 곧 이석기가 북한을 뒷배로 얼마나 무서운 힘을 발휘하고 있는가를 방증해주고 있다. 여기서 충북 괴산군에 있는 군자산을 잠깐 음미해볼 필요가 있다. 특히 괴산은 유일하게 남한 출신으로 북한 김일성에게 총애를 받은 홍명희가 태어난 고향이다. 그래서 홍명희처럼 충실한 일꾼이 된다면 북한에서 부수상의 지위에까지도 오를 수 있다는 것을 은연중에 각인시키고 있는 지역이 바로 **〈충북 괴산〉**임을 알 수 있다.

2. 대한민국 '이석기 손아귀에서 놀고 있다'

이석기의 종북 주사파 '어떤 세력인가?'

종북 주사파에서 전향한 이종철(전 고대 총학생회장)의 증언에 따르면 주사파는 철저히 북한의 지령에 따라 대한민국을 전복하려는 세력이다. 주사파는 대한민국을 혁명하겠다는 사실상 간첩 단체나 다름없다. 주사파는 대한민국을 김일성 주체사상의 조국인 북한과 같은 나라로 만드는 게 목표다. 이는 대한민국을 혁명하고 자유민주주의체제를 전복해서 북한과 같은 사회주의 체제를 만드는 것이 일차 목표다. 그리고 궁극적으로는 북한 김정은을 통일대통령으로 만든다는 것이다.

언제나 종북 주사파 세력의 정점에는 이석기가 있다. 그리고 이석기가 지난 8년간 감옥살이를 하고 있을 때, 이재명이 나서서 마침내 더불어민주당까지 먹어버린 셈이다. 그러나 이재명은 민주당의 실질적인 소유주가 아니다. 이재명은 이석기의 바지사장, 즉 아바타에 불과하다. 물론 이석기와 이재명은 이제 떼려야 뗄 수 없는 동업자관계다. 하지만 북한의 철저한 신임을 받고 있는 이석기 앞에서 이재명은 쥐 앞의 고양이 정도라는 게 정치하는 사람들의 말이다.

그러면 이번 '4·10총선'은 어떻게 되는가? 이석기의 아바타 이재명이 이 끄는 더불어민주당과 치르는 이번 총선은 단순한 선거가 아니다. 실제로 국가의 명운을 건 체제전쟁이라고 봐야 한다. 그래서 이번 총선을 통해서 대한민국이 죽느냐 사느냐하는 생사가 갈리게 된다. 이제 대한민국은 천 길 낭떠러지에 서 있다. 따라서 만에 하나 이번 '4·10총선'에서 더불어민주 당의 승리를 가정한다면 윤석열 정부는 끝장난 것이나 다름없다.

그러면 대한민국은 곧바로 문재인이 공약한 〈낮은 단계 연방제〉를 통해 적화통일로 가는 것은 시간문제일 뿐이다. 왜냐하면 민주당을 완벽하게 접수한 거물 정치인이 바로 주사파 이석기이기 때문이다. 대한민국은 누 가 뭐래도 이석기 손아귀에서 놀아나고 있다. 따라서 이석기가 부활하는 순간 대한민국의 자유민주주의체제는 그날로 막을 내리게 되고, 생각하 기조차 끔찍한 '적화통일'로 가는 수밖에 없다.

이석기는 이제 지하 세력이 아니다. 좌익 종북 활동을 하는 사람들은 철 저한 보안이 필요하므로 실체를 드러내서는 절대로 인 된다. 그럼에도 불 구하고 이석기가 그 엄한 규정을 어기고 이미 20013년 얼굴과 얼굴을 맞대 고 실명으로 회의를 진행한 것이다. 이는 뒤집어 말하면 세상은 이제 자신 들의 실체를 드러내놓고 활동을 해도 무방하다는 것을 의미한다. 이는 곧 혁명의 시기가 완전히 무르익었다는 것이다. 따라서 더는 지하에서 몰래 '쥐새끼'처럼 숨어 지내면서 활동할 이유가 없다는 담대한 믿음이 있었던 것이다.

당시 2013년 통진당 내란음모사건에는 무려 150명의 종북 주사파가 연루됐다. 이는 실로 엄청난 사건이었다. 이 나라 대한민국을 뒤집어엎을 수 있는 내란음모에 가담한 150여 명은 모두 종북 주사파, 즉 남조선 혁명을 꿈꾸는 좌익분자들이었다. 하지만 구속된 사람은 고작 7명뿐이었다.

당시 회의에서 압력밥솥으로 폭탄을 만들어 혁명적 상황이 발생하면 국가 기간시설인 전기, 전화 통신시설, 유류저장고를 습격하여 파괴하고, 또 수돗물 시설에 독극물을 투입해 수많은 인명을 살상할 수 있게 만든다는 것이었다. 종북 주사파는 또 주요 요인을 암살할 수 있는 사제권총을 제작하는 것까지도 그날 회의석상에서 논의했다. 이는 완전한 이적 간첩 단체임이 분명하다.

그럼에도 불구하고 고작 7명만 구속되었다는 것은 보안법이 버젓이 살아있는 현실에서는 정말 말도 안 되는 것이다. 나머지 143명도 한결같은 종북 주사파들로서 똑 같이 국가보안법을 위반한 인간들인데도 구속하지 않은 것은 누가 봐도 상식적으로 이해가 되지 않는 부분이다. 그래서 경기동부연합을 비롯한 종북 주사파 세력은 조금도 그 활동력이 수그러들지 않고 있다.

한편 우리는 흔히 남한의 주석이라고까지 불리는 경기동부연합의 이석기가 구속되고 법의 철퇴를 맞았으니까 더 이상 활동하기가 어려울 것이라고 생각할 수 있다. 그러나 이는 저들의 생태계를 전혀 모르는 한가한 소리다. 경기동부연합을 중심으로 한 종북 주사파들이 내란 선동으로 구속되면서 특히 남조선 최고 존엄으로까지 통하는 이석기가 구속된 상황에서도 2018년 이재명은 이제 더 큰 도전을 감행하여 경기도 도지사에 당선된다.

이미 2010년 이전부터 경기동부연합은 이재명과 끈끈한 동지관계를 이어왔다. 이는 앞서 이재명이 2005년 북한을 다녀오면서 '경기동부연합과 함께하라는 모종의 북한 지령을 받았을 것'으로 보는 인사들이 많다. 그래서 이러한 담대한 판단을 내린 종북 주사파들이 드러내놓고 반국가 활동을 한 것이다.

이석기를 비롯한 7명이 구속됐지만 이재명의 선거를 도운 사람들은 바로 경기동부연합이었다. 이제는 이재명을 숙주로 주사파 기생충들이 일개 성남시가 아닌 경기도 전체를 상대로 빨대를 꽂고 다양한 방법으로 거액의 자금을 빨았던 것이다. 주사파 세력이 경기도를 넘어 전국 조직으로 성장하게 된 배경이다.

◇ 이석기 경기동부연합 '민노총 완전 장악!'

민주노총 위원장에 양경수 현 위원장이 지난 2023년 11월 28일 재선에 성공했다. 양경수는 내란 선동 등으로 복역한 이석기가 이끄는 '경기동부연합' 출신으로 분류된다. 이석기 직속인 양경수는 이석기가 졸업한 한국외대 용인 캠퍼스 총학생회장을 지냈다. 노동전문가들은 민족 해방(NL) 계열인 경기동부연합이 민노총에 미치는 영향력을 훨씬 더 키웠다는 분석을 내놓고 있다.

이날 민노총에 따르면 양경수는 지난 2023년 11월 21~27일 진행된 임원 선거에서 36만3246표(득표율 56.61%)를 얻어, 2위인 박희은 후보(20만 1218표·31.36%)를 16만2028표의 큰 차이로 따돌렸다. 투표권 있는 민노총 조합원 100만2989명 중 64만1651명이 투표했다. 민노총이 직선제를 도입한 2014년 이후 연임은 양경수가 유일하다. 이는 경기동부연합세력이 민노총에 엄청난 영향력을 가지고 있다는 것을 보여주는 것이다.

양경수는 당선 직후 "윤석열 정권을 끝장내고 노동자의 새로운 희망을 세우자"라고 주장했다. 근로 여건 개선이 아니라 정치투쟁을 하겠다는 것이다. 경기동부연합이 장악한 통진당 세력은 이석기 구속과 2014년 12월 통진당 해산 결정 이후 사실상 무너진 것처럼 보였다. 그러나 내막은 여전히 탄탄한 기반을 가지고 있었다. 이들은 택배 노조를 발판삼아 민노총을 장악하고 다시 세력을 확장한 것이다.

양경수는 대학시절 각종 반미 집회에 참가했다. 또 한국대학총학생회연합(한총련) 간부를 지내며 수배자 명단에도 이름이 올랐다. 졸업 후 노동계로 갔고 금속노조 기아차지부 화성지회 사내 하청 분회장(위원장)을 지냈다. 이런 경력으로 2020년 12월 '비정규직 출신으로 최초'라는 구호를 내걸고 민노총 위원장에 당선된다. 이석기를 핵심으로 하는 경기동부연합 계열인 양경수는 이석기 석방을 줄기차게 요구했다. 또 관련 단체인 경기공동행동 대표를 맡아 이석기 석방집회를 주도했다. 양경수야말로 진짜 이석기의 아바타다.

북한 당국은 민노총을 상대로 윤석열 정부를 흔들라는 지령을 자주 내리고 있다. 지난해 4월 17일 "각급 노조들을 발동해 윤석열 패들을 반대하는 투쟁 등을 적극적으로 벌이라"는 지령문을 보냈고, 이어 6월 29일에는 "'한미동맹은 전쟁동맹', '평화파괴범 윤석열을 탄핵하자', '남북합의 이행' 등의 구호를 들고 나와 용산 대통령실과 정부청사, 윤석열 자택 주변에서 도로차단·포위행진·연좌시위를 지속적으로 조직·전개하라"고 지시했다.

◇ 北 지령대로 움직이는 '민노총 지도부는 간첩'

북한 통전부는 지난 2022년 10월 이태원 핼러윈 참사 당시엔 참사에 대한 애도를 반정부 투쟁으로 전환할 것을 주문하며 **'국민이 죽어간다', '퇴진이 추모다', '이게 나라냐'** 등의 구호를 사용할 것을 지령한 것으로 드러났다. 무엇보다 간첩 혐의로 구속된 전·현직 민노총 간부들이 한결같이 북한 공작원과 접선해 지령을 받고 이를 실행한 것으로 밝혀져 충격을 주고 있다.

국가정보원과 경찰 등 공안당국은 지난 2023년 1월 18일 서울 중구 정동에 위치한 민노총 본부와 영등포구 당산동에 소재한 민노총 산하 보건의료노조 본부 등에 대한 대대적인 압수수색을 벌였다. 이는 전·현직 민노총 간부들이 국가보안법(국보법)을 위반한 혐의를 받고 있기 때문이다.

이후 국정원과 경찰 국가수사본부는 2023년 1월 22일 민노총 조직국장 석모 씨, 보건의료노조 조직실장 김모 씨, 금속노조 부위원장을 지낸 양모 씨, 금속노조 출신으로 알려진 제주 세월호 제주기억관 평화쉼터 대표 신모 씨에 대해 국보법 위반 혐의로 검찰에 구속영장을 신청했다. 수원지방검찰청 공공수사부는 법원에 영장을 청구했다.

민노총 조직국장인 석 씨는 2016년 8월 중국 베이징, 2017년 9월 캄보디아 프놈펜, 2019년 8월 베트남 하노이에서 북한 노동당 대남 공작부서인 문화교류국 소속 공작원과 접촉해 지령을 받았다. 이와 같이 대한민국 안보 및 정치·외교에 개입하라는 내용의 북한 지령을 받은 전·현직 민노총 간부들은 대북 보고문을 발송하면서 "경애하는 김정은 동지를 받들어 대를 이어 충성하자"라는 내용의 충성문도 함께 보냈던 것으로 밝혀졌다.

그래서 이들의 구속영장에는 **'간첩죄'**가 분명하게 적시됐다. 간첩죄는 형법 제98조(간첩죄)는 '적국을 위해 간첩행위를 하거나 간첩을 방조한 자는 사형, 무기 또는 7년 이상의 징역에 처한다'고 규정한다. 북한은 그동안 남한 좌파정부가 퍼준 돈으로 핵을 완성하고, 핵무력으로 위협하고 있다. 그런데도 얼빠진 민노총 지도부는 간첩행위를 하고 있다. 검찰은 이들을 법대로 엄단해야 한다.

주사파 총본산 '경기동부연합의 실체는?'

◇ 80년대 중반이후 발아한 '김일성 주체사상'

김일성 **'주체사상'**이라는 것이 80년 초반까지만 해도 우리 대학가에서는 구체적인 실체가 있거나 본격적으로 그 모습이 드러나지 않았다. 그러나 85년 이후 북한 당국이 미(美)제국주의에 대한 적개심을 불러일으키게 책자를 발행해 대학가에 뿌리기 시작했다. 이미 종북 주사파에 물든 학생들이 책자를 통해 후배들을 세뇌시키면서 주사파가 본격적으로 힘을 얻기 시작한다.

특히 1963년생인 김영환(61)은 1980년대 민족해방(NL) 계열 운동권의 핵심이었다. 당시 주사파 이념을 가장 강하게 어필하는 내용을 담고 있는 허접한 문고판으로 된 빨간 색 표지의 책자가 『AI(Anti-Imperialism)』였다. 이 책자의 핵심 내용은 '우리의 적은 반독재세력이 아니라 미(美)제국주의'라는 북한의 선전선동 내용을 담고 있었다. 이를 바탕으로 김영환이 '강철서신'을 쓰게 된다.

AI는 인공지능이 아니다. 반제국주의를 선동하는 책이 대학가의 젊고 순수한 영혼을 사로잡았다. 이를 읽고 좌익에 물든 학생은 날마다 북한 방송을 듣고 토론하는 것이 하나의 관행처럼 통했다. 대학가는 86년 무렵부터 종북 주사파(NL)가 본격적으로 득세하기 시작하면서 당시 좌익세력을 주도하던 PD(민중민주혁명파)와 격렬한 사상투쟁을 벌이게 된다.

PD는 이미 선배세대들이 장악하고 있기 때문에 새로 등장한 NL은 후배 학생이 들어오면 그들을 교육시켜서 데리고 나가 선배 PD를 쳐내는 비열한 행위로 자신들의 입지를 확장하며 좌익세력을 장악해 나가기 시작한다. 그러나 원래 김일성 주체사상은 맑스-레닌주의에 비하면 사상 자체가 매우 천박하고 미흡했다. 따라서 정상적인 사상이론으로 다툰다면 NL은 PD를 당해낼 재간이 없다.

맑스주의야 말로 사상으로 단숨에 전 세계의 절반을 피로 물들일 만큼 강력하고 수준 높은 이론이었다. 이미 공산주의 국가는 지구상에서 거의 사라지고 없어도 철학사상으로는 맑스주의가 지식인의 사랑을 받고 있다. 따라서 정상적인 이론 투쟁으로는 도저히 상대가 안될 만큼 PD가 주도하는 공산주의이론이 탁월했다. 그런데도 사상투쟁의 마지막 순간에는 항상 NL이 PD를 뒤집게 된다.

그 이유는 주사파들이 남조선 해방을 위한 혁명의 전술과 전략에 대해서는 확고한 논리적 대안을 가지고 있었기 때문이다. 이를테면 "PD 너희는 어떻게 혁명을 성공시킬 것인가?"라는 질문을 던진다. 그러면 PD계열의 맑스-레닌주의는 한결같이 무장봉기나 무장투쟁을 제시한다. 때를 기다리다 적절한 시기가 무르익은 정점에 달하면 전국적으로 노동자들을 중심으로 동시다발적인 무장봉기를 일으키면 국가를 뒤엎을 수 있다고 주장한다.

◇ 사상투쟁에서 '종북 주사파(NL) 승리 이유'

NL계는 '5.18사태'는 노동자들이 동시에 전국적으로 들고 일어나 무기고를 털어 무장봉기를 획책했지만 실패했다고 주장한다. 따라서 5.18과 같은 전략은 비현실적이라는 것이 드러났다고 비판한다. 5.18때 광주 시민이 동시에 들고 일어났지만 지상에서는 탱크, 공중에서는 헬기로 무장한 정규군 앞에서는 속수무책이었다. 이는 비단 광주사태뿐 아니라 과거 대구폭동, 제주43사건, 여순반란사건 등에서도 무장봉기로는 안된다는 것을 확인했다며 강하게 반격한다.

실제로 PD계열에서도 당시 지도자들이 광주사태를 여러 가지 측면에서 연구하고 분석해 보았다. 하지만 결국 무장봉기나 폭동으로는 국가를 전복한다는 것은 한계가 있다고 부정적 판단을 내리게 된다. 따라서 종북 주사파들은 이같은 상황을 적시한다. 그리고 국가를 주사파가 전복시킨다는 것은 비현실적이라고 지적하면서 NL의 경우는 매우 현실적이고 구체적인 대안을 제시한다. 종북 주사파는 북조선의 무력을 동원하면 된다는 논리를 편다.

북조선에는 강력한 인민해방군이 있다. 그래서 우리가 조직을 강화하고 대한민국 국민을 현혹한 뒤 적절한 때와 시기가 오면 인민해방군과 함께 손을 맞잡고 싸우면 남한 정부를 쉽게 전복시킬 수 있다는 것이다. 그렇지 않고서는 도저히 미제국주의와 남한의 독재파쇼 정규군과 싸워서 국가를 뒤엎을 재간이 없다고 주장한다. 이같은 논리로 토론을 하다보면 결국은 이론이나 사상의 효율성을 떠나 현실적인 상황에서는 주사파(NL)가 승리하게 되는 것은 당연하다.

이로써 주사파(NL)가 비주사파(PD)를 꺾고 학생운동 및 노동운동, 그리고 사회운동에 주도권을 거머쥐게 된다. NL이 남조선해방 전략전술에서 비주사파를 밀어내고 북한 김정은을 섬기고 맹종하는 '종북 세력'으로 확실히 자리를 굳힌다. 종북 주사파는 북한 인민해방군을 남한에 불러들여서 우리가 혁명을 해야 승리할 수 있다고 생각하는 인간 말종이다. 이렇게 NL과 PD 사이에는 근본적으로 큰 사상적 차이가 있다. 하지만 북한의 강력한 지지를 받는 NL계의 김영환이 남한의 모든 좌익 활동을 주도하게 된다.

◇ 주사파 대부 김영환 '北은 마피아형 군사독재체제'

무엇보다 김영환은 주체사상을 남한에 본격 퍼뜨린 **'강철서신'**이란 문건을 쓴 장본인으로, 주사파 이론의 대부이자 민족해방 운동권에서 신화같은 존재였다. 김영환은 서울대 법대 82학번으로 86년 구국학생연맹을 만들고 '강철'이라는 필명으로 누구보다 적극적인 종북 활동가였다. 따라서 **'강철서신'**은 한 노동운동가가 청년 학생들에게 보내는 편지라는 제목의 서신으로 김일성 주체사상을 전파하는 교본이었다.

김영환은 지난 1991년 강화도에서 북한 공작원과 접선해 반잠수정을 타고 밀입북해 황해도 해주에 도착한 뒤 헬기로 묘향산 별장으로 가서 김일성을 직접 만났다. 그리고 김일성은 김영환을 한 번 더 불러 면담했다. 1997년 남한으로 귀순한 황장엽 당시 노동당 비서 등도 만나 주체사상을 두고 토론했다. 김일성을 직접 만나고 돌아온 김영환은 서울대 법대 동기생 하영옥 등과 함께 '민족민주혁명당'(민혁당)을 조직한다.

하지만 김일성을 만난 일이 오히려 김영환에게는 주체사상과 북한 현실에 회의를 갖게 만들었다. 김영환은 밀입북 당시 주체사상 토론에서 "김일성 수령이 문화대혁명과 같은 오류를 범하려고 하면 어떻게 하겠느냐"는 질문을 반복했다. 하지만 북한 학자들이 이에 제대로 답하지 못하는 모습을 보고 크게 실망했다고 털어놓았다.

이후 김영환은 1999년 **'민혁당 사건'**으로 구속된 뒤 사상 전향문을 쓰고 '공소보류'로 풀려났다. 그리고 이른바 '뉴라이트'로 전향한 이들과 '시대

정신'이란 계간지를 만들어 북한 동포를 해방시키기 위한 일에 노력하고 있다. 김영환은 또 북한민주화네트워크 연구위원으로 북한 민주화와 탈북자 지원 활동을 하고 있다.

김영환은 지난 2005년 북한인권국제대회에서 "1990년대부터 북한은 보스 1인 중심의 '마피아형 군사독재체제'이며, 사회주의적 요소는 파괴됐고, 더 이상 사회주의 사회도 아니다"라고 비판했다. 그는 또 2010년 10월 미국 워싱턴에서 열린 북한인권국제회의에서는 "북한이 내부적으로 약화되고 사상적으로 허물어져 가는 상황"이라고 지적했다. 김영환은 결국 민혁당을 해체하고 전향한다.

그는 주체사상에 깊이 빠졌다가 한계를 실감한 뒤, 북한 체제 비판을 통해 해법을 찾으려는 도그마에 갇힌 측면도 있다. 김영환의 '강철서신'은 당시 북한 단파 라디오를 청취해 정리한 것일 뿐이라는 혹평도 있다. 하지만 김영환은 한 때 강력한 리더십으로 주사파를 이끈 '종북 주사파의 대부'였다가 극적인 전향으로 종북 주사파 세력들에게 엄청난 충격을 주었을 뿐만 아니라 사회적으로 많은 논란을 낳은 인물이다.

◇ **경기동부연합은 '어떻게 최고 종북세력이 됐나?'**

실제로 김영환은 1991년 강화도에서 반잠수정을 타고 북한으로 가서 김일성을 만나고 온다. 김영환이 김일성을 직접 면담하고, 또 북한의 주체사상 이론가들과 토론을 한 것이다. 그런데 놀랍게도 북한 지도부가 주체사상을 김영환보다 모르고 있었다. 그때 주사파 대부 김영환이 북한의 어두운 실상을 꿰뚫어 보게 된 것이다.

김영환이 직접 북한 사회의 이모저모를 둘러봤다. 그런데 북한은 자신들이 꿈꾸던 그런 세상이 아니라는 것을 확연히 깨닫고는 크게 실망한다. 그리고 남한으로 돌아와서 6년이란 세월동안을 고민하며 지낸다. 마침내 1997년도에 김영환 자신이 조직한 주사파 지하조직인 **'민혁당'**을 해산하기로 결심한다. 김영환이 민혁당 지도자들을 다 불러 모은 뒤 "내가 북한도 다녀오고 김일성이도 만나보고 다 알아봤는데 우리가 아무래도 속은 것 같다!" 나는 이제부터 북한 해방운동 해야겠다고 선언한 것이다.

김영환이 민혁당 조직의 해산을 선언하면서 상당 부분의 조직이 와해된다. 그런데 그 당시에 끝까지 조직을 해산하지 않고 버틴 대표적인 무리가 **'경기동부연합'**이었다. 이석기를 필두로한 경기동부연합이야말로 진정한 주사파라고 말할 수 있다. 대부 김영환의 해산선언에도 불구하고 "끝까지 북한에게 충성해야 한다!"고 주장한 인간들이 경기동부연합이고, 그 두목이 이석기였다.

이석기를 주동자로 종북 주사파 무리들이 조직을 재정비, 경기도 성남시를 거점으로 활동하기 시작한다. 그리고 경기동부연합을 이끄는 주류 세력은 서울 외국어 대학 용인 캠퍼스 출신들이었다. 이를 두고 지금도 회자되는 말이 있다. **'똑똑한 서울대'** 출신은 北 실상을 재빨리 알아차리고 좌익 활동을 접었다. 그러나 이석기를 비롯한 외대 용인 캠프스 중심의 경기동부연합이 남한 주사파 세력을 장악해 통진당을 이끌면서 진짜 종북 세력이 됐다는 것이다.

3. 보안사범 간첩 이석기와 '이재명의 밀월'

내란 선동 죄 선고받은 '이석기는 간첩'

이석기는 1962년 2월 2일, 전라남도 목포시 출생으로, 성일고등학교, 한국외국어대학교 용인캠퍼스(현 글로벌캠퍼스)를 졸업했다. 지난 80년대 대학시절 주사파에 물든 이석기는 1990년대 후반 김일성 주체사상을 지도 이념으로 한 **'민족민주혁명당(민혁당)'**의 지도급 조직원이었다.

민혁당은 강철서신의 주인공 **'김영환과 하영옥, 박모 씨'** 등 3인을 중앙위원으로 하고 중앙위 산하에 경기남부위원회, 영남위원회, 전북위원회가 있었다. 이석기는 경기남부위원장을 맡았다. 1999년 이 조직이 적발(민혁당 사건)되면서 이석기는 3년간 도피생활을 하던 끝에 검거되었다.

도피 3년 만에 체포된 이석기는 지난 2003년 3월 국가보안법의 반국가단체 구성혐의로 2심에서 징역 2년 6개월을 선고받고 곧바로 대법원에 상고했다. 그러나 6일 만에 취하하고 형을 받아들여 구속됐다. 이석기의 상고 취하는 앞서 2003년 2월에 출범한 노무현 정부가 새정부 출범기념 특별

사면을 준비하던 때여서 미리 사면 언질을 받고 취하한 게 아니냐는 의혹이 일었다.

그러나 형이 확정된 지 6개월이 지나지 않았다는 이유로 특별사면에서 제외돼 국가보안법위반 기결수 가운데 유일하게 구속돼 있었다. 그리고 5개월간 복역 후 2003년 8월 15일 대통령 광복절 특별사면 때 공안사범으로는 유일하게 가석방된다. 다시 2년 후인 2005년 8월 15일 광복절 특사 때, 복권까지 이뤄지면서 공무담임권 및 피선거권을 완전히 회복한다.

이석기가 노무현 정권 임기 내에 두 번씩이나 특별사면을 받은 것은 '**매우 이례적**'이란 평가가 나왔다. 당시 문재인이 청와대 민정수석으로 이석기 사면에 책임이 있다는 지적이 있었다. 그러나 7년 뒤인 2012년 국회의원 당선 후 이석기는 한 언론과의 인터뷰에서 "당시 수배중이라 민혁당에 가담해 활동한 적이 없다"라고 뻔뻔스럽게 주장했다.

◇ 이석기 선거기획 광고회사 운영 '수익 창출!'

특별 사면된 이석기는 CN커뮤니케이션즈 설립과 재산증식으로 논란을 빚었다. 이석기가 설립한 CN커뮤니케이션즈는 서울시 서초구 양재동에 2005년 2월에 설립한 선거 기획광고 대행사다. 이석기는 CN커뮤니케이션즈를 2012년 2월까지 운영하면서 적지 않은 수익을 올린다. 그리고 이석기가 이때 번 돈이 경기동부연합을 중심으로 한 통합진보당(통진당) 당권파의 자금줄로 전용된 것은 아닌 지에 대한 의혹이 제기됐다.

이석기가 운영한 CN커뮤니케이션즈는 한국외국어대학교 용인캠퍼스와 서울대학교 등 30여 개 대학 총학생회와 동아리 축제 기획 및 홍보사업 등의 계약을 맺어 매출을 올렸다. 또한 권영길 민주노동당 제17대 대통령 후보의 광고와 홍보를 맡아 2007년 12월 한 달에만 25억 원의 수익을 올렸다. 이석기는 이런 수익으로 경제적 자립을 통해 종북 세력을 확장해 나간다.

당시 유시민은 통합진보당과 그 전신인 민주노동당의 선거운동을 CN커뮤니케이션즈가 독점하는 방식으로, 당권파와 CN커뮤니케이션즈가 부적절한 돈거래를 해왔다고 주장했다. 2008년 분당사태 당시 비대위 집행위원장이었던 최순영도 당내 토론회에서 당이 CN커뮤니케이션즈에 20억 원의 빚을 지고 있었다고 증언했다. 이석기의 측근인 당권파 의원들은 선거 비수기 때도 CN커뮤니케이션즈와 독점 관계를 맺어왔음이 밝혀졌다.

이때 올린 수익으로 이석기는 2008년 5월 동작구 사당동에 아파트를 구입하고, 또 2009년 4월에는 영등포구 여의도동의 J빌딩 6층을 다시 매입한다. 구매 당시 CN커뮤니케이션즈는 2007년 17대 대통령 선거와 2008년 18대 국회의원 선거 등 전국 규모의 선거를 치르면서, 연매출 20억 원대 이상으로 성장했다. 이로 인해 이석기는 민주노동당과의 유착관계를 통해 자신의 재산을 치부했다는 의혹을 받았다.

이재명과 경기동부연합은 '숙주와 기생충'

이석기가 CN커뮤니케이션즈라는 선거기획 광고대행사를 운영하면서 돈맛을 본다. 그리고 2010년에는 성남시장에 재도전을 한 이재명과 결탁한다. 당시 이석기가 이끄는 경기동부연합은 서울대 약대 출신인 김미희가 민노당 성남시장 후보로 나와 민주당 이재명과 경쟁구도를 이루었다. 하지만 김미희가 전격 후보를 사퇴한다. 이는 이재명을 성남시장으로 당선시키기 위한 이석기의 전략으로 모종의 밀실 음모가 있었을 것으로 보는 사람들이 많았다.

이재명후보 당선을 위해 김미희가 사퇴하고 이석기 경기동부연합은 이재명 선거운동까지 돕는다. 경기동부연합은 이미 성남시를 중심으로 경기도 일대에 탄탄한 조직을 가지고 활동했다. 경기동부연합은 이미 선거를 돕는 조직체계인 선거홍보용 인쇄물제작에서 선거홍보 차량 등을 담당하는 회사까지 운영하고 있었다. 따라서 이석기가 이재명의 성남시장 당선에 결정적인 역할을 한다.

이제 이석기가 이끄는 경기동부연합은 이재명이라는 성남시장을 숙주로 삼아 빨아들이는 거액의 혁명자금으로 급성장을 이룩할 수 있었다. 실제로 경기동부연합은 지난 2010년부터 이재명 성남시장과 결탁해 시가 발주하는 각종 사업에 개입함으로써 '혁명자금'을 마련해온 결과 이석기가 이끄는 종북 주사파 세력은 경기도를 넘어 명실공히 전국조직의 주사파 총본산으로 성장하게 된다.

◇ 이석기 원내진출 길 터준 '한명숙과 이정희'

통진당이 원내정당으로 진출해 이석기가 금배지를 달고 내란음모를 기도할 수 있게 도운 사람들이 있다. 지난 19대총선 때 민주통합당 한명숙 전 대표와 통진당 이정희 대표의 연대가 통진당을 원내 3당으로 만드는 데 결정적 역할을 한다. 한명숙은 통진당이 후보를 낸 지역에는 민주당의 후보를 내지 않아 통진당의 길을 터 주었다는 비난을 받았다.

한명숙은 지난 1968년 통혁당 사건으로 징역 1년, 집행유예 1년을 선고받은 전과자다. 그는 통혁당 사건을 국정원이 조작했다고 주장하지만 이는 새빨간 거짓말이다. 당시 그의 남편 박성준은 징역 15년을 선고받았다. 통혁당은 김종태, 김질락, 이문규 등이 월북하여 노동당에 가입하고 김일성에 충성맹세 했으며 대법원 확정판결로 사형된 후 김일성이 김종태를 영웅으로 칭송했다.

그러나 한명숙은 그 뒤 1979년에는 강원룡 목사의 크리스천아카데미 사건으로 또 다시 징역 2년 6월을 선고받았다. 그런 전과자가 세월이 변하여 좌파정권이 들어서자 여성부장관과 국무총리를 지냈다. 그리고 지난 2001년에는 민주화운동 관련, 명예회복과 보상금을 받아 신분을 세탁할 수 있었다. 마침내 민주당 대표가 되면서 통진당과 야합할 수가 있었던 것이다.

文정부 '대법원 유죄확정 한명숙 수뢰 뒤집기 시도'

특히 한명숙은 한신건영에서 9억 원의 정치자금을 수수한 혐의로 2010년 6월 제5회 전국동시지방선거를 앞두고 검찰에 기소됐다. 2011년 10월 법원은 증거불충분으로 무죄를 선고했다. 그러자 검찰은 항소했고, 2013년 서울고등법원 형사6부는 4차례의 공판을 거쳐 1심 판결을 취소하고 징역 2년, 추징금 8억 8천 3백만 원을 선고했다. 한명숙이 상고했으나, 2015년 8월 20일 대법원 전원합의체는 상고를 기각해 유죄 판결이 확정됐다.

그러나 검찰이 증인에 위증을 강요하는 바람에 한명숙이 유죄를 받게 됐다며 박범계 법무부 장관이 검찰에 재심의를 요구하며 수사 지휘권까지 발동했다. 하지만 '혐의가 없다'라는 결론이 다시 나왔다. 검찰총장 직무 대행, 대검 부장과 일선 고검장 등 14명 중 10명이 무혐의에 표를 던졌다. 이것은 문재인 정권이 임명한 친(親)정권 충견들이 다수 참여한 투표 결과다. 한명숙 대신 전임 동료 검찰에 죄를 뒤집어씌우려는 문재인 정부가 무리수를 띄운 것이다.

한명숙의 유죄는 증거가 너무나 명백해 이론의 여지가 없다. 그는 2007년 열린우리당 대선 후보 경선 비용 명목으로 9억원을 건설업자로부터 받은 혐의로 기소됐다. 대법원 전원합의체(13명)는 9억원 중 3억원에 대해 만장일치로 유죄라고 판결했다. 건설업자가 건넨 1억원짜리 수표가 한명숙의 친동생 전세 자금에 쓰였고, 한명숙이 2억원을 업자에게 돌려준 사실이 드러났다. 이는 빼도 박도 할 수 없는 명확한 증거다. 나머지 6억원도 유죄 8명, 무죄 5명으로 판결났다. 한명숙은 대법원에서 징역 2년의 실형을 선고받고 만기 복역했다.

그런데도 문재인 정권은 집요하고도 끈질기게 흑백을 뒤집으려 했다. 민주당 원내대표는 당시 총선 압승 직후 뜬금없이 "한명숙은 검찰 강압 수사와 사법 농단의 피해자"라며 "검찰과 법원이 진실을 바로잡아야 한다"고 주장했다. 당시 추미애 법무장관은 사기·횡령죄로 20년 이상의 형을 선고받고 복역 중인 사람과 손잡고 수사지휘권까지 동원하며 검찰을 압박했다. 그런데도 검찰에서 무혐의 결론이 나오자 후임 박범계가 또 지휘권을 행사했다.

문재인까지도 거들었다. 문재인은 2015년 한명숙의 유죄가 확정됐을 때 "역사와 양심의 법정에서 무죄임을 확신한다"라고 했다. 2017년 한명숙이 출소할 때 이해찬·유은혜·전해철·김경수 등 정권 핵심들이 총출동했다. 한명숙 전 총리는 친노 세력의 대모로 불린다. 문재인 스스로 '한빠(한명숙 열렬 지지자)'라고 했다. 그러나 한명숙은 범죄로 얼룩진 범법자가 분명하다.

또 이정희 대표는 2010년 8월 KBS라디오에서 "6·25가 남침인지 북침인지 좀 더 생각해 보고 답변하겠다"라며 "북의 3대 세습에 대해서는 말하지 않는 것이 나와 당의 판단"이라고 밝혔다. 그러면서 '이석기일당'의 사건에 대해서는 "국정원의 조작과 공안탄압"이라고 터무니없는 비난을 쏟아냈다.

이정희의 남편 심재환 변호사는 대학 재학 중에 교내 불온선전물 유포로 구속된바 있으며, 민변소속으로 간첩사건을 주로 변호해 왔다. 2003년

11월에는 MBC PD수첩에 출연하여 "김현희는 가짜다. 북한 공작원이 아니라고 단정한다"라고 주장했다. 그는 KAL858기 진상규명대책위의 변호도 맡았다.

이와 같은 살벌한 상황에서 이석기가 이끄는 경기동부연합의 통진당이 마침내 13석을 얻을 수 있었다. 그리고 통진당을 원내 3당으로 만들어 준 것은 한명숙과 이정희의 야권연대가 일등공신이었다. 하지만 한명숙과 이정희보다 앞서 이석기 씨의 원내 진출을 도와준 사람들이 또 있었다. 지난 2003년 8월 15일 대통령 광복절 특별사면 때 공안사범으로는 유일하게 가석방된다.

당시 이석기가 특별사면을 받는다는 건 어려웠다. 하지만 이석기 특별사면에는 다른 큰 손들이 작용하고 있었다. 이석기가 8.15 가석방될 때 청와대 문재인 민정수석, 강금실 법무장관이었다. 특별복권 때는 문재인 민정수석, 천정배 법무장관이었다. 노무현 정권이 '민혁당사건'의 전과자를 조기석방, 특별복권으로 통진당에 진출하도록 길을 터주고 내란 선동까지 할 수 있게 뒷받침한 것이 오늘 이석기가 정치 거물로 성장하는데 적지 않은 힘을 보탠 것이다.

◇ 통진당 19대 총선 '13석 역대 최고 성과!'

마침내 19대 총선에서 통진당이 무려 13석을 얻은 것은 가히 혁명적이다. 이는 앞서 권영길이 이끈 민주노동당이 첫 원내 진출에 성공한 2004년 총선의 10석을 뛰어넘는 최대 의석이기 때문이다. 당시 통진당의 13석은 국회 상임위 13곳에 최소 한 명 이상 의원을 보낼 수 있는 엄청난 의미를 가진 숫자다.

〈지난 2012년 4월 16일 국회에서 열린 통합진보당 공동대표단과
이석기(맨 우측) 19대 국회의원 당선자 상견례에서 참석자들이 결의를 다지고 있다.〉

이는 대한민국 헌정사 최초로 진보정당 의원이 국정 전반을 감시할 수 있게 된 것이다. 한 번도 의석을 가져본 적이 없던 수도권에서 4석을 얻어 교두보를 확보한 것도 기대 이상의 성과를 얻은 셈이다. 밖으로 내걸었던 목표인 원내교섭단체(20석) 달성에는 실패했다. 하지만 내부적으로는 만족할 만한 성적표를 받아든 것이다.

그러나 원내에 진출한 의원들이 밝게 웃는 표정만큼이나 통진당의 생명은 오래 이어지지는 못했다. 지난 2012년 5월 이석기가 통진당 비례대표로 제19대 국회의원으로 당선됐다. 하지만 통진당 내란 선동 사건으로 인해 곧바로 이석기가 구속 수감된다. 또 내란 선동 사건에 연루돼 국회의원 자격심사가 계류된다.

통진당 내란 선동 사건 '이석기 의원직 상실'

이석기는 지난 2013년 통진당 '**내란음모**' 사건으로 구속됐다. 2014년 2월 17일 1심 재판에서 징역 12년에 자격정지 10년을 선고받았다. 이어 2014년 12월 19일에 통진당 정당해산 심판선고에 따라 통진당 의원 나머지 4명과 함께 이석기도 의원직을 상실했다. 2014년 8월 11일 2심 항소심에서 내란음모 혐의는 인정되지 않고, 내란 선동만 인정돼 징역 9년에 자격정지 7년으로 감형된다.

이석기는 2023년 5월까지 징역을 살아야 하는 수형자였고, 내란 선동 사건으로 통진당이 해산된다. 이석기 구속 이후 진보당의 지상목표 중 하나가 항상 이석기 석방을 요구하는 것이었다. 따라서 이석기가 출소하고 나서도 둥지가 사라졌다고 판단하는 것은 오산이다. 오히려 이석기가 이끄는 경기동부연합의 하부 뿌리는 이재명 대표와 결탁해서 더 단단해졌다. 그리고 그 뒷배는 북한이다.

앞서 2017년 11월 추미애 더불어민주당 대표와 민중당 대표단이 만난 자리에서 민중당은 이석기의 석방에 민주당이 도움을 줄 것을 요청했다. 하지만 민주당 측은 이에 응답하지 않았다. 이석기가 명백한 내란 선동사건으로 구속된 만큼, 민주당의 섣부른 행동은 공당이 입을 데미지(damage)가 컸기 때문이다.

이석기는 또 지난 선거홍보회사를 차려 후보자들의 선거 물품 비용을 부풀리고 지자체에 선거 보전 비용을 과다하게 청구한 혐의로 2019년 3월에 기소되었으나 관련 혐의는 무죄를 받았다. 이어 2020년 11월에는 진보주의자라도 북한 비판할 수 있어야 한다는 말을 했고, 이후 감옥에서 책을 출간하였다.

내란 선동죄 등으로 수감된 이석기는 만기출소를 1년 5개월가량 앞둔 지난 2021년 12월 24일 가석방으로 출소했다. 이석기는 그날 오전 10시쯤 대전교도소를 걸어 나왔다. 구치소와 교도소를 벗어난 것은 2013년 9월 구속 기소된 뒤 8년 3개월 만이다. 그는 소감을 묻는 취재진에 "말 몇 마디로 오랫동안 감옥에 가두는 야만적 정치적 행태는 다시는 없어야 한다"라는 궤변을 늘어놨다.

이석기가 이끄는 통진당 해산심판 사건은 2013년 11월 5일 대한민국 정부가 헌법재판소(헌재)에 통진당에 대해 '**내란음모**'로 정당해산심판을 청구해 헌재에서 의결된 것을 말한다. 2013년 11월 5일 대한민국 국무회의는, 법무부가 긴급 안건으로 상정한 '위헌정당 해산심판 청구의 건'을 심의·의결했다. 정부가 위헌정당 해산제도에 따라 정당에 대한 해산심판을 청구하는 것은 헌정 사상 처음이었다. 당시 박근혜 대통령은 유럽 출장 중 전자 결재를 했다.

특히 2014년 7월 7일은 '5.12 강연 녹음파일'을 법정에서 직접 재생해 녹취록을 검증했다. 14일에 항소심 재판부는 양측 '내란음모' 법리 견해를 청취했다. 22일은 항소심 피고인 신문이 진행됐고, 27일은 4대 종단 최고위 성직자가 이석기 '선처' 탄원서를 제출했다. 28일 검찰은 원심과 같이 징역 20년과 자격정지 10년을, 나머지 피고인 5명에 징역 10~15년과 자격정지

10년을 구형했다.

그해 8월 11일 항소심 재판부는 이석기에 대해 '**내란음모 무죄, 내란 선동 등 유죄**'로 징역 9년, 자격정지 7년을 선고했다. 이석기 의원 측은 8월 22일 대법원에 상고이유서를 제출했다. 그러나 12월 19일 헌법재판소는 통진당 정당해산 및 소속 국회의원 전원 의원직 상실을 결정했다. 2015년 1월 19일 대법원은 상고심 선고기일을 지정했다. 22일 대법원 전원합의체는 이석기에게 '내란 선동'으로 징역 9년 원심을 확정한다.

당시 통진당이 '위헌정당'으로 해산될 경우 소속 의원 전체의 자격상실 여부에 관해서는 어느 법률에도 명시적 규정이 없었다. 그래서 헌재의 결정에 따라 2014년 11월 25일 최종변론을 거친 뒤, 그해 12월 19일 선고됐다. 헌재가 인용 8명, 기각 1명으로 인용으로 결정을 내리면서 통진당 소속 국회의원 5명의 의원직도 상실 선고를 내렸다.

그리고 이 사건과 관련한 정당 활동정지 가처분신청 사건은 본안 사건에 관한 종국 결정을 선고하므로 가처분 사유가 없어, 관여 재판관 전원 일치된 의견으로 이를 기각했다. 따라서 피청구인 통진당을 해산한다. 이에 따라 통진당 소속 의원 김미희(성남 중원), 오병윤(광주 서구을), 이상규(서울 관악을), 김재연(비례), 이석기(비례) 등 5명이 의원직을 상실했다.

종북 주사파 대부 '이석기 사상과 정치배경'

내란음모 및 국가보안법 위반 혐의로 사전구속영장이 청구된 당시 이석기 통진당 의원에 대한 국가정보원 녹취록 내용이 모두 공개됐다. 공개된 내용은 지난 2013년 5월 12일, 지하혁명조직 회합에서 논의된 내용이었다.

◇ 이석기 모두(冒頭) 발언에 담긴 '녹취파일'

당연히 남북의 자주역량 관점에서 미 제국주의 군사적 방향과 군사체계를 끝장내겠다는. 이러한 전체 조선민족의 입장에서 남녘의 역량을 책임지는 사람답게 주체적이고 자주적으로 이 정세를 바라보고 준비해야 한다.

여기서 남녘의 혁명가는 어떠한 입장을 가지고 과연 무엇을 할 것이냐.

전쟁이 구체화되고 살인과 살의와 모략과 민족적 재난을 일으킬 수 있는 침략의 마수와 침략의 노골적인 생각이 적나라하게 논의되고 있는데, 이걸 정면으로 침략의 본질을 **하지 않고 저놈들의 군사력, 폭력적인 자행되는 범죄를 **한 채 과연 평화라는 게 존재하는가? 그렇지 않다.

우리가 총보다 꽃이라는 것을 지향하는 것은 분명하나, 때에 따라서는 꽃보다 총이라는 현실 문제 앞에 우리는 새롭게 또 새로운 관점에서 현재 조성된 한반도의 엄중한 **를 직시해야 되지 않는가? 그런 말씀을 전하면서. 자 그렇다면 어떻게 할 거냐? 그 이야기를 마무리해야 하는데, 자, 무엇을 할까요?

전체의 정치적 관점에서 조선민족이라는 자주적 관점에서, 남녘의 혁명을 책임지는 주체적이고 자주적인 **** 출발하되 현 정체를 위해 무엇을 할 것이냐.

첫째는 필승의 신념으로 무장돼야 한다. 스스로 정치사상적으로 당면 정세에 대한 확고한 인식과 사상적 무장이 선결돼야 한다. 현 정세에서 바라보는 일면적이거나 편향적이거나 때에 따라서는 분단의 사고에 쩌 들어 있으면 현 정세의 역동성과 변화의 큰 흐름, 역사의 본류의 큰 흐름을 보지 못한다. 필승의 신념으로 철저히 무장하자. 첫 번째는 이건 굉장히 중요한 문제죠.

필승의 신념을 발휘한다…. 현 정세는 새로운 단계로 가는 낡은 지배질서를 무너뜨리고 새로운 단계로 대격변기이며 대 변환기다. 종국적으로 조선민족으로 표현되는 자주 역량이 힘에 의해서 승리로 가는 국면은 분명하다. 그렇게 정리한 바 있습니다. 기억하시죠?

그런데 남녘에 있는 우리는 상당히 어려움이 있다. 고난을 각오하라. 제2의 고난의 행군을 각오해야 한다. 북은 집권당 아니야. 그렇지. 거기는 모든 행위가 다 애국적이야. 다 상을 받아야 돼. 그런데 우리는 모든 행위가 다 반역이야. 지배세력한테는 그런 거야.

전 세계에 최근에 자료를 보니까 6kg 미만의 최소 경량화해서 핵무기로 개발 할 수 있는 나라가 전 세계 3~4개밖에 안 된다고 그러네. 특히 이번에 이룬 게 엄청난 거예요 이게 나중에 과학기술의 측면만 잘 정리해서 보세요.

(핵 보유 등을 설명한 후) 여기서 나온 게 이른바 전면전이 아닌 국지전, 정규전의 전면전이 아닌 비정규전 이런 상태가 앞으로 전개가 될 것이다. **(중략)**

정리하면 필승의 신념으로 무장하는 문제. 그러나 정치군사적 준비 체계를 잘 갖추어서 물질 기술적 토대를 굳건히 하는 거예요. 수세적 방어가 아니라 공세적 공격기회를 만드는 것에 대한 우리 입장과 태도이고 이 입장과 태도의 준비 정도에 따라 희생을 최소화하고 피흘리는 동지도 적고 승리를 앞당기는 그 출발 부분에서 가장 지혜롭지 않겠는가. 그 지혜라는 것은 준비에 있는 거다.

우리 역량이라는 것을 다 인정하고 지금이라도 준비하자. 물질 기술적 준비를 단단히 구축하는 거예요. 우리가 자주된 사상, 통일된 사상, 미국 놈을 몰아내고 새로운 단계의 자주적 사회, 착취와 허위없는 조선민족의 시대의 꿈을 만들 수 있다.

그 꿈을 2013년 하나의 주장이 아니라 하나의 물리적 힘으로 한두 사람의 발언과 결의가 아니라 전국적 범위에서 새로운 미래를 구축하기 위한 최종 결전의 결사를 하자는 겁니다. 이 또한 얼마나 영예롭지 않은가.

수많은 곡절을 딛고 우리가 동지부대를 이루고 그야말로 미국놈들 하고 붙는 대민족사의 결전기에서 우리 동지부대가 선두에서 저놈들의 모략책동을 분쇄하고 더 나아가 군사적인 파일럿이라 하는데 적들이 그야말로 통일혁명의 새로운 단계로 진입하면서 선두의 역할을 한다면 이 또한 명예가 아닌가.

그런 관점에서 투쟁을 미리 승리로 준비하자. 예견된 싸움이라면 그리고 우리가 예상하던 예상치 않던 북에 대한 도발이 분명하다면 우리의 힘과 의지를 단단히 준비해서 그러면 적의 도발을 선두에 서서 승리의 국면을 만들어 가면서 이에 대한 준비하는 것이 훨씬 지혜롭지 않겠는가.

그야말로 끝장을 내보자. 그래서 이 끝장내는 역사의 진행에 새로운 전환기를 우리 손으로 만든 것에 대한 긍지와 자부심을 바탕으로 다가오는 전투를 준비하는 그러나 지금 마치 일정시간이 지나면 이 정세 국면이 끝날 것이라고 착각하거나 그러지 마세요. 이건 이미 전쟁으로 가고 있다는 거. 새 형태의 전쟁이라는 것을 말씀 드립니다. (하략)

여기 녹취록에서 드러난 것만으로도 이석기는 자유민주주의 대한민국을 전복하기 위해 내란을 음모하거나 선동한 공산주의자(빨갱이)임이 분명하다.

이재명은 '대장동을 어떻게 해먹었나?'

대장동 사건을 요약하면 이렇다. 당시 이재명이 성남시장으로 있던 2014년 성남시 대장동에 도시개발사업을 추진했다. 성남시는 대장동 일

대 땅을 구입하는데, 1조 원 이상 큰돈이 필요하므로 민간사업자와 협력하기로 한다. 이듬해인 2015년 투자 공개모집을 거쳐 사업자를 선정한다. 그리고 프로젝트 금융투자(PF)회사로 **'성남의 뜰'**을 설립한다.

당시 성남도시개발공사(유동규 사장 직무대리)가 25억 원을, 나머지 민간사업자들이 합쳐 절반을 냈다. 그중 '화천대유'라는 회사는 전체 금액의 1%인 5000만원만 투자했다. 또 화천대유의 소유주 김만배와 그 가족 및 지인 6명이 세운 회사 '천화동인'이 6%인 3억 원을 냈다.

이후 가장 많은 금액을 낸 성남도시개발공사가 1순위로 이익을 배당받았다. 그리고 그 이상의 수익발생시 나머지 민간 사업자에게 배당되는 방식을 채택했다. 이같은 도시개발 프로젝트를 통해 성남도시개발공사는 1,822억 원을 배당받는다. 그런데 화천대유(1%)와 천화동인(6%)이라는 회사는 전체 자본금의 고작 7%에 불과했다.

그런데도 무려 4,040억 원이라는 거액을 배당받는다. 비록 부동산 가격이 오르면서 개발수익이 커졌다고 하더라도 비정상적인 결과라는 의혹이 상하게 제기되었다. 그리고 이때 참여한 민간사업자가 투자에 비해 터무니없이 큰 이득을 챙기면서 마침내 의혹이 터져 나온 것이다.

의혹은 네 가지로 요약된다. 첫째는 모집공고 후 하루 만에 사업자를 선정한다. 이는 '사업자를 이미 정해놓고 공고는 형식적으로 낸 것이 아니냐'라는 의혹을 받았다. 둘째는 김만배 소유주인 '화천대유' 임원급은 대부분 거물급 법조인들이다. 권순일 전 대법관, 박영수 전 특별검사, 곽상도 전 민정수석, 김수남 전 검찰총장 등이다. 정치권 로비를 위한 것이라는 의혹을 받기에 충분했다.

셋째는 자본금 외에 투자금을 유치했다고 하지만 이익배당 후순위가 1순위보다 더 많은 수익을 냈다는 것이다. 마지막으로 '화천대유'의 소유주인 김만배와 친분이 있는 곽상도의 아들이 단 6년을 일하고 나서 퇴직금과 성과급 명목으로 무려 50억 원을 챙긴 점이다. 그리고 곽상도는 '차명투자를 통해 배당금을 받아간 것이 아니냐'라는 의혹에 휩싸이며 국민의힘 당을 탈당했다. 그리고 곽상도는 지금 검찰의 수사선상에 올라있다.

◇ '50억 클럽'은 쥐꼬리, '경기동부연합'이 몸통?

그런데 과연 검찰과 법원이 곽상도의 비리를 밝혀내 판결할 수 있을까. 무엇보다 거물급 법조인들이 얽히고설킨 천인공노할 이 사건을 현직 판검사들이 과연 제대로 수사하고 판결할 의지나 있을 것인지 의문을 제기하는 법조인들이 많다. 왜냐하면 이들 거물급 법조인은 그저 '얼굴마담'일 뿐이기 때문이다.

실제로 엄청난 거액은 이재명과 경기동부연합이 결탁해 대장동 개발비리를 통해 만든 돈이다. 이 돈은 이재명에게는 정치자금이지만 이석기가 이끄는 경기동부연합의 입장에서는 혁명자금인 것이다. 그래서 이 거액의 돈을 누가 가지고 있는지 파악이 되지 않고 있는 것이다. 이를테면 누가 이 돈을 소유하고 있으며, 이 돈의 사용처가 어디에 어떻게 쓰이고 있는지를 파악할 수 없다.

대장동 관련 '50억클럽'에 연루된 법조계의 거물급이 받은 돈은 대장동 개발비리로 올린 수천억원에 비하면 쥐꼬리만한 일부에 지나지 않는다. 따라서 50억 클럽에 드러난 법조계 거물들은 바람막이에 불과하다고 보는 사람들이 많다. 또 이들을 통해 얼마나 더 많은 돈이 살포됐는지는 알 수 없다. 다만 검찰 수사를 통해서만 밝혀질 수 있을 것인데, 과연 검찰의 수사가 가능할는지 의문을 가지는 법조인들이 많다. 워낙이 정치 거물법조인이 연결돼 있기 때문이다.

그러니까 이재명 대표가 대장동 등 다양한 비리로 조사를 받으러 법원으로 소환돼도 조금도 흔들리거나 두려워하지 않는다. 이는 속된 말로 "야, 너희들이 나한테 돈 먹은 인간들인데 한번 해볼테면 해봐라"는 식이다. 뉴스를 통해 봤지만 이재명은 그 무수한 비리에도 조금도 굴함이 없이 당당하게 '검찰독재'를 외치면서 범죄혐의로 법원에 나가는 사람이 아니라 마치 개딸이라는 팬덤을 몰고나가 검찰이나 법원을 압박하는 모양새를 취하고 있다.

실제로 80년대 중반 학생운동에 가담한 적이 있었던 김철홍 장신대 교수는 "아마도 '50억클럽'에 연루된 거물들을 통해 정치계와 법조계에 곳곳에 엄청난 돈이 뿌려졌을 것이다"라고 진단한다. 그러면서 "이 거물들은 정계와 법조사회에 돈을 뿌리는 심부름꾼에 불과하고, 그 대가로 각 50억원을 받은 것"이라고 덧붙였다. 하지만 우리 국민은 두 눈을 크게 뜨고 이 사건을 지켜보고 있다.

◇ 이재명 장악한 '민주 당권파는 이석기 졸개?'

지난 20대 대선에서 비록 이재명이 간발의 차이인 24만표(0.73%)로 졌지만 이재명과 이석기의 경기동부연합은 이를 패배로 보지 않는다. 지금 이석기와 이재명이 대선 당시는 패배자였다. 하지만 이들은 2보 전진을 위한 1보 후퇴라고 생각한다. 무엇보다 더불어민주당은 이재명이 완전히 당권을 장악하고 있다. 이를 언론에서는 친명계를 '당권파'라고 부른다. 하지만 이 당권파의 실질적인 소유주는 이석기가 이끄는 경기동부연합의 종북 주사파들이다.

이재명은 더불어민주당 대표로도 모자라 지난 11월 8일 자신이 직접 인재위원회 위원장을 맡는다고 밝혔다. 그러면서 더불어민주당이 과거 인재위원회는 주로 외부의 신진 인사 영입에 주력했다. 하지만 이재명은 당 내부 인맥 및 당무에 참여한 정무 경력이 있는 외부인사를 포함해 발탁할 계획이다. 따라서 명칭도 과거의 '인재영입위원회'가 아니라 '인재위원회'로 바꿔버린 것이다.

그렇다면 더불어민주당의 이재명 대표가 왜 상식을 벗어난 인재위원회까지도 자신이 맡았을까? 이는 '4·10총선'은 이재명이 모든 공천권을 행사하겠다는 의도다. 따라서 지금 이재명에 반기를 들고 있는 민주당 비명계는 공천을 받는 것이 사실상 불가능하다는 것을 미리 선언한 셈이다. 지금 공천 탈락자 비명계는 **"북한 수령체계식 불법-부당한 공천학살"**이라고 분노하고 있다.

이낙연 민주당 탈당은 '불가피한 선택'

연초부터 더불어민주당에선 탈당 행렬이 이어졌다. "이재명, '너' 밑에선 아무것도 할 생각 없다"던 '원칙과 상식' 소속 김종민 조응천 이원욱 의원이 1월 10일 결국 탈당을 선언했다.

마침내 이낙연 전 대표도 다음날인 11일 "민주당은 1인 정당, 방탄 정당으로 변질됐다"고 비판하며 24년 만에 민주당을 떠났다. 이낙연 전 대표는 이날 더불어민주당 탈당과 제3지대 신당 창당을 선언했다. 4월 10일 실시될 총선이 이날로 90일 앞으로 다가온 상황에서 이번 총선은 거대 여야 체제에 '이낙연 신당'과 '이준석 신당'이 합칠 경우 제3지대 정당이 등장할 개연성이 있다.

앞서 하루 먼저 민주당 탈당을 선언한 '원칙과 상식' 소속 이원욱·김종민·조응천 의원과도 힘을 합하기로 했다. 이낙연 전 대표는 회견에서 "민주당에서 혁신을 위해 노력해온 의원 모임인 '원칙과 상식'의 동지들과 협력하겠다"고 말했다. 이낙연계 민주당 중진들 이개호, 오영훈, 오영한, 윤영찬, 설훈, 박광온, 최인호 의원 등이 있어 합류여부가 관심사다.

◇ 더는 '비명'없는 민주당의 '비명(悲鳴)'

그동안 더불어민주당 내에서 쓴 소리를 하던 이낙연 전 대표와 '원칙과 상식' 소속 멤버들, 그리고 이상민 의원까지 모조리 탈당을 선언했으니 이제 진짜 민주당이 원했던 '원보이스'가 될 수밖에 없다.

이재명의 방향성에 대해서 쉽게 그 누구도 지적하지는 못할 것이다. 쓴 소리를 내는 자가 곧장 다음 타깃이 될 테니까 말이다. 극단적 전체주의 속에 '일단 공천까지는 입 다물고 있겠다'라는 사람들이 다수가 될 테고, 도저히 못 버티는 사람들은 추가로 당 밖으로 튕겨져 나갈 것이다.

종북 주사파 이석기 아바타 이재명이 민주당을 접수하면서 민주당의 분열은 예견된 것이었다. 지금 민주당은 **'간첩종북-자생종북'**이라는 종북끼리 전쟁중이다. 민주당은 자생종북 세력이 완전 장악했다. **간첩종북인** 친명과 경기동부연합 이석기(한총련 1990년대)와 **자생종북** 친문(전대협 1980년대) 이들을 '종북 주사파 세력'이라고 한다. 민주당내에는 '**자유민주주의**' 세력도 있다.

이들 이낙연세력은 이재명이 이끄는 민주당에 남아 있을 수가 없다. 민주당은 이제 완전한 **종북 주사파 세력**으로 새로 옷을 갈아입었다. 나아가 경기동부연합 이석기 그룹이 이제는 가장 큰 조직인 120만 명의 민노총(양경수 위원장)까지 먹어치웠다. 이석기의 직속후배인 양경수가 민노총을 장악한 것이다. 이는 곧 대한민국을 장악한 것이나 다름없다고 말할 만큼 큰 조직이다.

북한 지령을 따르는 종북 주사파는 자기들과 노선이 다른 사람은 모두 적으로 간주할 만큼 야비하고 비인간적이고 냉혹한 종파분자다. 먼저 PD계열의 좌익세력은 주사파의 고발이 무서워 전향을 하거나 좌익운동을 그만두고 새로운 진로를 찾게 되면서 PD계열이 종적을 감춘 사실을 경험한 적이 있다.

◇ 조지 오웰의 '동물농장' 닮은 친명계

조지 오웰의 소설 '동물농장'에서 주인공인 권력자 돼지 '나폴레옹'은 자신이 기른 사나운 개 아홉 마리를 호위병으로 앞세워 매주 일요일 아침마다 열리던 동물들 간 회합도 일방적으로 중단한다. 돼지 나폴레옹은 "앞으로 회합은 중지한다. 토론은 일체 없다"라는 그 말에 일부 돼지들이 반발한다. 하지만 이빨을 드러내고 으르렁거리는 개들 앞에 결국 침묵한다.

몇몇 돼지들은 그래도 좀 더 똑똑했다. 앞줄에 앉은 네 마리 젊은 돼지가 못마땅한 듯 째지게 소리를 내더니 벌떡 일어나 동시에 말하기 시작했다. 그러나 갑자기 나폴레옹 주위에 앉아있던 개들이 위협적으로 으르렁거리는 소리를 크게 뱉어내자 돼지들은 아무 소리 못 하고 다시 주저앉았다.

그 뒤로 권력을 쥔 돼지들은 자신들만의 '특별위원회'에서 주요 결정을 내리고 다른 동물들에게 일방 통보하게 된다. 동물농장 내 철칙이었던 '7계명'도 모두 필요할 때마다 자기들에게 유리하게 수정을 한다. 이는 어디서 (더불어민주당) 많이 본 장면들 같다.

◇ 친명계는 '집단린치도 불사하는 전체주의?'

이재명 대표의 뜻을 조금만 거슬러도 강성 지지층(한때 '개딸'이라더니 이제는 '개딸'이라 부르면 안 된다는 그분들)은 물론이고 오매불망 공천만 기다리는 당내외 친명 인사들이 득달 같이 달려들어 집단린치에 나선다.

그 시작은 탈당자를 향한 거친 공격이다. 정청래는 이낙연 전 대표를 향해 "생존형 탈당" "이낙연은 2021년 1월 박근혜 사면론으로 정치적 폭망의 길로 들어섰고, 2024년 1월 탈당으로 정치적 죽음의 길로 들어섰다"고 말했다.

이외에도 "제2의 안철수의 길"(윤준병 의원) "선택받지 못했을 때 정치인의 진정한 바닥을 볼 수 있다"(우원식 의원) 등 비난이 쏟아져 나왔다. 그리고 원칙과 상식을 향해서도 "이원욱, 김종민, 조응천 의원은 민주당 당원들이 좋아하는 정치인이 아니라 국민의힘이 좋아하는 정치인"(양이원영 의원) "원칙과 상식? 공천과 탈당!"(김용민 의원) 등 비아냥이 이어졌다.

그런데 이재명은 침묵으로 일관하며 이들의 공격을 암묵적으로 방치하고 있다. 그동안 비명계의 사퇴 요구에 '단합' '통합' 등 원론적 입장만 되풀이한 이재명은 이들이 실제 탈당했는데도 어떤 입장도 내지않고 있다. 어찌 이다지도 조지 오웰 소설 '동물농장'의 주인공 권력자 돼지 '나폴레옹'을 빼다 박은 것일까?

민주당 총선 승리는 곧 '적화통일 시발점!'

더불어민주당의 모든 공천권을 손아귀에 움켜진 이재명은 향후 누구를 공천할 것인가 궁금해진다. 하지만 이는 시쳇말로 '안봐도 비디오다'. 그동안 이재명 자신을 성남시장으로 만들어주고, 경기도 도지사를 만들어주고, 향후 대통령으로 만들어 줄 사람들이 누구인가. 진짜 주사파인 경기동부연합과 관련있는 사람들을 공천할 것은 불을 보듯 뻔하다.

그런데 문제는 이들은 과거부터 모두 지하조직으로 엮여있어 우리가 이들의 실체를 쉽게 파악할 수가 없다는 것이다. 따라서 우리는 이재명이 공천하는 사람들, 특히 인재위원으로 영입되는 사람들을 눈여겨볼 필요가 있다. 왜냐하면 그동안 음으로 양으로 얽혀있던 오늘날 이재명을 만드는데 지원하고 공헌한 사람들이 양지로 나올 것이기 때문이다. 그래서 속으면 절대로 안 된다.

주사파 중에서 끝까지 전향하지 않고 북한 김정은 정권에까지 충성을 다한 조직, 경기동부연합 사람들이 민주당을 장악하게 될 것이다. 이미 비명이 튕겨나왔다. '4·10총선'에서 민주당은 완전한 이재명과 이석기 일당으로 물갈이가 될 것이다. 다시 말해 컬러가 종북 주사파로 단일화된다. 그래서 이재명 당권파가 당을 장악했다고 보겠지만 내막을 들여다보면 진짜 주사파, 즉 경기동부연합과 관련된 오로지 북한 충성파, 종북 주사파로 새로운 옷을 갈아입게 될 것이다.

이것은 한마디로 경기동부연합의 주인, 또는 흔히 남한 주사파의 주석이라고까지 불리는 '이석기의 부활'을 알리는 무시무시한 결과를 가져오게 될 것이다. 이석기는 지난 2013년 8월 28일 내란 선동죄로 구속되고, 그 결과 통진당이 해체되었다. 그리고 구속기소 된 뒤 8년 3개월 만인 2021년 12월 24일 만기출소를 1년 5개월 앞두고 수감중이던 대전교도소에서 가석방으로 출소했다.

감옥에서 풀려난 이후 만 2년이 지나는 동안 무엇을 하고 있었을까? 이 순간까지 지은 죄를 회개하면서 조용히 지내고 있었을까. 천만의 말씀이다. 이재명의 배후에서 이석기 자신의 새로운 부활을 위해 엄청난 계획을 준비하고 있었을 것이다. 물밑에서 이미 거액의 혁명자금 및 정치자금까지 확보한 상태에서 이제 이석기와 이재명은 무엇이든 마음만 먹으면 할 수 있는 위치에 있다.

따라서 우파 진영이 진실로 고민해야 하는 심각한 문제가 바로 '4·10총선'에서 '**이석기의 부활**'이다. 만에 하나 이번 '4·10총선'에서 이재명이 공천한 사람들이 대거 금배지를 달게 된다면 비록 우파가 소폭의 승리를 한다고 하더라도 대한민국은 굉장히 위험해진다. 저들이 국회에서 어떤 짓거리를 할는지 알 수 없기 때문이다. 정치 전문가들은 "이번 총선에서 민주당의 승리는 곧 적화통일의 시발점"이라고 말한다. 따라서 우리는 이재명 공천명단을 면밀히 분석해서 이들을 골라내야 한다.

이재명 살린 '희대의 사기 재판' 아시나요?

박찬종 원로 변호사는 "무엇보다 대법관을 지낸 변호사가 일단 대형로펌에 고용이 되면 보통 한 사건에 최소 5000만 원의 도장값을 받는다. 대법관을 지낸 변호사가 전관예우를 받을 작심을 한다면 3년만에 적어도 100억 원을 쉽게 벌 수 있다는 것이 법조계에서는 공공연하게 이야기 되고 있다"고 설명한다.

이어 "그 중에서도 대표적인 대법관 전관예우 변호사가 바로 권순일 전 대법관이다. 권순일은 대법관 재임 중에 이재명을 살려준 장본인이다. 이재명이 당시 경기지사에 출마하면서 공직선거법 위반으로 기소된 사건이 있는데, 이것이 1심과 2심에서 모두 유죄로 인정됐다. 그래서 대법원에서는 그냥 2심 유죄 그대로만 피고인 상고를 기각해버리면 유죄가 확정된다. 그렇게 순리대로 판결을 내렸다면 오늘의 이재명과 같은 잡범 정치인은 존재하지 않았다"고 강조한다.

박찬종 변호사는 또 "당시 이재명의 공직선거법 위반에 대한 검찰 기소 사건을 재판할 때 주심이 권순일 대법관이었다. 그리고 재판장이 김명수 대법원장이었다"면서 "두 사람이 작당하여 이재명을 살려내어 오늘날 한국 사회 전체를 쑥대밭으로 만들었고, 똥 걸레로 만든 그 장본인들이다"고 비난한다. 그러면서 "이재명 사건을 담당한 권순일 주심과 김명수 재판장이 이재명을 무죄라고 한 재판 결과를 보면 가관이 아니다"고 흥분한다.

◇ 소극적 거짓말은 거짓말이 아니어서 '무죄란다!'

박찬종 원로 변호사는 "권순일은 화천대유 대주주인 김만배라는 인간과 커넥션이 있었다"며 "김만배가 이재명 재판 판결에서 무죄가 나오기를 전후해 무려 8번이나 권순일 대법관실을 방문한 사실이 공식적으로 밝혀졌다. 관례적으로 볼 때 대법관은 웬만한 거물급 변호사조차도 잘 만나주지 않는다. 그런데 이재명과 관련이 있는 것으로 알려진 허접한 전 언론인 김만배를 7번이나 판결 이전에 만나줬고, 1번은 무죄판결이 난 뒤에 만난 것으로 알려졌다. 법을 잘 아는 변호사인 나로서 도저히 이해할 수가 없다"고 말했다.

박찬종 변호사는 "실제로 당시 재판 기록을 보면 **'소극적 거짓말과 적극적 거짓말'**이 있는데, 소극적 거짓말은 처벌할 수 없다는 것이 이재명을 무죄로 판결한 골자(骨子)다. 이는 이재명이 경기도지사 토론회에서 한 패널이 '이재명 후보가 김문기를 아느냐?'고 질문을 하자 이에 이재명이 '모른다'고 답변한 것이다. 그래서 이는 질문에 대한 답변이기 때문에 비록 거짓말이라고 해도 소극적 거짓말을 한 것이다. 따라서 소극적 거짓말은 처벌할 수 없으므로 무죄라고 선고한 것"이라고 주장했다.

그러나 앞서 이재명은 "김문기를 모른다"고 거짓말을 한 것으로 검찰에 고발돼 1, 2심에서 유죄확정판결이 나온 상태다. 하지만 당시 재판장이었던 김명수와 주심 재판관이었던 권순일이 "이 사건은 질문을 받고 대답을 한 것이다. 이는 이재명이 자진해서 기자회견을 하거나 또는 국회발언 등을 통해서 '나는 김문기를 모른다'고 한 것이 아니기 때문에 적극적인 거짓말이 아닌 소극적 거짓말"이라며 무죄를 확정한 것이다. 따라서 법조인들은 이를 두고 **"정말 희대의 사기 판결이라고 하지 않을 수 없다"**고 비난한다.

박찬종 변호사는 "이렇게 되면 앞으로 이 문제가 판례로 남게 되어 구속력을 가지게 된다. 향후 모든 범죄를 저지른 피의자가 법의 심판대에 서거나 법원의 증인으로 나가더라도 판사나 검사가 물어서 답변한 것이라면 그것이 비록 거짓말이라고 하더라도 피고인 측에서는 이재명이처럼 소극적 거짓말로 법망을 피해갈 수 있다. 그래서 이재명 재판은 사법질서를 무너뜨리는데 앞장선 희대의 사기 재판으로 기록될 것이 분명하다"고 지적한다.

그렇다면 〈희대의 사기재판〉이 과연 어떻게 가능하단 말인가? 정가와 법조계에서는 "이석기의 경기동부연합이 합류해 이재명을 경기도지사로 만든 뒤 대장동, 백현동 등의 개발비리를 둘러싸고 악어와 악어새처럼 해먹은 거액의 혁명자금이 있었기 때문"이라고 말한다.

◇ 이석기 '이재명 구속돼도 또 다른 아바타 준비'

다음 대선이 2027년으로 예정돼 있다. 오는 2024년 4·10총선에서 이재명이 구속된다면 옥중에서라도 공천을 감행할 것이 분명하다. 이미 민주당은 그 길을 선택했다. 공천자는 대부분 경기동부연합이라는 종북 주사파로 완전히 물갈이할 것이다. 그리고 만에 하나 더불어민주당이 과반이상을 확보해서 국회를 또다시 장악한다면 윤석열 정부는 그야말로 식물정권이 된다.

그리고 3년 뒤 2027년 대통령선거에서 더불어민주당이 대선후보를 내게 될 것이다. 이 때는 이석기의 아바타인 이재명이 사법리스크가 크기 때문에 범죄인으로 감옥에 들어앉아있어 대선출마가 불가능하게 된다. 이재명은 정치생명이 반드시 끝날 것이다. 하지만 이재명이야 어떻게 되던 이석기에게는 별반 문제가 안 된다. 이석기는 또 다른 자기 아바타를 만들어 심으면 되기 때문이다.

◇ 대장동 비리사건 관련자 무시무시한 '연쇄 자살'

대장동 사건의 주역으로 알려져 재판을 받고 있는 더불어민주당 이재명 대표에 대한 검찰수사와 법원재판이 여전히 진행 중에 있다. 대장동 사건은 하나의 단일 개발로 무려 8000억 원이라는 거액의 수익을 벌어들인 대표적인 개발비리로 알려져 있다. 이 개발비리사건을 검찰이 수사하는 과정에서 이재명의 최측근들이 줄줄이 석연치 않는 자살사건으로 죽음으로 내몰리고 있다.

왜 하필이면 대장동 사건의 주역인 이재명의 측근들이 연이어 자살행각을 벌이고 있을까? 이재명의 실체가 드러나는 것을 두려워한 나머지 그의 최측근들이 스스로 자살로 이를 감추고 덮어버리기 위한 것일까, 아니면 자살을 가장한 타살일까. 석연치 않은 죽음에 대해 많은 이야기들이 설왕설래하고 있다. 이는 지금까지 무려 5명이 자살이라는 의문에 꼬리표를 남겼고, 또 최측근으로 알려진 2명이 자살미수로 그쳐 **'대장동 개발'**이 **'데스(죽음)장동 개발'**이라는 웃지못할 끔찍한 말로 희화화되고 있다.

지금까지 드러난 이재명 최측근의 5명의 자살과 2명의 자살미수를 보면 이와 같다. 첫 번째 자살자는 고 유한기 씨다. 유 씨는 성남도시개발공사 개발사업본부장을 지냈다. 유 씨는 대장동 사건에 연루된 사람으로 대장동개발 당시 실무를 맡아서 사업을 주도한 사람이었다. 유 씨는 대장동 사건이 터지자 2021년 12월 10일 경기도 고양시 자택에서 극단적인 선택을 한 것으로 알려졌다.

이어서 두 번째는 김문기라는 사람이 극단적 선택을 했다. 고 김문기 씨는 전 성남도시개발공사 개발사업1차장으로 대장동개발 특혜의혹 참고인으로 검찰조사를 4회나 받았다. 그리고 첫 번째 자살자에 이어 불과 11일만인 2021년 12월 21일 극단적 선택을 한다. 김 씨는 당시 대장동개발이후 수익이 나면 이를 본래는 성남시가 가져가야 할 이익을 성남시가 가져가지 못하도록 초과이익환수 조항을 삭제한 혐의를 받았다. 그런데 문제는 누가 이 조항을 삭제토록 지시했느냐에 대한 조사를 받은 것이다. 그러니 핵심인물임이 분명하다.

이는 누가 봐도 경기도지사의 지시라는 것을 알 수 있는데, 당시 그 지시를 받은 사람이 당시 이 조항을 삭제한 김 씨다. 그런데 조사를 받다 극단적 선택을 한 것이다. 하지만 이재명은 "나는 김문기를 전혀 모른다"고 말했다. 그러자 김 씨의 가족들이 분노했다. 이어서 김 씨와 이재명이 호주출장을 다녀오면서 함께 찍은 사진이 여러 장 언론에 보도됐다. 이로써 고 김문기 씨는 이재명과 매우 가까운 사이임이 드러난다. 이로써 첫 번째 자살한 유한기 씨와 두 번째 김문기 씨는 당시 성남도시개발공사 주요 개발담당자로서 대장동 개발비리사건에 대한 내역을 가장 많이 알고 있는 이재명의 최측근 두 명이 극단선택을 했다.

이어 세 번째로 대장동개발사업과 관련이 있는 이병철이라는 사람이다. 그는 2022년 1월 12일 한 모텔에서 변사체로 발견된다. 고 이병철 씨는 지난 20대 대선 당시 더불어민주당 이재명 후보의 '변호사비 대납의혹' 제보자였다. 당시 녹취록이 이를 증명한 결정적 증거물이었는데, 이 녹취록을 제보한 바로 그 사람이었다. 이병철 씨는 변사체로 발견되기 전에 주변 사람들에게 수차례나 "나는 절대로 자살하지 않을 것이다"고 말해 온 것으로 알려졌다. 그런데도 모텔에서 변사체로 발견된 고 이병철 씨의 죽음을 경찰은 자살로 결론을 내린다.

네 번째 자살한 김모 씨는 이재명의 부인 김혜경 씨의 수행비서인 배모 여성의 지인으로 '경기도 법인카드 유용의혹' 참고인으로 검찰소사를 받고 있었다. 그는 2022년 7월 26일 수원시 영통구 자택에서 극단적인 선택을 한다. 이재명 아내 김혜경 씨가 경기도 법인카드를 유용한 혐의를 받고 있었다. 이때 자살한 김모 씨는 지인인 김혜경 수행비서 배모 씨에게 자신의 카드를 빌려준 혐의를 받고 있었다. 이 사건도 경찰은 외부침입 흔적이 없다면서 자살로 처리했다.

다섯 번째 자살자는 전형수 씨라는 사람인데, 전 씨는 이재명 대표의 경기도지사 시절 초대 비서실장을 지냈다. 2023년 3월 8일 경기도 성남시 수정구 자택에서 극단적 선택을 했다. '성남FC불법 후원의혹'의 피의자 신분으로 검찰조사를 받아왔다. 또 이재명의 최측근으로 알려진 유동규 씨와 김만배 씨가 둘 다 자살을 시도했으나 실패한다.

이는 불과 2년 사이에 대장동 개발사업비리를 두고 검찰이 수사하는 과정에서 이재명의 측근 5명이 연쇄 자살을 하고, 2명이 자살을 시도하는 끔찍한 사건이 벌어진 것이다. 그래서 이재명의 대장동 개발비리사건에 대해 흉측한 말들이 난무하고 있다. 이를 두고 이재명이 이끄는 더불어민주당을 빗대 **'더불면 죽인당'**, 또 **'증언하면 죽으리라(데스(death))장동'**, 그리고 **'데스노트(death note)'**이라는 무시무시한 말들이 떠돌고 있다.

이렇게 대장동 개발비리를 둘러싸고 이재명의 측근들이 죽음으로 내몰리자 평론가 진중권 씨가 자신의 페이북에 "무섭다 대체 무슨 일이 벌어지고 있는 건지, 이건 너무한 거 아니냐 대선이 범죄 스릴러(thriller)에서 이젠

호러(horror)물로⋯."라는 글을 남겼다. 이는 우연한 죽음이 아니라 비리를 둘러싼 소름끼는 일들이 벌어지자 진중권이 이런 말을 남긴 것이다. 그러자 이재명은 "나는 권력은 잔인하게 써야 한다고 믿는 사람이예요"라고 대응한다.

자살은 자기 고뇌를 이겨내지 못해 스스로 선택하는 경우가 대부분이다. 하지만 석연치 않은 자살은 주변의 협박이나 강압에 의해 어쩔 수 없이 선택하는 경우도 있다. 특히 여전히 유교전통이 남아 있는 대한민국의 경우는 가장으로서 가족을 죽음으로 협박을 당하면 가족의 안전을 위해 협박에 굴복당하여 극단적 선택을 하기도 한다.

대장동 개발을 둘러싸고 무슨 일이 벌어지고 있었는지 아직은 그 내막을 자세히 모른다. 하지만 현재 진행되고 있는 검찰수사와 재판 결과를 통해 밝혀질 것이 분명하다. 그럼에도 불구하고 이재명이라는 인간은 도대체 어떤 사람이기에 그를 둘러싼 측근의 자살이 자꾸 이어지고 있는 것일까? 우리 국민 모두가 의아해하고 있는 사실이다.

4. 윤석열 대통령이 외치는 '반국가세력'

尹대통령이 알아차린 '文정부는 간첩 공화국'

윤석열 대통령은 지난 2023년 6월 28일 "북한이 다시 침략해오면 유엔사와 그 전력이 자동적으로 작동되는 것을 막기 위한 종전선언은 우리를 침략하려는 적의 선의를 믿어야 한다는 허황된 '가짜 평화' 주장"이라고 비난했다.

윤 대통령은 서울 장충체육관에서 열린 한국자유총연맹 창립 69주년 기념식에 참석해 "왜곡된 역사의식, 무책임한 국가관을 가진 **'반국가세력'** 들은 북한 공산집단에 대해 유엔 안보리 제재를 풀어달라고 읍소하고, 유엔사를 해체하는 종전선언을 노래부르고 다녔다"며 이같이 주장했다. 대통령이 자유총연맹 창립기념행사에 참여한 것은 1999년 김대중 대통령 이후 24년 만이었다.

윤석열 대통령은 문재인 정부의 종전선언 추진으로 "자유 대한민국의 국가안보가 치명적으로 흔들린 상황이었다. 저는 대통령 취임 이후 북핵

위협과 도발을 억제하기 위해 한미 동맹을 강화하고 한미 동맹을 핵 기반으로 격상시켰다"면서 "한미일 안보공조를 튼튼히 하고 이를 위해 한일 관계를 신속하게 복원하고 정상화 시켰다. 그리고 전체주의가 아닌 자유 민주주의 보편적 가치를 공유한 국가들과의 강력한 연대를 구축했다"고 강조했다.

이날 문재인 정부 비판에서 윤석열 대통령은 "현재 우리는 많은 도전과 위기에 직면해 있다. 조직적으로 지속적으로 허위선동과 조작, 가짜뉴스와 괴담으로 자유 대한민국을 흔들고 위협하며 국가 정체성을 부정하는 세력들이 너무나 많이 있다"고도 주장했다. 직접 거명하지는 않았지만, 일본의 후쿠시마 오염수 방류 문제 등에 비판적인 야당을 겨냥한 발언이었다.

윤석열 대통령은 특히 "돈과 출세 때문에 이들과 한편이 되어 반(反)국가적 작태를 일삼는 사람들도 너무나 많다. 자유 대한민국에 대한 확고한 신념과 뜨거운 사랑을 가진 여러분께서 이 나라를 지켜내야 한다"며 "이를 위해 우리는 올바른 역사관, 책임있는 국가관, 명확한 안보관을 가져야 한다"고 좌우 진영의 이념과 관련한 발언도 했다.

윤 대통령은 "자유 대한민국을 무너뜨리려고 하거나 자유 대한민국의 발전을 가로막으려는 세력들이 나라 도처에 조직과 세력을 구축하고 있다"며 "우리는 올바른 역사관, 책임 있는 국가관, 명확한 안보관과 국제사회에서의 자유 대한민국의 역할과 비전을 우리 자신이 제대로 알아야 될 뿐만 아니라 우리의 미래세대에게 제대로 가르치고 전달할 책임이 있다"

라고 주장했다. 이어 "6·25 직후에 자유 대한민국에 대한 적대 세력의 선전 선동으로부터 국가 정체성을 확립하기 위해 창립된 연맹의 책임이 가장 큰 순간"이라고 강조했다.

8·15 경축사에 드러난 '尹 대통령 사상 실체'

윤석열 대통령은 2023년 8월 15일 "먼저 조국의 독립을 위해 희생하고 헌신하신 순국선열들과 애국지사분들께 경의를 표한다"고 말했다. 윤 대통령은 이날 이화여대 대강당에서 열린 제78주년 광복절 기념식에 참석, 경축사를 통해 "독립운동은 주권을 회복한 이후에는 공산 세력과 맞서 자유 대한민국을 지켜내는 것으로, 산업 발전과 경제성장, 민주화로 이어졌다"면서 이같이 밝혔다.

다음은 경축사 전문을 통해 본 윤석열 대통령의 사상적인 실체다. 윤석열 대통령은 "우리는 조국의 자유와 독립, 그리고 보편적 가치를 위해 자신의 모든 것을 던졌던 선열들을 제대로 기억해야 한다"라며 "우리가 오래전 자유를 찾아 출발한 여정은 앞으로도 멈추지 않고 계속돼야 할 것"이라고 강조했다.

그러면서 "우리의 독립운동은 국민이 주인인 나라, 자유와 인권, 법치가 존중되는 자유민주주의 국가를 만들기 위한 건국 운동이었다. 단순히 빼앗긴 국권을 되찾거나 과거의 왕정국가로 되돌아가려는 것이 아니었다. 자유와 인권이 무시되는 공산전체주의 국가가 되려는 것은 더더욱 아니었다. 따라서 우리의 독립운동은 인류 전체의 관점에서도 보편적이고 정의로운 것"이라고 말했다.

무엇보다 우리의 독립운동은 주권을 회복한 이후에는 공산 세력과 맞서 자유 대한민국을 지켜내는 것으로, 그리고 산업 발전과 경제성장, 민주화로 이어졌다. 이제는 독립운동의 정신이 세계시민의 자유와 평화, 번영을 위해 국제사회에서 책임과 기여를 다하는 글로벌 중추 국가의 비전으로 이어지고 있다.

우리는 지금 조국 대한민국의 자유와 독립, 그리고 보편적 가치를 위해 자신의 모든 것을 던졌던 선열들을 제대로 기억해야 한다. 이분들을 제대로 기억하는 것이야말로 대한민국의 국가 정체성과 국가 계속성의 요체요, 핵심이라고 강조했다.

특히 올해는 정전협정 체결 70주년이자 한미동맹 체결 70주년이 되는 해이다. 우리는 공산 침략에 맞서 유엔군과 함께 싸워 우리의 자유를 지키고, 그 후 한강의 기적이라 불리는 산업화를 성공시켰다. 그리고 자유민주주의를 세우고 한미동맹을 구축한 시도자들의 현명한 결단과 국민들의 피와 땀 위에 대한민국은 세계가 놀랄 만한 성장과 번영을 이루어 낸 것이라고 말했다.

그러나 같은 기간, 70년 동안 전체주의 체제와 억압 통치를 이어온 북한은 최악의 가난과 궁핍에서 벗어나지 못하고 있다. 자유민주주의를 선택하고 추구한 대한민국과 공산전체주의를 선택한 북한의 극명한 차이가 여실히 드러난 것이라며 북한의 김일성 주체사상을 에둘러 맹비난했다.

尹대통령 '文겨냥, 조작선동과 김정은에 맹종'

윤석열 대통령은 "공산전체주의를 맹종하며 조작선동으로 여론을 왜곡하고 사회를 교란하는 반국가세력이 여전히 활개치고 있다"고 밝혔다.

자유민주주의와 공산전체주의가 대결하는 현실에서 반국가세력의 준동은 쉽게 사라지지 않는다. 종북 세력은 자유사회가 보장하는 법적 권리를 충분히 활용해 자유사회를 교란하며 공격해 왔다. 이게 전체주의 세력의 생존방식이라고 주장한 것이다.

◇ 윤석열 대통령의 '8.15경축사 요지'

"공산전체주의 세력은 늘 민주주의 운동가, 인권 운동가, 진보주의 행동가로 위장하고 허위 선동과 야비하고 패륜적인 공작을 일삼아 왔다. 우리는 결코 이러한 공산전체주의 세력, 그 맹종 세력, 추종 세력들에게 속거나 굴복해서는 안 된다. 자유민주주의는 반드시 승리한다는 믿음과 확신, 그리고 우리 모두 함께 힘을 모으는 연대의 정신이 중요하다.

정부는 출범 이후부터 자유, 인권, 법치의 보편적 가치를 공유하는 국가들과 안보 협력과 첨단 기술 협력을 적극 추진해 왔다. 한미동맹은 보편적 가치로 맺어진 평화의 동맹이자 번영의 동맹이다. 일본은 이제 우리와 보편적 가치를 공유하고 공동의 이익을 추구하는 파트너다.

앞으로 한일 양국은 안보와 경제의 협력 파트너로서 미래지향적으로 협력하고 교류해 나가면서 세계의 평화와 번영에 함께 기여할 수 있는 것이다. 특히, 한반도와 역내에서 한미일 안보 협력의 중요성이 날로 커지고 있다.

북한의 핵과 미사일 위협을 원천적으로 차단하기 위해서는 한미일 3국 간에 긴밀한 정찰자산 협력과 북한 핵 미사일 정보의 실시간 공유가 이루어져야 한다. 일본이 유엔사령부에 제공하는 7곳 후방 기지의 역할은 북한의 남침을 차단하는 최대 억제 요인이다.

북한이 남침을 하는 경우 유엔사의 자동적이고 즉각적인 개입과 응징이 뒤따르게 되어 있으며, 일본의 유엔사 후방 기지는 그에 필요한 유엔군의 육해공 전력이 충분히 비축돼 있는 곳이다. 유엔사령부는 '하나의 깃발 아래' 대한민국의 자유를 굳건히 지키는데 핵심적인 역할을 해 온 국제연대의 모범이다.

사흘 뒤 캠프 데이비드에서 개최될 한미일 정상회의는 한반도와 인도 태평양 지역의 평화와 번영에 기여할 3국 공조의 새로운 이정표가 될 것이다. 그리고 NATO와의 협력강화 역시 매우 중요하다. 대한민국의 안보는 인도 태평양 지역의 안보, 대서양과 유럽의 안보, 글로벌 안보와 같은 축선 상에 놓여있다.

대한민국이 국제사회에서 전방위적으로 책임 외교와 기여 외교를 수행하는 것은, 세계의 자유, 평화, 번영에 기여하는 동시에 바로, 대한민국의 자유, 평화, 번영을 구축하는 길이다. 정부가 공적개발원조, 국제 개발 협력, 우크라이나의 자유와 평화를 위한 지원에 재정을 투입하고 힘을 쏟는 것은 궁극적으로 대한민국의 자유, 평화, 번영을 위한 것이다.

정부는 또한 '담대한 구상'을 흔들림 없이 가동해 압도적인 힘으로 평화를 구축함과 동시에, 북한 정권이 핵과 미사일이 아닌 대화와 협력의 길로 나와 북한 주민의 민생을 증진시킬 수 있도록 국제사회와 공조해 나갈 것이다.

정부는 출범 이후 안팎의 도전과 글로벌 복합위기의 어려움 속에서도 자유민주주의를 지키고 무너진 자유시장경제를 바로 세우기 위해 숨 가쁘게 달려왔다. 굳건한 한미동맹, 나아가 보편적 가치를 공유하는 국가들과의 연대와 협력은 대외의존도가 높은 우리 경제가 번영하고 발전하는 토대가 된다. 생사가 걸린 안보에서 협력하는 관계는 먹고 사는 문제가 걸린 경제와 첨단 과학 기술 분야에서도 긴밀하게 협력할 수밖에 없다. **(중략)**

〈김정은이 친필 서명을 하는 동안 문재인이 부동자세로 서서
지켜보면서도 입가에는 흐뭇한 미소를 흘리고 있다.〉

국민 여러분! 우리는 자신의 당대에 국권을 회복할 가능성이 희박한 암흑의 시기에도 국민이 주인이 되는 나라, 자유민주주의 국가의 꿈을 포기하지 않았다. 자유를 찾아 출발한 대한민국의 여정은 지금 우리에게 자유와 독립뿐만 아니라 평화와 번영을 가져다주었다.

우리는 이제 세계시민의 자유, 평화, 번영에 책임 있게 기여해야 하는 역사적 숙명을 기꺼이 받아들여야 합니다. 이를 위해 우리가 오래전 자유를 찾아 출발한 여정은 앞으로도 멈추지 않고 계속되어야 할 것이다.

이제 우리의 여정은 과거와 달리 외롭지 않다. 전 세계 많은 친구들이 우리와 함께하고 우리를 응원하고 있습니다. 자유를 찾아 고난과 영광을 함께한 대한민국 국민 여러분이 모두 자랑스럽습니다. 감사합니다!"

尹 정부 성공해야 '종북 주사파 척결한다!'

지금 '4·10총선'을 앞둔 윤석열 대통령 정부는 대한민국의 운명을 가를 기로에 서 있다. 이번 총선은 민주당에 맞선 '주류 교체 전쟁'이기 때문이다. 냉전이 끝난 후 지난 30년간 공산국가를 향한 **'햇볕정책'**은 모두 실패했다. 중국을 향한 미국의 포용 정책, 북한을 향한 한국의 햇볕 정책, 러시아를 향한 유럽의 구애는 처참한 결말을 맞았다.

한국·미국·유럽연합(EU)은 '그들이 변할 것'이라고 오판했다. 맑스-레닌주의 일당독재는 일인 독재로 귀결됐다. 푸틴·시진핑·김정은은 스탈린·

마오쩌둥·김일성을 닮아가고 있다. 결론은 분명하다. 전체주의는 민주주의의 적이다. 미중 패권 전쟁은 본질적으로 사회주의와 자유주의의 **'사상 전쟁'**이다.

대한민국은 세계화의 승자다. 세계가 모두 문을 열고 하나로 연결될수록 대한민국은 성장하고, 보호주의로 문을 걸어 잠그고 블록화로 연결이 끊어지면 위기를 맞는다. 세계화는 끝났다. **'안미경중**(安美經中·안보는 미국, 경제는 중국)'은 이제 효력을 다해 선택이 불가피하다. 우리도 더는 이상 뭉갤 수가 없다.

특히 〈투키디데스의 함정〉을 쓴 그레이엄 앨리슨이 대중국 온건파라면, 〈중국이 세상을 지배하는 그날〉을 쓴 피터 나바로는 강경파다. 도널드 트럼프가 피터 나바로를 '국가무역위원회 위원장'으로 임명한 순간 미중 패권 전쟁은 피할 수 없게 됐다. 트럼프가 동맹국 한국과 일본을 미군 주둔 비용으로 압박하면서 혼자 중국을 상대했다면, 바이든은 동맹을 총동원하는 **'올-코트 프레스(all-court press)'**로 중국을 봉쇄하는 전략이라 우리가 빠져나갈 틈이 없다.

윤석열 대통령이 일본 기시다 총리와 정상회담을 서두른 이유도 2023년 4월 한미 정상회담을 앞두고 (미국이 요구한) 일본과의 협력이 불가피하기 때문이었다. 4월 한미 정상회담에 대해 카린 장 피에르 백악관 대변인은 "이번 방문은 한미 동맹 70주년을 기념하는 것으로, 한미 동맹은 한미와 인도·태평양 및 전 세계의 평화와 안정, 번영을 증진하는 데 중요하다"고 의미를 부여했다. 이와 같이 한국이 한미동맹의 업그레이드를 통해

‘글로벌 플레이어’로 도약하는 첫걸음이 될 것이다.

◇ ‘4·10총선’에서 윤석열 대통령이 반드시 승리해야!

국제 정치에서는 군사·기술 동맹이 승패를 가르지만 국내정치의 승패는 오로지 선거로 갈린다. 이번 총선은 ‘주류 교체 전쟁’의 역사적 분수령이다. 윤석열 대통령과 국민의힘은 절대로 져서는 안 되는 선거다. 정치에서는 지지기반을 넓히면 살고 좁히면 죽는다. 문재인 전 대통령은 오직 ‘콘크리트 지지층’ 40%만 바라보다 ‘콘크리트 비토층’ 50%를 만드는 전략적 패착으로 5년만에 정권을 내줬다.

그러나 이번에 윤석열 대통령의 경우는 전혀 다르다. 예후부터가 완전히 다르다. 지금 대통령실과 국민의힘에서는 “총선은 윤석열 대통령 얼굴로 치른다”, “총선은 윤석열 대통령 중간 평가다”라는 얘기를 하고 있다. 이는 참으로 온당한 말이다. 지난 박근혜 대통령은 과반을 훨씬 넘는 의석수를 가지고도 탄핵을 당한 것에서 학습한 바가 있다.

이유는 간단하다. 박근혜 사람들로 국회를 채우지 못했기 때문이다. 당시 탄핵에 표를 몰아준 면면들을 봐라. 무려 **탄핵파 62명**이라는 군상들이 모조리 박근혜를 배신했다. 아무리 미워도 그렇지 자당의 대통령을 그것도 이념이 다른 북한을 맹종하는 민주당의 주동에 부화뇌동하여 나라를 망쳐놓은 일이 바로 어제의 국힘이 아니던가.

그래서 이번 총선에서는 윤석열 대통령이 선거에 이기기 위해서는 먼저 **‘광화문 애국세력-집토끼’**를 제대로 다독이면서 외연을 확대해야 한다.

무엇보다 문재인의 실정과 이석기의 아바타 이재명의 파렴치성을 제대로 공략하면 총선 승리는 목전에 와 있기 때문이다.

대한민국 이끄는 '무능한 586 주사파 세력'

6·29 선언은 전두환 대통령의 도덕성과 정통성 결여를 지적하는 직선제 개헌요구와 전두환 정권의 4·13 호헌조치가 첨예하게 대립하는 상황에서 나온 것이었다. 민주헌법쟁취국민운동본부는 대규모 가두집회로 대항하면서 박종철 고문치사사건이 터지자 급기야 경찰력이 마비되고 군대 투입설까지 나도는 국면이 전개된다. 이에 노태우 대표는 8개항의 민주화조치를 발표한다.

노태우정권 이후 김영삼 문민정부가 들어서면서 민주화는 거의 완성단계에 이르게 된다. 특히 민주화 '어젠다(agenda)'를 부르짖은 김대중의 참여정부 시절부터 우리나라에는 거센 변화의 바람이 불었다. 이제 산업화 시대의 먹거리와 민주화를 넘어 새로운 성장동력을 찾지 않으면 단 한 발짝도 더 전진하기 어려운 전혀 새로운 경제생태계의 변화가 찾아온 것이다. 이 변화의 파고를 넘기 위해서는 마지막 관문인 선진화 어젠다가 절실히 필요했다.

그러나 선진화 어젠다는 건국 이후 산업화나 민주화와 같은 어젠다와는 차원이 달랐다. 산업화와 민주화 의제는 매우 구체적이다. 그래서 국민을 설득하기가 어렵지 않았다. 세력을 결집하기도 쉬웠다. 다시 말해 기존

산업화와 민주화 어젠다는 있는 모델을 베끼고 흉내 내어 만들 수가 있었다. 하지만 선진화 어젠다는 없는 모델을 스스로 만들어야 하기 때문에 의제 설정이 쉽지 않았다. 민주화 완성 이후 2000년 초부터 지금까지도 우리는 선진화 어젠다에 목을 매고 있다. 그리고 창조적 기술혁신을 위해 기업과 정부, 학계가 노력했다.

그러나 모두 물거품이 됐다. 이제 그나마 삼성이 반도체로 그 숨구멍을 틔우고 있다. 따라서 선진화 어젠다를 설정하기 위해서는 무엇보다 새로운 기운과 세력이 필요했다. 김대중 국민의 정부 시절 '젊은 피 수혈'이 유행한 적이 있다. 하지만 이는 단순 정치세력에만 국한됐기 때문에 성공으로 이어지지 못했다. 게다가 젊은 피의 정치세력마저도 구세대인 민주화 세력에 무참히 밀려나고 만다.

선진화 어젠다를 설정하는 데 가장 큰 장애물이 있었다. 이는 바로 과거 세력의 득세와 정치참여였다. 우리 역사가 신진화 이젠다로 순조롭게 진행하려면 구시대 세력인 '586'이 물러나야 한다. 그런데도 무능하기 짝이 없는 '민주화세력'이 모든 주도권을 잡고 있다. 더 큰 문제는 '민주화세력'이 스스로 신진세력으로 착각하고 있다는 것이다.

◇ 성공 기억에 갇힌 철면피한 '586 주사파'

노자의 가르침에 '**공성이불거(攻成而不居)**'란 말이 있다. 이는 성공한 사람에게 가장 큰 적은 '**성공기억**'이라는 것을 의미한다. 마찬가지로 혁명가에게는 가장 큰 적이 '**혁명기억**'이다. 이 세계는 부단히 변화하고 있다. 철학자들은 이를 **'유동적 전체성'**으로 표현한다. 성공기억에 갇힌 사람은 성공할 때, 혁명기억에 갇힌 사람은 혁명할 당시의 그 기억만을 수행하게 된다. 그런데 성공한 그 기억만을 집행할 때 그 세상과 지금 성공한 뒤에 찾아온 새로 대면할 세상은 너무나 다르다.

그래서 성공기억에 갇힌 사람은 그 성공의 구조가 주는 그 결과를 넘어설 수가 없게 된다. 혁명가도 마찬가지다. 혁명할 때 가진 그 자부심과 그 노고를 차고앉으면 그것을 권력화하려는 경향이 있다. 우리시대 마지막 혁명가로 불리는 체 게바라조차도 성공기억을 비켜가지 못했다. 이것을 학자들은 비유적으로 "혁명 깃발이 완장으로 바뀐 것이다"고 말한다.

지난 20세기 초중반의 진정한 혁명가로 꼽히던 사람이 '체게바라(1928~1967)'였다. 그는 아르헨티나 의학도 출신의 공산주의 혁명가로 쿠바의 게릴라 지도자로 활동했다. 그러나 그런 체게바라조차도 혁명의 결과에 도취되고 만다. 그는 쿠바공산혁명이 성공한 뒤에 쿠바 국립은행 총재(1959~61년)와 초대 산업부 장관(1961~65년)의 자리를 꿰차고 혁명의 열매를 즐겼다. 그 결과 쿠바는 거지꼴의 나라로 전락하고 만다.

혁명가 체게바라의 도움으로 1959년 카스트로가 정권을 장악하여 쿠바는 공산화되었다. 장기 독재집권이후 2008년, 피델 카스트로의 건강악화를 이유로 친동생 라울 카스트로가 새로운 국가평의회장직을 계승했다. 그리고 2014년 12월 18일, 쿠바는 적대적인 관계였던 미국과의 국교를 정상화하면서 지금은 일인당 국민소득 1만 달러가 조금 넘는 정상국가로 성장하고 있다.

뉴욕대 심리학과 교수 에리히 프롬(1900~1980)은 **"자기가 타도하려고 한 것을 타도한 다음 그 자리에 자기가 앉으면 그는 혁명가가 아니라 반항아"**라고 설파한다. 따라서 진정한 혁명가는 자기가 타도하고자 한 대상을 타도한 다음에 그 대상이 앉았던 자리에 다시 앉지 않는다. 이는 곧 성공을 이룬 사람을 경계한 말이다. 대다수 공을 이룬 사람은 그 공을 자기의 것으로 소유하려고 한다. 그리고 소유한 공을 권력화 역사화하려고 한다. 그 결과 사회는 극단적으로 분열하고 파멸하게 된다. 아직 근현대사에서 진정한 혁명가는 나오지 않고 있다.

이제 우리 역사가 선진화 **'의제(agenda)'**로 순조롭게 진행되려면 구시대 세력인 **'민주화세력'**이 역사의 뒤안길로 사라져야 한다. 무능하기 이를 데 없는 이들이 여전히 성공기억에 갇혀 국정을 주도하는 정상의 자리에 앉아 있는 한 대한민국의 성장은 불가능하다.

경제학자들은 "지금 우리나라의 현실은 미래가 제대로 열릴 수 없는 상황에 처해 있다"며 "과거 인물인 '민주화세력'이 스스로 물러나거나 도태되지 않는 한 선진화 어젠다 설정은 기대할 수 없다"고 잘라 말한다. 지금 더불어민주당을 주도하는 '민주화세력'과 또 국민의힘 당과 맞지 않는 옷을 입고 삐거덕거리는 일부 '민주화세력'이 이를 잘 대변해준다.

미문화원 점거 주모자 '586 주사파에 고함!'

한때 민주화세력을 이끈 함운경(1964년생)은 1985년 5월 미문화원 점거 농성의 주모자였다. 전북 군산 출신인 그는 남한혁명을 통해 사회주의를 건설하는 게 목표였다. 그런 그가 사회생활을 하며 생각이 바뀌었다. 사회주의건설은 불가능할 뿐 아니라 그쪽으로 가서도 안 된다고 생각한다. 모든 사람을 불행하게 만들기 때문이라고 강조한다. 다음은 함운경이 연합뉴스와 인터뷰한 내용을 재구성한 것이다.

최근 함운경은 "586 정치인들, 즉 '민주화세력'은 자신들의 의도와 상관없이 전두환보다 못하다는 평가를 받을 수 있다. 이들은 무능하고, 사람을 힘들게 하고, 고통에 빠뜨리니 그런 소리를 들을 수 있다. 우리는 언제부턴가 대한민국의 정통성을 부정하는 세계관과 역사관이 주류로 인식되고 있다"고 밝혔다.

함운경은 지난 1982년 서울대 물리학과에 입학한 뒤 학생운동에 투신한다. 4학년 때인 1985년 5월에 서울시 을지로 미문화원 점거농성의 주모자로 투옥됐다. 교도소에서 나온 뒤 학원강사, 조경사업자를 거쳐 횟집 사장이 된다. 그는 국회의원과 지자체단체장 선거에 여러 차례 출마했으나 뜻을 이루지 못했다.

그는 특히 "사회주의는 모든 사람을 불행하게 만든다. 인간의 욕망을 억제해서 평균적인 삶을 만들겠다는 것은 굉장히 잘못된 생각이다. 세상은 그렇게 돌아가지 않는다"고 강조했다.

그러면서 문재인 정부가 집값을 잡겠다고 정책을 잇달아 내놨지만 결과적으로 집값만 올렸다. 최저임금을 인상해 근로자들을 도와준다고 했지만 그들을 노동시장에서 쫓아내는 결과를 초래했다. 원래 의도와 상관없이 결과적으로 모든 사람을 불행하게 만든 사례였다. 사회주의와 공산주의가 모두 그런 식이다"라고 비판했다.

◇ 주사파 '586' 전두환보다 '못하다는 이야기 들어!'

함운경은 또 "586 정치인은 자신들이 독재정권보다 도덕적으로 우월하며, 잘하고 있다고 착각한다. 그러나 그들은 너무도 무능하고, 무식해서 사람들을 힘들게 하고, 고통에 빠트린다"고 주장했다.

그러면서 "전두환보다 못한 사람들이라는 이야기를 들을 수 있다. 전두환은 총칼로 집권한 사람이다. 그래서 자기는 경제를 잘 모르니 당시 김재익 경제수석한테 맡겼다. 586 정치인이 이보다 못한 결과를 만든다면 전두환보다 못하다는 이야기를 들을 수 있다"고 한다.

함운경은 2023년 8월15일 '민주화운동동지회'를 발족했다. "우리사회에서 대한민국을 부정하는 역사관과 세계관이 주류로 인식되고 있다. 이런 생각을 가진 사람들이 정치적으로 집단화돼 있다. 이런 인식이 포퓰리즘과 결합하면 그리스처럼 거덜난다. 내 인생과제는 이런 왜곡을 바로잡는 것이다"고 강조했다.

이어 "나는 주변에 반미투쟁, 반일 민족주의를 그만하라고 말한다. 우리가 살아가는 데 도움이 안 된다. 평소 비슷한 생각을 하는 사람들이 이 단체 결성에 참여하고 있다. 단체 발기인이 588명인데, 앞으로 회원이 더 늘어날 것으로 본다"고 덧붙였다.

5. 한동훈 비상대책 위원장에게 '바란다!'

국회는 기득권 포기하고 '감동주는 정치하라'

영국의 보수 정치인 윈스턴 처칠은 영국 의회의원에게는 세 가지 의무가 있다고 강조했다. **첫째는** 그들의 정직하고 불편부당한 판단에 따라 나라의 안전과 명예를 위해 최선이라고 생각되는 것을 행하는 일이다.

둘째는 의원은 민의를 대표하는 것이지 당이나 당대표의 하수인이 아니다. 그래서 의원은 먼저 자기 지역구를 위해 할 수 있는 일을 해야 한다는 것이다.

마지막 **셋째가** 의원은 당의 조직이나 정강정책에 이로운 의무를 행하는 것이다. 처칠은 국회의원의 세 가지 의무 중에서 제일 후순위가 당에 대한 의무라고 강조했다.

그러나 우리나라 의원들은 그 우선순위가 완전히 거꾸로다. 우리 의원들이 가장 먼저 챙기는 것은 소속 당의 집단이익이나 부패한 당 대표, 또는 자신을 보호하는 일이다. 우리 의원들은 국가에 피해가 되고 불명예가 되더라도 먼저 당과 당 대표에 충성한다. 국익 따위는 안중에 없다. 오직 당과 자신에게 도움이 되는 일이 가장 우선이다.

이는 당대표가 공천권을 행사하기 때문이다. 그래서 우리나라 국회의원들이 세계에서 가장 부패해 있다. 그런데도 천박한 우리 국회의원은 어느 나라 국회의원보다 더 나은 '호강'과 함께 공식, 비공식적인 혜택과 특권을 훨씬 더 많이 누리고 산다. 국회개혁이 시급하다. 그러나 국회를 개혁하기 위해서는 우리 국민의 시선이 먼저 높아져야 한다. 저질 정치인은 국민의 저질스러운 시선에서 태어나기 때문이다.

덴마크나 스위스, 노르웨이 등 우리보다 훨씬 잘 사는 북유럽 선진국 의원들은 자전거를 타고 출퇴근하는 것이 자연스런 일상이다. 사무실도 협소하고 보좌진도 한두 명 정도다. 그러나 우리는 고급전용차량과 운전기사가 있다. 비행이나 범죄를 저질러도 회기 중에는 불체포특권이 있다. 해외출장(무료 출장 연 2회) 때는 값비싼 1등석을 무료로 이용한다. 그밖에도 의원 회관의 병원·약국 무료(가족 포함), KTX 무료 승차, 차량 유지비 및 유류비 지원 등 이런 특권만 무려 200여 가지나 된다. 한국 국회의원은 무수한 특권을 마치 타고난 권리인 양 누리면서 거들먹거린다.

이런 특권과 호사를 누리는 우리 대한민국 국회의원들의 마음에는 국가발전을 위한 일보다는 어떻게 하면 계속 금배지를 달 수 있을까에 더 관심이 높다. 이들 국회의원의 마음은 국익이나 지역구 발전보다 오직 금배지에만 쏠려 있다. 이제 대한민국의 발전을 위해서 가장 시급한 일이 법조개혁과 더불어 국회의원 특권을 내려놓게 하는 일이라는 것은 아무리 강조해도 지나치지 않다.

한동훈은 '공천권을 국민에게 돌려줘라!'

한동훈 국민의힘 비상대책위원장은 국회의원 공천권을 국민에게 돌려주라. 당신들이 뭔데 공천권을 쥐고 있나? 지역민들이 선호하는 진짜 지역의 일꾼이나 아니면 중앙무대로 나가 국가에 크게 기여할 수 있는 전문가를 뽑는 시스템 공천을 하라. 이번에도 잡음을 일으킨 김경율의 정신구조를 보라. 김경율은 국민의힘 옷을 입기에는 사고가 비뚤어진 인간이다.

무엇보다 이번 '4·10총선'은 건전한 정책대결이 아니다. 이념과 사상을 바탕으로 한 '건곤일척의 체제싸움'임을 명심하라. 이번 싸움에서 패배하면 대한민국의 미래는 암울하다. 따라서 이번 총선은 한동훈 비대위원장에게 그 어느 선거보다 막중한 책임이 뒤따를 것이다. 가장 큰 책임을 가지고 선거를 치르는 한동훈 위원장이 만에 하나 위원장 개인의 잘못으로 패배한다면 당신은 자유민주주의 대한민국의 대역죄인이 될 것이다.

그나마 윤석열 정부를 비방하고 다니는 이준석이 제발로 기어나간 것은 천만다행이다. 집권당 대통령을 향해 내부총질을 하는 쓰레기 같은 인간들은 다시 돌아보지도 마라. 유승민-홍준표 같은 늙다리 꼰대들도 끌어안아 봐야 전혀 도움이 안 된다. 버린 자식은 두 번 다시 되돌아볼 가치가 없다. 물건은 고쳐 사용해도 인간은 고쳐 쓸 수 없다는 옛사람의 말은 틀리지 않는다.

따라서 이번 총선은 승리도 중요하지만, 윤석열 대통령 체제를 공고히 할 수 있는 사람들로 당이 구성돼야 한다. 그렇지 않으면 총선이 끝나자마자 이념이 다르고 생각이 비뚤어진 인간은 곧바로 윤석열 대통령의 등에 비수를 겨누게 될 것이다. 그때 한동훈 당신이 여당을 제대로 수습할 능력이 있는가? 묻고 싶다.

◇ 공관위는 '尹 대통령과 자유를 지킬 사람 공천하라!'

이재명을 보라. 이석기 아바타 이재명은 당을 완전히 재정비하고 있다. 이석기 하수인 경기동부연합의 핵심 '한총련(90년대 학번)' 단일대오로 총선체제를 꾸리고 있다. 이재명은 총선에서 지든 이기든 이석기 졸개들로 당을 재건한다. 이재명은 곧 친문까지도 이석기 중심사상으로 빨려 들어오지 않은 사람은 반드시 쳐낼 것이다. 이것만이 종북 주사파 세력들이 살 수 있는 길이기 때문이다.

윤석열 정부도 마찬가지다. 자유민주주의 사상으로 무장된 사람들로 총선을 꾸려야 한다. 그렇지 않으면 비록 '410총선'에서 이겨도 불안하다. 윤석열 대통령의 통치이념을 제대로 이해하지 못하는 인간들은 곧바로 내부총질로 윤석열 비판에 나설 것이 명약관화하기 때문이다. 의석수가 많다는 것이 반드시 윤석열 정부에 도움이 되는 것만은 아니다.

박근혜 탄핵을 돌아보라. 의석수가 적어서 탄핵된 것이 아니다. 비겁한 내부 고발자, 내부 총질자들이 탄핵을 이끌어낸 것이다. 박근혜 탄핵은 이

명박계와 친박계의 극심한 갈등이 큰 요인이었고, 나아가 유승민, 하태경, 조경태 등 한나라당과는 품이 맞지 않은 옷을 입은 위장된 우파들이 있었기 때문 사기탄핵이 발생한 것이다. 무엇보다 사기탄핵의 내막은 당시 문재인의 충견으로 일했던 한동훈 검찰이 더 잘 알고 있을 것이다.

◇ 광화문 세력 없는 '尹대통령과 한동훈은 없다!'

한동훈은 중도확장이니 뭐니 하며 광화문을 버리고 김경율 같은 허접한 인간에게 매달려봐야 헛방이다. 오늘 윤정부와 국민의힘 당신들의 존재를 빛나게 한 진짜 우군은 광화문 세력이라는 것을 명심하라. 집토끼 광화문을 챙기지 못하는 우를 범하지 마라. 가족도 건사 못하는 인간을 가장이라 말할 수 있나?

오늘의 윤석열 정부를 세웠고, 내일의 윤석열 대통령을 진심으로 믿고, 걱정하고, 지킬 세력은 오직 광화문에 모여 목소리를 높였던 '애국세력'뿐이다. 이준석이나 유승민이 같은 인간들은 이미 배신정치로 배를 불려온 하급 정치인이라는 것이 증명되지 않았는가.

이번 총선은 **'자유민주주의 대한민국의 윤석열 대통령을 원하느냐?' '북한의 악마 김정은을 원하느냐"**는 이념문제를 놓고 **'체제싸움'**을 벌인다면 승리는 따 논 당상이다. 그러니 한동훈 비대위와 공관위는 광화문 애국세력을 존중하라!

광화문 세력이 종북 주사파로 기울어진 이 나라를 살렸다. 그러니 광화문 세력 가운데 정치적 역량이 있는 사람들을 많이 공천하라. 삑사리 난 민경우, 김경율과 같은 이념이 불분명하거나 사고가 망가진 인간을 믿지 마라. 한 번 골수에 사무친 사상은 쉽게 변화하지 않는다는 것을 명심하라.

부패한 판검사 출신은 '절대 공천 말라'

"변호사와 정치가란 가장 천박하고 저급한 인간이다. 왜냐하면 그들은 끊임없이 거짓말을 일삼고, 오로지 돈과 권력을 갖기 위해 전혀 회의할 줄 모르는 저질 인간들이기 때문이다." -극작가 오스카 와일드-

오스카 와일드(1854~1900년)는 아일랜드 더블린 출신이며 빅토리아 왕조시대 가장 성공한 극작가로 꼽히는 인물이다. 탁월한 글 솜 씨와 183cm의 훤칠한 키에 준수한 외모를 가진 일명 '엄친아'였다. 그는 언제나 자신감에 찬 문학인 이미지의 전형과도 같은 인물이다. 자신을 남과 다른 특별한 존재라고 생각해 엄청난 자부심을 가지고 있었다. 자신에게 '평범'이란 수식어가 붙는 것을 가장 수치스럽게 생각했다. 오스카 와일드는 변호사를 극도로 증오하면서도 정신구조는 변호사를 꼭 닮았다.

그는 '예술을 위한 예술'인 유미주의를 지향했다. 그의 작품 성향도 그러하다. 영화로도 제작된 〈도리언 그레이의 초상〉, 〈살로메〉 등이 이를 방증한다. 그가 창작한 유명한 동화 〈행복한 왕자〉 역시 마찬가지다. 오스카는 소설 외에도 시, 희곡, 수필까지 썼다.

오스카는 형식과 구조를 중요시하며 특유의 위트 있고 날카롭게 비꼬는 언어유희와 비유, 모순과 쾌락으로 점철된 인생 자체가 그의 매력이다. 함께 극작가로 활동한 친구 프랭크 해르스는 "오스카 인생은 한 편의 그리스 비극이었고, 그 자신이 그리스 비극의 열렬한 숭배자였다"라고 평가했다.

흔히 명언 제조기로 불리는 오스카 와일드가 남긴 수많은 어록 중에는 지금도 우리가 곱씹어볼만한 것들이 있어 몇 구절 소개한다.

"진정한 예술가는 대중의 주목을 전혀 받지 않는다."

"문학과 언론의 차이는 언론은 읽을 가치가 없다는 것이고, 문학은 읽히지 않는다는 것이다."

"우리는 모두 시궁창에 살고 있다. 하지만 우리 중 몇몇은 찬란한 밤하늘의 별을 보고 있다."

"남자와 여자는 친구가 될 수 없다. 둘 사이에는 오직 뜨거운 열정과 증오, 그리고 숭배와 열렬한 사랑이 있을 뿐, 우정이 끼어들 자리는 없다."

"인생에는 2가지 비극이 있다. 첫째는 우리가 바라는 것을 갖지 못하는 것이다. 둘째는 우리가 바라는 것을 성취하는 것이다."

◇ 변호사와 국회의원은 '이중인격 장애인들'

과거 TV 개그 프로그램에서 한 때 인기를 끌었던 캐릭터 중에 '다중이'가 있었다. 다중이는 순수한 모습과 말투로는 착한 이미지였던 학생이 어느 순간 돌변해 매우 거칠고 험악한 표현과 행동을 하는 인격으로 설정된다. 이는 한 사람의 인격을 매우 극단적으로 다양한 성격을 가진 캐릭터로 구성된 것이다.

최근 한 심리학자가 분석한 결과에 따르면 먼저 변호사의 경우는 직업 상 다양한 사람들을 만나 변호하게 된다. 때론 피해를 당한 선량한 사람을 변호할 수 있고, 또 다른 경우는 그와 반대로 굉장히 질이 나쁜 성격의 소유자인 '사기꾼'이나 '악한'을 변호할 수도 있다. 이렇게 반대되는 변호를 번갈아 반복하다보면 자신도 모르게 자연히 양쪽을 닮아가게 된다는 것이다.

이는 민의를 대변하는 국회의원도 마찬가지다. 이들의 목적은 오직 금 배지다. 표를 구걸하기 위해 다양한 이익집단이나 인간들을 만나게 되는데, 종종 정반대되는 집단을 대변하고 옹호하게 된다. 그래서 국회의원은 '여기서는 이 말하고 저기서는 저 말하기'를 아주 잘한다.

그래서 사람들은 변호사와 국회의원을 일러 '거짓말 선수권보유자'라고도 한다. 그러니 전 세계적으로 대한민국 변호사와 국회의원보다 범죄율이 높은 집단은 없다. 그래서 정직하지 못한 법조인 율사는 국회에 나가서는 안 된다.

흔히 연예인들을 일러 '드라마 작가의 펜 끝에 매달린 인형'이라는 표현이 있다. 그러면 변호사와 국회의원은 '돈과 표' 아래 매달린 꼭두각시라고 말할 수 있다. 오랜 기간 다양한 사건을 맡고 다양한 이익집단을 대변하면서 돈과 표를 구걸하다보면 꼭두각시가 되는 것은 당연하다.

변호사와 정치인은 돈과 금배지를 향한 열정이 어느 집단보다 강하다.

결국 이들은 자신도 모르게 '다중이'로 변한다. 이번에 불거진 더불어민주당의 '돈봉투 사건'도 그나마 녹취록이 나왔기에 다행이다. 아니면 자유민주주의를 파괴하는 이 사건은 덮였을 것이다.

이러한 이유 때문에 대다수 사람들은 부패한 변호사가 국회의원이 되는 것을 상상하기조차 싫어한다. 율사가 국회의원이 되어서는 안 되는 이유는 또 있다. 이들은 보통 사람들보다 굉장히 교만하고 교활하다. 물론 어려운 관문인 사법고시를 통과하고, 또 젊디젊은 나이에 판검사라는 권력을 휘두른 경험이 있는 그들의 교만함은 물어볼 필요가 없다.

무엇보다 민의를 대표하면서 법을 만든다는 국회의원이 가장 법을 잘 어기는 집단이 아닌가. 추악한 범죄행위를 저지르고도 불체포 특권이란 방탄복을 갈아입고 동료의원들의 등 뒤에 숨는 비겁하고도 야비한 인간들이다.

◇ 대한민국 국회는 언제나 '변호사 판이야!'

우리나라 국회의원 가운데 가장 높은 비율을 차지하는 인간군상이 보기조차 혐오감이 묻어나는 변호사들이다. 이들은 언제나 역대 국회의원 평균 15% 이상을 차지하고 있다. 21대에도 전체 의원 300명 가운데 15%가 넘는 46명의 변호사가 금배지를 달았다.

그러니 21대 국회는 거의 '개 싸움판'으로 끝을 맺어가고 있다. 정책은 없고 정쟁만하다보니 21대 국회가 한 일 가운데 딱히 기억나는 정책들이 있는가? 내 기억에는 '위장탈당', '꼼수탈당', '탈당후 무소속출마', '돈봉투 사건', '개딸정치' 등 거짓과 위선만 가득하다. 이들에게는 국가를 정상적으로 이끌어갈 생각은 조금도 없다. 오직 자당과 자신의 이익만 채우고 배불리는 이성 없는 짐승과 같아 보인다.

21대 국회의원 중에서 그래도 양심있는 의원을 한 사람 꼽으라면 거대양당과 군소당을 모두 합해 조정훈 한 사람은 올바른 목소리를 낸 것으로 기억된다. 그는 당의 우리(We)라는 '우리(Cage)'에 갇히지 않고 줄곧 홀로 자신의 정책을 입안하고 나아가 여야를 가리지 않고 쓴 소리를 쏟아내며 의정활동을 한 유일한 사람이다.

물론 조정훈 의원이 변호사일리가 없다. 조정훈 의원은 연세대학에서 경영학을 전공하고 하버드 대학 케네디 스쿨에서 국제개발학을 전공한 전문성을 가진 인재다. 무엇보다 전문성을 가진 인재가 반듯하고 균형잡힌 사고까지 겸비한 사람이라면 국민의 지지를 받을 수밖에 없다.

이제 국민은 '민의를 제대로 대변하는 전문성을 갖춘 다양한 인재들'을 요구하고 있다. 그런데도 우리 국회는 언제나 싸움에 능한 변호사로 넘쳐난다. 이들의 전문성이란 게 고작 법률지식이 한껏이다. 그리고 부전공은 '개싸움'이 아닌가 싶다.

이번 4·10총선에서 부패한 법조인은 뽑지 말아야 한다. 이제 국회는 전문가들로 채워져야 한다. 상임위마다 합당한 전문가들이 포진해야 세계화 시대를 선도할 수 있다. 무엇보다 국익을 위해 서로 머리를 맞대고 토론하고 경쟁하고 협조하면서 다양한 정책을 입안해야 한다. 이를 위해 변호사출신 의원은 법사위 정도만 겨우 채울 수 있으면 충분하다.

깜냥이 안되는 인간들이 당선이 확실한 지역구 꿰차고 앉아 선수(選數)만 쌓아서 '당대표나 원내대표'를 해먹거나 '국회의장이나 부의장' 자리에 앉아서 위세를 부리고 있다. 이제 우리도 진짜 전문지식을 가진 전문가들이 각 지역구에서 심판을 받아 국가와 지역발전에 기여할 인재를 선택하는 시선을 가져야 한다.

문재인-이재명 비리만 외쳐도 '선거 이긴다!'

이제 문재인과 이재명이 갈 곳은 딱히 감옥뿐이다. 그러니 이번 '4·10총선'은 문재인과 그 수하들이 저지른 수많은 실정과 또 이재명 자신이 저지른 각종 범죄행위를 막기 위해 방탄정치에 목을 맨 그 비리들만 제대로 떠들어 알려도 쉽게 이길 수 있다.

문재인 정부가 퍼질러놓은 '똥(excrement)'을 치우느라 온 국민이 애를 먹고 있다. 예를 들면 '반국가정책' '한미동맹 파괴행위' '이적 및 간첩행위' '탈원전', '가계부채 폭증', '졸속 부동산정책', '졸속 부동산세법', '복지 표퓰리즘', '경제 양극화', '국가통계 조작', '반시장적 정책남발', '거품경제정책', '주도성장이론' 등 한결같이 북한을 이롭게 하거나 국민의 삶을 더 어렵게 만든 정책들이었다.

이처럼 문재인 정부가 5년 동안 이루다 헤아릴 수 없이 수많은 '실정(失政)'을 저질러서 지금 윤석열 정부가 핵폭탄을 맞았다는 표현이 나올 정도다. 문재인 정부 '졸속 부동산 세법' 때문에 회계사나 세무사까지도 이 법을 제대로 이해하기 힘들다고 한다. 오죽하면 직장인 중에는 문 정부 '**졸속 세법**'을 제대로 공부해서 세금 아끼는 게 직당 다니는 것보다 낫다는 우스갯소리가 나왔을까.

특히 이재명은 사법리스크가 얼마나 급했으면 옥중정치라도 하려고 인재영입위원장을 인재위원장으로 이름을 바꿔가며 공천을 독식하려고 하는 것일까. 한동훈 비대위가 문재인과 이재명의 막장드라마를 보고도 이번 총선이 '**사상 전쟁**'이라는 것을 알아차리지 못한다면 '멍청이'이거나 아니면 선거보다는 잿밥에 관심을 더 두고 있는 '**정치꾼**'이 분명하다.

◇ 더불어민주당 전 의원 김해영의 '간절한 호소!'

"이재명 대표님 이제 역사의 무대에서 내려와 주십시오."

'이제 더불어민주당 소속 의원들과 지지자들은 이재명이라는 희대의 사기꾼 정치지도자에게 휘둘리지 마십시오. 그리고 이재명 대표는 더 이상 당을 방패삼아 국회를 어지럽히고 난장판 치는 것을 멈추시오.'

따라서 이재명 대표는 일부 좌파 의원을 희생양으로 삼아서 민주당을 볼모로 나라를 어지럽히는 일을 중단해야 한다. 일말의 양심이라도 있다면 이제 이재명은 자신의 범죄 혐의에 대해서 진솔하게 소명해야 한다.

Part 3
악의 축 주사파 '국가 파괴범'

"

한평생

오직 남조선 해방에

목숨을 걸고 살아온 '주사파(NL)'는

김일성 주체사상 〈피바다 구원신앙〉을

맹목적으로 추종하며 대한민국을

좀먹고 파괴하는 '악惡의 축'

'종북 세력'이다.

"

—

"

'주사파'는

공산주의 '미학'으로

대민민국 문화와 예술을 왜곡한다!

국민을 미혹하는 북한 김일성 3대 세습

정권의 선전선동 도구로 악용하면서

한국인의 정신을 완전히

망가뜨렸다.

"

1. 김일성 주체사상은 〈피바다 구원 신앙〉

흉악무도한 빨갱이도 '인생관'이 있다!

김일성 사상을 말하는 **'주체사상'**을 한마디로 정의하면 중국의 모택동 사상〈민족주의+공산주의〉에다 **'기독교'**를 덧입힌 것이다. 이는 곧 모택동의 공산주의 사상에다 김일성 수령을 천지만물의 주재이신 예수님 자리에 올려놓은 것이 바로 **'주체사상'**의 골자다. 흔히 김일성 **영생교**(하버드대 종교학의 10대 종교)'라고도 부르는 '**주체사상**'의 핵심 내용은 "항일무장투쟁의 전설적인 영웅이자 민족의 해방자이고 만민을 평등하게 만들어 주는 위대한 지도자, 태양과 같은 김일성 수령님을 높이 받들자!"는 것이다.

공산주의자(**빨갱이**)도 사람을 바라보는 견해나 입장인 **'인생관'**이 있다. 하지만 공산주의 인생관은 살벌하다. 맑스-레닌니즘의 빨갱이 인생관은 "인간이란 계급투쟁의 피바다 속에서 몸부림치다 쓰러져 가는 존재다. 이 계급투쟁을 위해서는 최종 계급의 프롤레타리아트가 등장해 이 투쟁을 종식시킬 것이다. 따라서 프롤레타리아트의 계급투쟁에 복무하는 것이 인간의 보람이다"는 것이 바로 맑스-레닌주의의 **'인생관'**이다. 공산주의는 인간을 계급투쟁의 피바다 속에서 몸부림치다가 쓰러져가는 욕망의 계급적 동물이라고 규정한 것이다.

김일성 '**주체사상**'의 '**인생관**'도 같은 공사주의에 뿌리를 두고 있다. 하지만 훨씬 악마적이다. 이는 "호모 이렉투스가 80만 년 전에 조선반도에 들어와 조선반도 안에서 특별한 종(種)의 호모 사피엔스(현생인류)로 진화한다. 이 특별한 현생인류의 이름이 '**조선민족**'이다. '조선민족'에게 민족됨을 부여하고 사회정치적 생명을 부여한 분이 김일성 수령이다. 따라서 우리는 김일성 수령의 가르침과 노선에 복무함으로써 수령님께서 부여한 사회정치적 생명을 영원히 이어가는 것이 인간다운 삶을 사는 것이다." 이처럼 김일성 주체사상의 '**인생관**'은 영원한 사회정치적 생명을 가진다는 '**영생교**'의 교리를 바탕에 깔고 있다.

그러나 자유주의 시민정신을 가진 보수주의자들은 이들처럼 악마성을 띤 인생관에 대해서는 말하지 않는다. 자유시민의 '**인생관**'은 이미 기독교나 불교 등의 매우 고등한 종교에서 교리로 이야기를 하고 있다. 그리고 교회나 절 등의 종교단체 문밖에서는 심오한 도덕관으로 이미 인간의 길을 제시하고 있다.

보수주의적 가치관에 기반한 자유민주주의 시민정신을 가진 사람들이 고등 종교를 통해 습득한 인생관은 그 차원이 다르다. 이들에게는 '인간이 근본적으로 지켜야 할 핵심가치가 무엇이냐'라는 것에 인생관의 근간을 두고 있다. 쉽게 말해 '인간의 도리가 무엇이냐'라는 것이다. 따라서 현대사회 자유민주주의 시민정신은 '**개인의 존엄성**'과 '**세계의 진실**'을 이해하고 존중하는 것이다. 그리고 이것이 곧 현대 자유민주주의사회를 살아가는 시민들의 '인생관'이다.

주체사상 빠는 '주사파' 핥는 우민(愚民)!

지금 대한민국은 '피바다 구원관'을 주장하는 김일성 주체사상을 맹목적으로 빨고 있는 간악한 주사파 무리 때문에 '정치 · 경제 · 사회 · 문화 · 교육' 전반이 망가져 있다. 그런데도 이 중차대한 문제를 어떻게 해결할 것인가? 또 이 문제를 누가 제대로 비평할 것인가에 대해서 우리는 아무도 사회의 진실을 이야기하려 하지 않는다. 부끄럽지만 한국 지식인들이 이 문제를 가지고 나서서 해결의 실마리를 풀어낼 사람은 거의 없다. 부족하지만 내가 〈판검사가 망친 대한민국〉이란 법조계를 비롯해 이 문제해결의 단초를 제공하기로 결심한 것이다.

지난 2019년에 우리 기성세대가 부끄러워해야 할 교육문제가 발생했다. 이는 서울 관악구 봉천동 인헌동의 인헌고등학교에서 정치적 편향성을 가진 주사파 전교조 정치교사들이 문재인 정부를 옹호하는 어용성 문제를 가지고 학생들에게 특정 이념이나 사상을 강요한 것이다. 학생들이 이에 반발하거나 비판적이면 그런 학생을 교실 안에서 인격적으로 말살하려고 시도하자, 학생들이 집단적으로 일어나 수업을 거부하면서 사회적 파장이 크게 일어난 사건이다.

당시 조국 사태와 얽혀 사회적 문제로 확대되자 고등학생들이 자습을 거부하고 집으로 돌아오는 경향이 있었다. 학부모들이 '너 왜 공부 안 하고 일찍 집으로 오느냐'고 물으면, 아이들이 답하기를 "우리 아빠는 조국이 아니고, 엄마는 정경심이 아니잖아? 그런데 내가 왜 자습을 해야 해? 공부해야 아무 소용이 없는데!"라며 각종 입시 비리로 얼룩진 조국 가정을 한껏 조롱한 것이다.

대한민국 수도 한복판에서 교육 환경과 사정이 이렇게 망가졌는데도, 우리 지식인 사회는 입을 닫았다. 게다가 우파 국민의 민의를 대표하는 국민의힘 의원들도 진정성이 부족해 그들을 끌어안지 못했다. 국민의힘이 이를 외면한 것은 금배지에 눈이 먼 양아치 같은 정치꾼의 한심한 작태를 보여준 것이나 다름없다. 하지만 피해를 본 당사자인 학부모들이 전면에 나서 정치 편향성을 가진 주사파 전교조의 파렴치함을 비난하면서 비판의 목소리를 높였던 것이다.

앞서 지난 2017년 박근혜 대통령의 탄핵문제도 마찬가지였다. 이미 '사기 탄핵'이라는 게 만천하에 너무도 명확하게 드러났다. 그런데도 국민의힘 의원은 누구 단 한 사람도 이 문제를 제기하지 않고 있다. 박근혜 전 대통령은 4년 7개월 만에 풀려났다. 하지만 아직도 많은 고위공직자들은 거짓탄핵, 사기탄핵의 억울한 누명을 뒤집어쓰고 감옥에 갇혀있다.

이들보다 더 가슴이 아픈 사람들은 '**부당한 적폐**'에 내몰려 억울함을 참지 못하고 분연히 죽음으로 거짓에 항거한 분들이다. 특히 이재수 사령관 가족의 아픔과 슬픔은 어떻게 감당할 것인가? 그러나 무도덕한 국민의힘 정치꾼들은 저들이야 감옥에서 썩든 말든 '**탄핵 묻고 가자**'고 떠들어대고 있다. 그래서 탄핵을 주도한 유성민 · 김무성과 '**탄핵파 62적**'을 인간쓰레 기라고 말하는 것이다.

◇ 탄핵 묻고 가자는 '탄핵파 62적' 너희가 인간인가?

박근혜 사기 탄핵은 억울하게 죄를 받은 박근혜 대통령과 감옥에 있는 분들에 대한 탄핵만이 아니었다. 무엇보다 불법 사기탄핵은 자유민주주 의 대한민국의 헌정질서에 대한 탄핵이다. 그리고 자유시민 개개인에 대 한 탄핵인 것이다. 우리 우파 국민 모두가 북한의 지령을 받은 종북 주사파 세력이 조종한 촛불 난동의 피해자들이다. 마구잡이식 적폐몰이로 탄핵 이후 다수 국민의 삶과 행동 양식이 얼마나 피폐해졌는가.

그런데도 이 파렴치한 사기불법 탄핵을 묻고 가자는 자들이 과연 인간 인지 묻고 싶다. 오직 개인의 안녕과 영달을 위해 헌정질서 유린도, 자유민 주주의 파괴도, 자유시민의 인권도 모두 도외시하는 '**탄핵파 62적**'은 촛불 난동을 부린 극좌파 폭도들보다 더한 인간쓰레기가 아닌가. 이 쓰레기 같 은 인간들이 극좌 폭력집단인 주사파 '**아가리**'에 정권을 그저 송두리째 넣 어준 것이다. 그로 인해 대한민국은 '**입법, 사법, 행정은 물론 국방, 교육, 경제, 사회, 문화 예술, 언론**'까지 모두 주사파가 장악하게 된 것이다.

종북 주사파가 주도한 불법 사기탄핵의 덕택으로 대통령이 된 문재인 이 다스린 대한민국은 불과 5년 만에 국정 전반이 '**만신창이**'가 돼버렸다. 국방이 무너지고, 세계 최고 기술수준을 자랑하던 멀쩡한 원전을 폐쇄하 고 그 기술을 주적인 북한이나 공산주의 중국으로 몰래 넘긴 정황이 속속 드러났다. 또 막무가내 식 퍼주기 포퓰리즘 정책으로 나라 곳간이 텅텅 비어버렸다. 국가재정은 빚더미에 앉았다.

특히 문재인 정부의 김명수 사법부는 문재인의 오랜 절친인 범죄자 송철호와 그 일당들의 처벌을 미루고 또 미루어 임기를 채우게 하고, 나라 방방곡곡을 간첩들이 마치 제집 안마당처럼 뛰놀게 놔두고, 코로나 빌미로 교회를 폐쇄하고, 김정은이 좋아할 종전선언을 위해 세계무대를 쫓아다니며 읍소하고, 중대한 국가기밀이 담긴 USB를 적국의 우두머리 김정은에게 넘겨주었다.

문재인은 그것도 모자라고 국가 통계조작으로 국정을 농단하고, 해수부 공무원의 죽음을 월북으로 몰고, 배고파 탈북한 어민들에 대한 사전조사도 없이 강제북송한 문재인 정부의 파렴치함을 다 열거하기도 숨이 벅차다.

진정성 없는 반공이 '주사파 나라 만들었다!'

한국전쟁이 일어난 해가 벌써 74년이 지나고 있다. 6·25 전쟁에 참여해 직접 공산주의와 싸우면서 경험한 분들은 이제 거의 세상을 떠났다. 그나마 전쟁에 직접 참여하지 않고 소년시절에 피란 등 참혹함을 경험한 어르신들마저도 대개 팔순이 넘었다. 지금 이 시대 우리는 대부분 전쟁을 직접 경험하지 않고 막연히 어른들의 말씀으로 구전된 기억에 의존하여 반공을 말하고 있다.

◇ 경험은 없지만 '나는 공산당이 싫어요!'

우리는 구전에 의한 공산주의자들의 패역함을 경험이 아닌 관념으로만 알고 있다. 그런 반공은 진정성이 없다. 진정성이 없는 반공은 힘이 없다. 특히 한국전쟁을 배후에서 조종하고 이끈 종주국이 바로 소련과 중국 공산당이다. 소련은 이미 한 세대가 지난 1991년에 해체의 길을 걸었다. 소련 위성국가인 동구권은 앞서 89년에 망했다. 중국은 1990년대 들어 미국 금융자본 및 산업자본의 각광을 받아 30년가량 급성장을 이룩했다. 우리는 중국의 최고 교역국가가 됐다. 물론 지금 중국은 다시 내리막길을 걷고 있다.

하지만 우리와 중국은 지난 1992년 8월 24일 대한민국과 중화인민공화국이 수교하면서 이념이 전혀 다른 두 체제가 공동 번영하는 꼴이 된 것이다. 그때 **반공을 다르게 해석하는 지식인층의 깊은 고민과 성찰이 있어야 했다.** 그렇다면 그 반공에는 무엇이 들어 있느냐는 것이 '**핵심의제(key agenda)**'가 될 수 있다. 다시 말해 반공에는 반전체주의가 들어 있다. 우리가 공산주의를 경험하지 않고도 왜 공산주의가 싫으냐? 이들이 신봉하는 전체주의 이념 때문이다. 전체주의사회는 우선 개인의 삶과 자유가 없고, 개인의 독립이 없다.

중국과 수교하면서 국가를 이끈 지식인과 국가 지도층 인사들 중에서도, 특히 국가이념을 주도하는 지도급 인사는 '우리는 왜 공산주의는 안 되는지'에 대한 분명한 답을 내놔야 했다. 특히 중국처럼 변형된 공산주의조차도 안되는 이유가 무엇인가를 설명해야 했다. 이에 대한 답은 공산주안에는 **'개인'**이 없다. 공산주의는 전체주의이기 때문이다. 특히 우리가 구가해온 **'자유**(freedom)'는 '**개인의 존엄성**'과 '**세계의 진실**'을 존중하지 않으면 성립될 수 없는 것이다.

지금 중국 정부를 보라! 우한 폐렴을 가지고 정말 뻔뻔스럽게도 거짓말을 잘하는 저들을 보고도 모르나? 공산주의는 '개인의 존엄성'과 '자유'가 존재할 공간이 없다. 내 자신이 '개인의 존엄성'과 '자유', 그리고 '세계의 진실'에 대한 존중심을 나의 생명처럼 귀히 여기고 지켜야 한다. 우리 대한민국의 자유민주주의 국민은 공산주의나 변형된 중국과 같은 사회주의 체제와는 하나가 될 수 없다. 무엇보다 대만의 자유민주주의 민진당 승리를 보면 그 안에 답이 있다.

◇ 빨갱이 '너는 너인 존재가 되어라'

물론 우리 대한민국 국민도 불과 반세기 전인 70~80년대까지는 개인이나 개인주의자는 나쁘게 이해되는 시절이었다. 나는 개인이고, 나는 개인주의자라고 말하면 정말 버릇없고 사가지 없는 인간이 되어 버린다. 그러나 개인주의자란 나의 독립성, 나의 실존적 고독, 사람은 결국 혼자 산다는 것을 함의하고 있다. 결국 인간은 **절대고독 속으로 홀로 걸어가는 외로운 존재다.** 혼자 나서 혼자 죽는 외로운 존재, 이것이 진실한 개인의 모습인 것이다. 따라서 나의 영혼 또는 영성은 이런 것을 중심으로 그 속에 나라는 존재인 **'내'**가 있다.

그리고 독립적인 나를 인정할 때, 또 그것을 발견할 때, 누가 뭐라고 해도 내가 진실이라고 엄밀하게 따지려고 노력하는 것이다. 그리고 내가 진실이라고 생각하면 과감하게 치고나갈 수 있을 때 비로소 내가 나다워지게 된다. 따라서 **개인주의의 핵심가치는 내가 나다운 존재가 되는 것이다.** 니체가 한 말이 있다. **"너인 존재가 되어라(Become what you are.)"** 이와 같은 진실존중을 모르는 나는 진정한 나가 아니고, 언제나 거짓으로 살아가는 짝퉁 나일뿐이다.

◇ 인간은 진실 존중으로 '자유와 개인 존엄에 도달'

왜냐하면 인간이란 진실존중을 통해서만 개인존엄과 자유에 도달할 수 있기 때문이다. 따라서 진정한 자유란 진실존중의 자유, 진실존중에 의한 자유, 진실존중을 위한 자유밖에는 없다. 이것이야말로 진정한 자유를 누리는 길인 것이다. 이밖에는 자유를 누리는 길은 달리 존재할 수가 없다.

내가 진실을 존중하고, 개인의 존엄함을 이해하고, 실천할 때 비로소 나는 나다운 존재가 된다. 진실이라는 것은 과정이기 때문에 내가 보는 진실과 타인이 보는 진실이 꼭 같을 수는 없다. 조금이라도 다를 수밖에 없다. 따라서 진실이란 보다 나은 진실로 나아가는 과정인 것이다. 세상은 다면적이고 다층적이다. 무수히 많은 경험, 무수히 많은 감각이 계속이어지고, 그 가운데서도 계속해서 현실은 변화하고 있다. 그래서 개인은 계속해서 이런 현실을 따라서 보다 진실된 것을 찾아 나아가는 어쩌면 상당히 외로운 존재다.

물리세계를 이해한다면, 뉴턴의 고전역학이 나오기 이전과 이후는 이후가 보다 진실된 세상이다. 또 아인슈타인이 나타나면서 상대성 이론이 보다 진실된 것이다. 그리고 닐스 보어 이어 양자역학이 성립되면서 양자 세계가 더욱 진실된 세계인 것처럼 인간은 보다 진실한 세계를 향해 끊임 없이 진보해 나가는 것이다. 진실이란 이러한 과정을 두려워하지 않고, 오 히려 그런 파도를 타는 것을 즐거워할 때 비로소 내가 나다운 존재가 된다. 이게 개인주의의 덕목이고, 원칙이고 가치관인 것이다.

주사파는 '평생 나다운 존재가 된 적 없다!'

◇ 주사파 '이념으로 복제된 불쌍한 영혼'

북한 정권을 추앙하면서 맹종해온 문재인과 이석기, 임종석, 이재명과 같은 종북 주사파에게 진실존중마인드가 있을까? 조금도 없다. 공산주의 를 맹종하면서 살아온 이들에게 진실존중마인드가 성립될 공간이 없기 때문이다. 한마디로 이들은 평생 인생을 짝퉁으로 헛된 삶을 살아온 것이 다. **주사파는 평생 동안 나다운 존재가 돼본 적이 없다. 무엇보다 그런 순간이 뭔지도 전혀 모르고 살아온 불쌍한 이념의 노예들이다.**

이들 주사파는 꽃같은 청춘의 나이 20대에 '백두산 줄기줄기 김일성 수 령님의 정신'을 이어받아 '미제를 몰아내고 수령님이 건설한 천국(지옥)에 서 길이길이 잘 살아보세' 라고 김일성 삼대세습을 추앙하며 맹종해온 자 들이다. 자기 본래 영혼을 백두 성산에 박아두고 결혼해서 아이 낳고 사회 생활하면서 딴은 출세했다면서 버젓이 나돌아 다니다 나이가 이미 '50,

60, 70이 되어버린 천박하기 그지없는 존재'들이다. 한 마디로 가엾기 짝이 없는 이념으로 복제된 불쌍한 영혼들이 아닐 수 없다.

◇ 입으로만 외치는 짝퉁 반공은 '빨갱이 노리개'

대한민국이 중국과 교류하며 반공에 대한 새로운 인식이 있어야 했다. 우리는 근 30년 동안 전체주의사회 중국과 교류하면서 중국에 빨대를 꽂고 살았다. 반공에 대한 새로운 인식이 없이 '빨갱이는 싫어!', '공산당은 싫어!'라는 막연한 반대가 오늘과 같은 엄청난 이념적 시련을 불러온 것이다. 반공은 우리 선배 세대의 경험이지 우리의 경험은 아니다. 그야말로 선배 세대의 반공은 즉자즉 반공이었다. 저 흉악무도한 놈들이 우리를 죽이고 먹으려고 내려오니까 총칼을 들고 나가서 막았다. 모두 직접 자기 목숨을 걸고 자기를 지켰던 분들이다.

그런 선배세대의 살아 있는 직접 경험과 구전으로 가져온 관념적인 반공의 경험이 서로 다를 수밖에 없다. 그분들은 공산당의 패악질을 두 눈으로 똑똑히 목격하며 목숨을 걸고 싸우지 않을 수 없었다. 빨갱이 노예가 되는 것보다는 싸우다 죽는 것이 훨씬 더 낫다는 생생한 경험이 있었다. 하지만 우리는 어떤가? 우리는 철학적 통찰력도, 진정성도 없이 입으로만 되뇌는 반공은 결국 짝퉁 반공이 되고, 쉽게 주사파의 먹잇감이 되고, 노리개가 되고 만 것이다.

◇ 간첩이 점령하여 다스리는 '대한민국'

지금 이 나라 대한민국의 대다수 국민들은 간첩들이 나라를 점령하여 다스리고 있는데도 이런 사실을 전혀 깨닫지 못하고 있다. 입으로만 공산당이 싫다고 말하니까 주사파 거짓 선동선전에 너무나도 쉽게 놀아나고 있는 것이다. 심지어 우리 주변에서는 철저한 반공교육을 받으면서 군대를 다녀온 60~70대 노인들 중에서도 주사파 문재인과 이재명을 지지하는 사람들이 수없이 많다.

나는 빨갱이 싫어, 공산당이 싫어. 이는 빨갱이를 경험하거나 본적도 없는 사람들이 입으로만 빨갱이를 싫다고 말하는 것이다. 이처럼 진짜 빨갱이 사고방식과 사상적 훈련과정이나 행태를 전혀 이해하지 못하는 사람들이 입으로만 반공을 외치다보니 자연 짝퉁 반공일 수밖에 없다. 그래서 우리가 지금 저 무도한 빨갱이 주사파 손아귀에서 놀아나고 있다는 것조차 모르고 있는 것이다.

주사파는 오직 남조선 해방을 위해 6·25 이후 줄곧 74년간 김일성-김정일-김정은 3대 세습을 이어오면서 끈질기게 거짓과 선동선전으로 이 나라 대한민국을 좀먹어왔다. 이제 북조선의 남한 접수가 목전에 다가와 있다. 대한민국을 살리고 후손들이 번영한 한반도 통일국가에서 살도록 하기 위해서는 오는 '4·10총선'에서 파렴치한 더불어민주당을 압도적으로 이겨야 한다. 이를 위해 모든 국민은 전광훈 목사님을 따라야 대한민국을 지킬 수 있다. 전광훈 목사님이 이 나라 대한민국 거덜내는 문재인을 하야시키기 위해 순교정신으로 목숨을 건 투쟁에 나선 것이다. 지금은 싫든 좋든 하나로 뭉쳐야한다.

2. 공산주의 미학으로 '왜곡한 문화예술'

종북 주사파가 장악한 '대한민국 문화예술'

◇ 공산주의철학(communist philosophy)

'**공산주의**(communism)'는 원래 철학이 아니다. 문자 그대로 격이 낮은 '**이념**(ideology)'이나 '**사상**(thoughts)'에 불과하다. 그런데도 공산주의철학이라고 부르는 것은 공산주의 사상가들이 공산주의를 억지로 철학의 지위에 올려놓았기 때문이다. 그래서 공산주의는 철학조차도 '서양철학'을 흉내낸 '짝퉁'이다. 서양철학을 흉내내다보니 마치 철학인 것처럼 항상 삼위일체를 흉내내고 있는 것이다.

서양철학이 '**형이상학-인식론-윤리학**'이라는 구조로 딱 짜여있듯이, 공산주의 사상가들이 꿰맞춘 짝퉁 공산주의철학도 이를 '**공산주의 도덕철학-공산주의 정치철학-공산주의 미학**'이라는 일종의 삼위일체의 구조를 이루고 있다. 이는 주의나 사상에 불과한 허접한 공산주의를 철학의 위치에 올려놓기 위한 위장술에 불과한 철학적 구조를 억지로 만들어 낸 것이다.

왜냐하면 공산주의사상가들이 만들어낸 이들 3가지 요소는 각각 보는 방향과 시각에 따라 달리보일 뿐, 본질적으로는 서로 같은 의미를 내포하고 있다. 즉, 이렇게 보면 '도덕철학'으로, 저렇게 보면 '정치철학'으로, 또 다른 시각으로 보면 '미학'으로 드러나기 때문이다. 그러므로 공산주의철학도 일종의 삼위일체의 모습을 가지고 있다. 하지만 기존 서양철학이라는 의미에서 본다면 이는 분명히 가짜 철학이다.

특히 무도하기 짝이 없는 것은 공산주의 도덕철학이다. 도덕철학은 **"인간이란 어떤 존재인가? 삶이란 어떤 프로세스(과정)냐?"**하는 화두, 즉 명제를 담고 있다. 이를테면 어떤 사람이 "인간은 연쇄살인범기질이 있는데, 그게 인간의 본질적 특성이다. 따라서 연쇄살인범이야말로 가장 인간적이야"라고 말한다면 매우 극악무도하고 비도적적인 말이 된다.

하지만 이런 명제가 비록 엄청난 비난을 받을 수 있을지라도 **'공산주의 도덕철학적'**의 관점에서는 의미있는 명제가 될 수 있다. 공산주의 도덕철학은 인간이 어떤 존재이고 그 삶이 어떤 프로세스이냐에 대한 질문을 담고 있는 명제일 뿐이다. 도덕철학은 그것 자체가 반드시 도덕적일 필요성은 없기 때문이다.

◇ 공산주의철학은 '서양철학 흉내 낸 짝퉁!'

무엇보다 공산주의철학은 '도덕(형이상학)-정치(인식론)-미학(윤리학)'이라는 서양철학을 그대로 흉내내고 있는 짝퉁이다.

공산주의철학의 인간관은 **"인간은 계급투쟁의 피바다 속에서 몸부림치다**

스러져가는 욕망의 동물이다." 이게 바로 공산주의 인간관이자 도덕철학이다(**형이상학**). 또한 공산주의 도덕철학에서 나오는 정치사회사상은 "이제 계급투쟁을 종식시킬 최종계급인 **프롤레타리아트**가 등장했다. 프롤레타리아트의 계급투쟁은 최종적 계급투쟁이다(**인식론**). 프롤레타리아트 계급투쟁이 필연적으로 승리한다는 것은 과학법칙으로 증명된다(**윤리학**)."

따라서 공산주의철학의 '**미학**'은 "노동자가 계급의식에 눈을 떠서 계급투쟁에 참여하는 것이다. 지식인이 계급투쟁의 과학성에 눈을 떠서 프롤레타리아트를 섬기는 것이 바로 지극한 아름다움이자 공산주의철학의 '미학'이다." 서양철학의 윤리학을 흉내낸 공산주의철학의 미학은 계급의식에 눈을 뜬 프롤레타리아트가 어떻게 행동할 것인가에 방점을 두고 있다.

공산주의철학은 이러한 악랄하고도 극악무도한 인간에 대한 관점을 가지고 있기 때문에 깃발이 핏빛, 즉 붉은 색깔이다. "**인간은 계급투쟁의 피바다 속에서 몸부림치다 스러져가는 욕망의 동물이고, 그 궁극적 피바다를 건너면 인간을 구원하는 국가(공산-사회주의)를 만들 수 있다**"는 것이 공산주의철학의 기본 관점이자 콘셉트다. 공산주의철학은 이런 관점을 바탕으로 대한민국의 문학, 영화, 연극 등의 문화예술계를 장악하고 있다.

공산주의철학 관점으로 완성한 '미학 작품!'

◇ 작품 1. 막심 고리키 〈어머니〉

공산주의미학의 관점으로 문학활동을 한 공산주의 문학의 아버지(代

父)로 불리는 사람이 '**막심 고리키**'이다. 공산주의 문학의 최고봉인 『**어머니**』에는 아들도 어머니도 무식한 노동자다. 아들은 파벨 블라소브(Pavel Vlasov), 어머니는 닐로브나(Nilovna)가 작품의 주인공으로 등장한다. 처음에 아들이 방탕한 술주정뱅이였다. 그런데 그가 공산주의자들을 만나서 '**혁명의식화**'를 통해 갱생된다.

술주정뱅이 아들 파벨 블라소브가 혁명의식화 한 뒤 당당한 인격을 갖추고서 공산주의 노동운동을 펼치는 그 투쟁과정을 바라보면서 어머니도 역시 혁명 의식화된다. 처음에 글을 모르던 어머니가 아들의 영향을 받아 글을 깨우치고 공산주의 팸플릿을 읽을 정도로 계명해진다. 그래서 아들의 활동에 동감을 하고 아들을 지원하는 것을 통해서 전혀 격이 다른 어머니로 거듭나게 된다.

고리키의 소설은 얼핏 보면 꽝장히 감동적으로 그려져 있다. 책의 마지막 문장이 압권이다. 아들이 재판을 받는데, 어머니가 새판장에서 법정투쟁을 벌인다. 경찰에 떠밀려 나가면서 검사와 경찰을 향해 "**너희가 인간을 아느냐? 네! 버러지 같은 (불쌍한) 놈들아**! You! poor creatures!"란 마지막 멘트를 던진다.

이처럼 공산주의 미학은 노동자가 계급투쟁을 통해 대오각성해서 계급투쟁에 나서는 것을 아름답다고 말하는 것이다. 즉 피바다 속으로 뛰어 들어가는 것이 아름다움, 즉 미학이다. 또한 지식인이 프롤레타리아트의 위대함을 인지하고 그 프롤레타리아트를 섬기며 당에 충성을 하는 전사로서 태어나는 것을 '**아름답다**'라고 말한다.

이런 구조로 딱 짜인 것이 공산주의철학의 미학이다. 공산주의 문학작품이나 영화, 연극은 한결같이 모두 이러한 맥락의 흐름을 갖추고 있다. 공산주의미학이 바로 북한으로 들어가서 『피바다』, 『꽃 파는 처녀』 등과 같은 문학작품으로 거듭나면서 북한 김일성 주체사상의 미학이 완성된 것이다. 북한 문학작품의 대표로 알려진 이 두 작품도 허접한 공산주의미학으로 만들어진 것이다.

◇ 작품 2. 베르톨트 브레히트 『억척 어멈』

이와 유사한 독일 공산주의철학의 미학을 담은 작품이 베르톨트 브레히트의 작품 『억척 어멈과 그 아이들(Mother Courage and children)』이 대표적이다. 2남 1여를 둔 어머니가로 큰 아들은 양민학살과 소 도둑질로, 작은 아들은 횡령죄로 총살당하고 딸은 군인들한테 강간을 당한다. 나중에 딸이 가톨릭 군대가 개신교 진지를 진격하는 것을 알리는 북을 치다가 적군 (가톨릭 군대)의 총에 사살 당하는 끔찍한 내용을 담은 작품이다.

이는 〈30년 전쟁: 종교전쟁〉이란 가톨릭과 개신교 사이의 전쟁으로 흔히 농민반란이라고도 한다. 이 전쟁은 1618~1648년 독일을 실제 무대로 신교와 구교 간에 벌어진 종교전쟁을 말한다. 그런 와중에 억척 어멈은 슬픔을 느끼고 인생의 좌절을 맛보지만 자기 하루하루의 일상에 빠져서 그런 끔찍한 사건을 겪고 나서도 계속해서 군대를 따라다니면서 함바집을 운영한다.

이 소설이 던지는 명제는 뭐냐? 인생은(세상은) 어차피 무의미한 피바다다. 너 혼자 아무리 억척스럽고 성실한 생활인으로 살아간다고 해도 결국 너는 비극 속에서 짓밟히는 가련한 벌레와 같은 존재일 뿐이다. 네가 할 수 있는 일은 궁극적 피바다를 종식시킬 수 있는 프롤레타리아트 혁명에 투신하는 것이다.

이 악랄한 공산주의미학을 담은 『**억척 어멈**』은 한국에서도 엄청나게 많이 연극무대에 올랐다. 이 연극은 굉장히 심각한 공산주의 **혁명메시지**를 담고 있는 공산주의미학으로 엮은 작품 중에서도 가장 완성도 높은 것으로 인정받고 있다. "**인간이 사는 세상은 무의미한 피바다일 뿐이다.**"라는 것이 『**억척 어멈**』의 핵심 메시지다.

자 봐라! 저 억척어멈이 생활인으로서의 욕망의 늪에서 아들 둘 딸 하나를 데리고 살려고 안간힘을 쓰며 허위적거린들 아들 둘은 차례로 총살당하고, 딸은 군인들의 성폭력(강간)에도 불구하고 아군을 돕기 위해 적의 침공을 알리는 북을 치다가 결국 적군 총탄에 스러져가는 기구한 비극 가운데서도 어멈은 일상의 생활 범주에 따라 또 비참하게 포장마차 리어카 함바집을 이끌고 다니다 죽는 이런 인생이 너와 뭐가 다른가?

이런 질문을 우리 모두에게 던진다. 그러니 너희는 좀 의미있는 일을 하지 않을래? 이 무의미한 인생을 작살내는 궁극적이고 최종적 피바다를 만드는 것이 바로 가장 의미 있는 일이 아니냐는 것이다. 참으로 무시무시한 공산주의 계급투쟁을 담고 있다. 이는 아주 '**악질적인 작품**'이다. 그리고 이를 통해 한 인간이 자기 인생의 궁극적인 목표를 다하고 죽는 것을 그린 작품이다.

이러한 유형의 소설이나 연극을 보고나면 그저 가슴이 먹먹하고 우울해지면서 인생이 아무런 의미가 없어지고 매우 비참하다는 것을 느끼게 된다. 이 같은 공산주의 혁명의 미학은 인간을 아주 밑바닥으로 처박아 놓고 거기서부터 유혹의 손길을 내밀기 시작한다. 우리도 젊은이들도 어렵고 힘들 때 이런 악마적 유혹의 손길에 감쪽같이 속아 넘어가고 있는 것이다.

그 손길은 바로 "그 무의미한 일상에서 너희가 벗어날 수 있는 길은 프롤레타리아트 계급혁명에 복무하는 것이다"는 메시지를 던지는 악마의 작품이 아닐 수 없다. 이렇게 짝퉁으로 시작한 공산주의미학을 흉내낸 것이 북한 김일성 집단이다. 그리고 남한의 주사파들이 북한의 지령이나 이들에 부역하기 위해 만든 대부분 연극 및 영화 등 문화예술 전반이 공산주의미학으로 그려내고 있다.

주사파 빨갱이 영화는 '젊은층 표 도둑!'

◇ 기독교 사상만 '주사파 선동 잠재울 수 있다!'

슬프게도 지금 대한민국은 좌파들이 '공산주의 미학'으로 문화예술계를 장악하고 있다. 남한의 종북 주사파는 영화비평 및 연극비평, 미술비평, 문학비평, 음악비평 등을 할 수 있는 사상적 체계를 고루 갖추고 있다.

그런 사상체계는 단순하지가 않다. 소설비평이나 창작론이 나오려면 무엇보다 사상체계가 굉장히 깊게 갖추어져 있어야 하며, 결국 미학의 영역에까지 그 선이 닿아야 가능해진다. 더 나아가 역사해석의 영역에까지 접근해야 한다. 즉 심오한 역사해석, 문명해석이 뒷받침하는 나름의 역사 의식과 올바른 역사인식을 갖추어야 비로소 사상체계가 형성될 수 있다.

그런데 문제는 우파는 '**도덕철학**'을 말하지 않는다. 왜냐하면 우파가 지향하는 보수는 도덕철학처럼 이야기하고 규정하는 순간, 근 본래 가치를 잃어버리게 된다. 무엇보다 남한의 우파는 보수를 운운할 능력이 없다.

보수는 도덕철학에 대한 도식적 해답을 제공하기를 거부하기 때문에 공산주의의 힘의 원천인 '**도덕철학, 정치철학, 미학**'의 삼위일체 따위가 없다. 따라서 보수는 공산주의처럼 가슴이 뛰고, 피가 거꾸로 치솟게 하는 역동적 언어로 어리석은 인간을 유혹하거나 미혹하지 않는다.

게다가 남한의 우파에게는 역량이 있는 지성집단이 형성돼 있지 않아 공산주의 미학에 대응할 엄두조차 내지 못한다. 하나의 지성집단이 형성되기 까지는 언어체계, 사상체계, 관념체계, 상징체계가 존재해야한다. 역량이 있는 지성집단은 이와 같은 언어와 사상과 관념이 없으면 만들어지기 어렵기 때문이다.

특히 좌파는 대학생 때부터 의식화를 통해 문화예술 분야를 두루 섭렵한다. 이는 재능 있는 인재를 발굴하기 위해서다. 좌파진영의 영화인 중에는 매우 탁월한 재능을 가진 인간들이 많다. 그들이 만든 영화는 기발하고 재치가 넘친다.

그러므로 이 나라 대한민국 사회를 이끌어 갈 수 있는 자유 우파 리더십이 길러지려면 먼저 이를 뒷받침하는 깊은 사상체계가 있어야 한다. 그런 사상체계는 남한의 우파에게는 '**기독교사상**'밖에 없다. 기독교가 유일한 희망이다.

이제 1천700만 세례 교인으로 성장한 한국교회가 뭉친다면 기독교사상으로 체계를 갖춰 좌파들이 생산하는 재기발랄한 영화나 문화비평, 미술비평, 음악비평은 물론 안토니오 그람시로 인해 오염된 전교조 등 빨갱이들의 모든 거짓 선동선전 문화예술을 꺾을 수 있다. 1천 700만 세례교인이 뭉쳐야 할 이유다.

봉준호 〈기생충〉 공산주의미학으로 만든 '짝퉁!'

대한민국은 좌익세력이 문화예술계를 좌지우지하고 있다. 2019년 5월 30일 개봉한 봉준호의 〈기생충〉이 아카데미상 수상이라는 쾌거를 이룩했다. 하지만 실제로 그 내면을 자세히 들여다보면 심각하기 이를 데 없는 짝퉁 작품이다.

이런 주사파의 움직임과 작품 내용을 올바로 이해하면 이는 쾌거라기보다는 오히려 대한민국을 공산사회주의화하는 데 부역하는 선동 '**작품**'이라는 것을 알 수 있다. 청와대는 2020년 2월 20일 봉준호를 초청해 오찬을 했다. 청와대 식당 전문가가 준비한 메뉴 외에 김정숙이 봉 감독과 동료에게 헌정하는 '짜파구리(너구리라면+짜파게티)'까지 준비하면서 극진히 대접했다.

〈그날 청와대가 배우들을 불러 먹고 마시고 웃고 떠드는 동안 중국발 코로나는 확진자 100명을 돌파하면서 첫 사망자가 나와 국민은 공포와 충격에 휩싸여 있었다.〉

◇ 봉준호 작품 〈기생충〉 줄거리는 '피바다 복수극'

줄거리는 이렇다. "기택네는 반지하에 사는 전원 백수 가족이다. 옆집 와이파이를 훔쳐 쓰고, 동네 피자집 박스 접기 아르바이트로 근근이 생활한다. 장남 기우는 명문대생 친구 민혁과 만나 재물운을 가져다준다는 비싼 수석을 선물받고 술자리를 함께한다. 민혁은 세계적인 IT기업 CEO인 박 사장의 딸 다혜의 영어 과외선생이었다. 그러나 교환 학생으로 유학을 가게 되었고, 기우에게 자신을 대신해 새 과외 선생으로 소개시켜 주겠다는 제안을 한다.

동생 기정의 도움으로 명문대생으로 위장한 채 박 사장의 집에 입성한 기우는 첫 수업을 무사히 마치고, 박 사장의 아내 연교와 이야기를 나눈다. 그 과정에서 기우는 박 사장네 막내인 다송의 그림 선생이 여러 번 바뀌었다는 사실을 알게 되고, 동생 기정을 다송의 새로운 그림 과외 선생으로 소개한다. 기정은 인터넷에서 읽은 미술 치료에 대한 지식으로, 다송이 초등학교 1학년 때 집에서 본 귀신으로 트라우마를 앓고 있다는 사실을 맞춰 연교의 신뢰를 얻는다.

박 사장의 승용차를 얻어 타고 집에 돌아가던 기정은 윤 기사의 호의를 뿌리치다 차에 팬티를 벗어 놓아둔다. 박 사장이 이를 발견하고 윤 기사가 자신의 차에서 엄한 짓을 벌였다고 지레짐작한다. 그리고 그를 해고하고 기정은 연교에게 기택을 새 운전기사로 추천한다. 세 사람은 가사도우미인 문광의 복숭아 알레르기를 이용해 연교가 문광이 결핵을 앓고 있다고 믿게 만든 후 내친김에 문광마저 집에서 떠나게 만든다. 기택은 박 사장에게 가짜 중개업체를 소개시켜 주고 연교는 기택의 부인 충숙까지 가사도우미로 고용하면서 한 가족 네 사람이 부잣집을 도륙 낸다. (중략)"

그 내막을 좀 더 깊이 들여다보면 가난한 일가족 네 명이 거짓과 사기로 부잣집으로 기어들어가 기생충같이 기생하면서도 감사하기는커녕 마침내 주인집 남자를 식칼로 살해하고 끝내 그의 딸의 영혼까지도 파멸시키는 흉악하기 그지없는 내용을 담고 있는 작품이다. 이 영화는 전체 스토리를 통해 연쇄살인극에서 무려 4명이나 존엄한 목숨을 앗아가는 참혹한 사건이 벌어진다. 이는 한마디로 피바다의 복수극일 뿐이다.

그런데 이 작품을 두고 휴머니즘이 있는 영화라고 극찬한 자들이 많다.

어쩌면 이것이 바로 대한민국 지식인의 진면목일지도 모른다. 온 국민이 〈기생충〉에 열광하고 흥분하는데 함께 취해버린 탓일까. 그러나 〈기생충〉은 제목만으로도 부자인 숙주에 기생하는 구조로 펼쳐져 있다는 것을 누구나 짐작할 수 있다.

무엇보다 이 작품의 콘셉트 저변에는 종북 주사파 빨갱이 사상이 도도히 흐르고 있다. 주사파가 변형된 공산주의 네오 맑시즘을 교묘하게 이용해 이 나라 대한민국 국민을 거짓과 선동선전으로 기망하고 있다. 따라서 우리는 '**가난한 사람을 충동질해 부자와 기업인은 죽여도 좋다**'라고 하는 이 엉터리 영화의 주제를 제대로 간파하지 못하고 있는 것이다.

특히 우리 사회의 지식인들이 봉준호의 어릿광대 노릇을 하고 있는 모습이 안타깝고 부끄럽다. 그런 점에서 조금이라도 **'역사인식'**이 있는 국민은 이 작품은 비록 아카데미라는 세계적인 상을 탔다고 하더라도 마냥 좋아하며 흥분하고 호들갑을 떨 일이 절대로 아니라는 것을 깨달아야 한다.

문득 내가 좋아하는 헤르만 헤세가 『데미안』에서 들려준 한 구절이 떠오른다. "세계를 자기 속에 지니고 있느냐, 아니면 그것을 (세계를) 알기라도 하느냐? 이것은 큰 차이가 있지. 그러나 인식의 불꽃이 희미하게 시작될 때 그는 비로소 인간이 되지." 이 구절은 워낙이 유명해 굳이 해설을 달지 않아도 무슨 뜻인지 짐작하리라 믿는다.

그런데 문제는 이러한 봉준호의 수상을 두고 대한민국 초대 문화부장관을 지낸 이어령이 각 신문과 방송에서 떠들어대는 작태를 보면 정말 한심하기 짝이 없다. 우리는 흔히 이어령을 두고 한국의 지성이라고 말하기를 주저하지 않는다. 그의 이전 이력이나 문화 활동 내역을 보면 얼핏 그런 호칭이 걸맞아 보인다. 그런 사람이 느닷없이 〈기생충〉이라는 작품에 대해 입에 침이 마르도록 찬양을 늘어놓아 눈과 귀를 의심하지 않을 수 없었다.

이어령은 한국인에게는 본래 문화 예술적인 재능이 있는데, 이것이 이번에 국제 영화제에서 인정을 받았다고 칭찬한다. 그러면서 이제 한국문화는 서양문화에 기대던 달빛문화에서 햇빛문화로 진화하는 징후라며, 특히 매일경제와의 인터뷰에서는 "한국인 이야기꾼 DNA가 〈기생충〉 기적을 낳았다"라고 극찬했다.

봉준호의 〈기생충〉은 이어령의 말대로 '**이 사회의 부조리를 고발하고, 또한 이를 뛰어넘어 그 안에 휴머니티(humanity)가 있느냐?**' 전혀 없다. 이 영화를 제대로 음미하면서 본 사람이라면 작품 속 어디에도 그런 '**휴머니티(인간애)**'를 찾아 볼 수가 없다. 기생충은 문자 그대로 기생충일 뿐이다. 따라서 이 영화는 한마디로 연쇄살인극이다. 저질의 블랙 코미디다.

다만 사회의 부조리를 고발하고 있다는 포장만 걷어내면 이는 공산주의 〈피바다〉를 연상케 한다. 그래서 우리는 이 영화를 단순히 대중예술의 한 장르로 파악해서는 절대로 안 된다. 이 영화 〈기생충〉은 정치사회적 의도를 가지고 만들어졌다고 보는 것이 옳다. 부자세상을 갈아엎고 좌익세상을 앞당기려는 이 영화의 이데올로기적 메시지가 녹아 전체 구조를 이루고 있기 때문이다.

그러나 80년대부터 한국문화가 '**포스트모더니즘**'으로 급격히 기울면서 학계와 문화계가 완전히 종북으로 좌편향한 상태다. 따라서 이 극악무도한 영화를 보고도 열광하는 것은 현재 우리 대한민국 국민의 정신자리의 현주소일는지도 모른다. 지난 2019년 여름 조국 사태로 나라가 어지러웠다. 특히 문재인 정부가 **'한일군사정보보호협정(GSOMIA)'**와 불화수소(애칭가스) 문제로 시끄러웠다. 당시 조국이 죽창가를 부르며 반일감정을 고조시켰다. 한일간 파국을 맞을 정도로 한일간에는 심각한 문제가 발생했을 때도 대학사회의 지식인은 침묵했다.

대한민국 지식인은 현재 모두 정신이 망가져버렸다. 80년대 이후 지난 반세기 이상 사회갈등과 복잡한 현안을 놓고도 특히 지식인 교수사회는 한 번이라도 중심을 잡는 역할을 해본 적이 없다. 지식인들은 그때마다 야비한 눈치 보기에 급급했다. 좌편향이 심각한 상태다.

따라서 우파적 사고는 비록 진실이라도 천박하게 느낀다. 하지만 좌파적 사고는 비록 거짓일지라도 신선하게 느끼는 이상한 정신구조로 바뀌어있다. 그 덕택에 이 나라 교수지식인사회는 김대중을 비롯한 좌파 어느 정권과도 불화를 야기하지 않고 편히 잘 살고 있다. 반대로 우파 정부의 실정에는 마치 개떼처럼 짖어대며 물어뜯었다. 교수사회는 유신이후 자기 손에 한 번도 피를 묻혀본 적이 없다. 그런 면에서 교수사회는 비겁한 '지식인 양아치'라 불러도 된다.

지금 교수사회의 지식인들은 대한민국 체제에는 아무런 관심도 없다는 특징을 가지고 있다. 좌편향 해야 뭔가 좀 있어 보이는 요상한 풍조가 흐르고 있다. 그래서 이들은 **'반공'**을 백안시하고 종북 주사파 지식인 앞에 너무도 비겁하게 몸을 사린다. 이런 부류의 지식인들이야말로 위선자가 아닐 수 없다. 이들이 바로 세인들이 조롱하는 '강남좌파, 패션좌파, 리버럴 좌파, 살롱좌파'라고 불리는 것이다. 이들 교수사회 지식인들 중에는 종북 주사파에 멸시당하면서도 그들에 아부하거나 부역하는 사람이 많다. 특히 예술문화 분야가 그렇다.

현재 대한민국 지성사는 좌파적 사고를 '진보'라고 생각한 이상한 풍조가 대학을 비롯한 전체 지식인사회를 아우르고 있다. 정말로 철지난 좌파 사상이 진보란 말인가. 현대 인류사회를 관통하는 **'가치'**인 진보와 보수는 둘이 아닌 하나다. 진보는 이미 보수에 녹아든 가치다. 따라서 그 역사를 거슬러 올라가면 진보가 곧 보수라는 것을 알 수 있다.

그런데도 여전히 뭔가 멋있어 보이는 '진보'와 '보수'를 구분하여 말하는 저 얼치기 지식인들이 많다. 앞으로는 한국사회에서 존재하는 이념적 측면의 두 부류 인간을 **'좌파'**와 **'우파'**라고 부르라! 그렇다면 철지난 좌파에 기죽어 지낼 일이 아니다. 그리고 현대 문명을 우파 지식인이 주도하고 있다. 이것이 구미서양의 지식인 사회의 실제 모습이다.

봉준호 〈기생충〉은 〈태양은 가득히〉 표절?'

프랑스 **'68혁명'** 시기를 전후해 활동한 네오(neo) 맑시스트였던 르네 클레망 감독의 〈태양은 가득히〉라는 영화에 숨겨진 코드는 이렇다. 서유럽에서는 1960년대에 접어들면서 프롤레타리아트의 공산주의적 계급투쟁은 더 이상 의미가 없어진다.

이러한 세상에서 흔히 나타나는 것이 '**짝퉁 계급투쟁**', '**앙심 계급투쟁**', '**시기심 계급투쟁**'이라는 '**신좌파사상(네오 맑시즘)**'이다. 기존 공산주의의 프롤레타리아트 계급투쟁은 조직된 노동자의 계급투쟁이었다. 즉 조직된 노동자가 공산사회를 실현하기 위해 투쟁을 벌이는 것이다. 서유럽에서는 그런 계급투쟁의 시기는 이미 철이 지난 것이었다.

'**68혁명**'이후 네오 맑시즘은 프랑스를 중심으로 한 서유럽사회의 영국, 독일, 이탈리아, 스페인에 이어 미국에 이르기까지 확산된다. 이 혁명은 1968년 5월 프랑스에서 일어나 기성 체제와 권위주의, 성차별과 인종차별, 서유럽 제국의 제3세계 침략에 반대하는 대규모 학생시위가 터지면서 시작됐다.

이 시기에 영화예술을 하는 사람들은 개인 또는 소그룹차원에서 사회나 국가에 대한 '**앙심**'을 품고 계급투쟁을 벌이거나, '**시기심**'에 불타서 계급투쟁을 벌이는 변형된 공산주의 사상을 바탕으로 제작한 영화가 등장하기 시작한다. 그런 사상을 바탕으로 영화를 만드는 그룹의 선두에 르네 클레망이 있었다.

여기서 정치철학의 용어인 '**앙심(resentment)**'이란 단어에 최초로 주목한 철학자가 바로 니체이다. 우리는 '**질투심(嫉妬心)**'과 '**시기심(猜忌心)**'을 구별하지 않고 사용하는 경향이 있다.

그런데 먼저 '질투심(jealousy)'은 내가 가진 것을 빼앗길 봐 두려워하는

의미를 갖고 있다. 왕이 신하한테 느끼는 것, 또는 왕이 호족한테 느끼는 나의 왕권을 뺏길까 두려워하는 것, 즉 성경에서는 사울왕이 다윗에게 느끼는 것, 조선의 선조가 이순신한테 왕권을 뺏길까 두려워하는 것이 바로 **'질투심'**이다.

이에 비해 **'시기심(covetousness)'**은 남이 가진 것을 부러워하고 탐내는 것을 말한다. 성경은 '네 이웃의 아내를 탐하지 말라(do not covet your neighbor's wife.)'라는 구절이 바로 **'시기심'**이다.

이 영화의 주인공 알랭 드롱은 재주가 많은 청년이다. 그는 부잣집 도련님을 설득해 미국으로 데려와서 재산을 상속받게 하는 그 역할을 하고 있다. 그런데 그 날라리 부잣집 아들이 알랭 드롱을 학대한다. 이에 알랭 드롱이 '앙심'을 가지고 날라리를 때려서 배에 묶어두고 5~6시간 생각을 한 뒤에 그동안 '시기심'을 느껴온 그 날라리의 부를 거머쥐기 위해 그의 아이덴티티를 도둑질한다. 그 부잣집 날라리 청년을 제거하고 그 청년이 마치 살아있는 것처럼 만들어 재산을 빼돌리고 범죄를 저지르는 스토리로서 다분히 악마성을 띤 영화이다.

봉준의 〈기생충〉도 이 〈태양은 가득히〉와 구조가 똑같다. 박가네 잘 사는 집이 있고, 김가네 못사는 집이 있다. 못사는 집 식구 전체가 교묘한 수작으로 박가네 집으로 위장취업해서 부잣집 박가네 재산을 하나 둘 빼먹으려고 범죄행각을 벌이다 중간에 발각되면서 살인 행각 등이 일어는 악마적인 스토리로 구성됐다.

가난한 자가 앙심과 시기심에 불타 부유한 자를 죽이고 제거하는 그런

병적인 게임을 그린 영화가 〈기생충〉이다. 여기에 주조를 이루는 관점은 1960년대 프랑스 비평가이자 철학자인 데리다가 제창한 비평이론인 '해체(deconstruction)'다. 이런 해체적 관점이 클레망의 〈태양은 가득히〉라는 영화에 깊이 녹아있다. 그래서 봉준호 〈기생충〉은 〈태양은 가득히〉라는 작품을 교묘하게 잘 응용한(베낀) 표절 또는 짝퉁작품이라고 말하는 전문가들이 많다.

그리고 대한민국의 해체 전도사는 김어준이다. 이런 류의 인간들은 도덕, 진실, 시비, 선악 등을 깡그리 무시하고 막 사는 인간형이라고 볼 수 있다. 그런데도 대부분 자기중심이 없는 인간들이 김어준이 내갈기는 뉴스 공장을 보고 시기심에 불타고, 앙심에 불타듯이 깔깔거리면서 이게 인생이야 라고 개념도 없이 떠들어댄다. 봉준호와 김어준류의 인간이 설치는 것을 보면서, 이들에게 과연 진실에 대한 애정이 손톱만큼이라도 있는지 묻고 싶다.

할리우드 PC좌파가 '왜 봉준호를 띄웠을까?'

할리우드를 장악한 PC좌파의 관점은 "세상은 해체됐고, 소외된 민중은 앙심과 분노에 가득차 있다. 이는 결코 바뀌지 않는 절대적인 현실이다. 그러므로 진실존중, 시비판별, 선악구분은 모두 착각이다. 가치판단 기준을 모두 없애 버린다. 국가주권, 전통도덕을 허물어뜨리고 황량한 지평에서 약자들끼리 서로 사랑하고 살아가는 세상을 만들자. 금권과 전문지식에 바탕 해 **'노블리스 오블리주'**를 가진 글로벌 플레이어들에게 세상의 운영을 맡기자!"는 것이다.

이러한 관점을 가진 할리우드 PC좌파에게 봉준호는 기특하고 발칙한 메신저역할을 해낸 것이다. 아시아에서 기특한 생각을 가진 감독이 영화를 만들었다. 이미 프롤레타리아트 계급투쟁은 다 없어졌는데도 불구하고 인간에게 남아 있는 원초적 양심과 원초적 시기심이 작동하는 인간의 실존적 지평을 그린 영화를 만들었다고 판단한 것이다. 실제로 그동안 봉준호가 제작한 영화를 보면 프랑스 해체주의 철학자들처럼 관점이 꽁장히 병들어 있음을 보여준다.

특히 봉준호의 〈**살인의 추억**〉은 시비와 진실의 해체를 깊숙이 파고들고 있다. 즉, 살인자가 과연 악한자일까? 저런 사람이 과연 살인을 했을까? 비록 잔혹한 살인이긴 하지만 나름대로 트라우마가 있다든지, 학대받는 게 있다면 시비를 함부로 따질 수 있을까? 마지막에 가서는 그런데 그가 살인자가 맞아. 이처럼 시비, 선악, 진실을 모두 해체해버리는 그러한 코드로 영화를 제작한다. 그리고 봉준호의 〈**괴물**〉은 느닷없이 반미코드를 담아낸다.

따라서 영화전문가들은 이러한 관점을 가진 봉준호가 〈**태양은 가득히**〉라는 작품을 표절이나 짝퉁으로 가져와 한국사회에 맞게 잘 녹여낸 것이라고 진단한다. 그러니까 미국 할리우드 PC좌파의 입장에서 보면 봉준호가 매우 마음에 드는 감독일 수밖에 없다는 것이다. 특히 봉준호가 걸어온 과정을 보면 그들과 호흡이 잘 맞아떨어지고 있다.

그래서 〈세뇌 탈출〉의 박성현 유튜버와 같은 전문가들은 "미국 할리우드를 좌지우지하고 있는 PC좌파의 눈에는 허접한 동양의 한국인 봉준호에게 사상 최초로 아카데미 최우수상을 안겨준 것인지도 모른다"라고 지적한다. 이미 한국 좌파들이 정치색을 띤 영화를 헤아릴 수도 없이 쏟아내왔다. 그러면서도 대부분 영화의 콘셉트가 발칙하고 기발하다. 특히 언제나 정치사회적 행보도 같이한다. 이를테면, 왕이 된 남자 〈광해〉는 노무현을 그린 작품이며, 노무현 변호사 시절을 모델로 한 〈변호인〉도 노무현을 찬양한 것이다.

그동안 가장 악랄했던 영화가 5.18을 왜곡해서 다룬 것이 〈화려한 휴가〉였다. 그밖에 실미도 사건을 왜곡한 〈실미도〉, 6·25를 왜곡한 〈웰컴 투 동막골〉, 2020년 '4.15총선'을 겨냥해 박정희를 시해한 김재규를 영웅화한 〈남산의 부장들〉 등을 꼽을 수 있다. 또 올해 '4·10총선'을 겨냥해 만든 장태완을 영웅화면서 전두환을 악마화한 영화가 바로 〈서울의 봄〉이다. 이들 좌파 감독들은 한결같이 역사나 사실을 왜곡하거나 날조해서 만들지 않은 작품이 거의 없다.

3. 대한민국 정신은 '어떻게 왜 망가졌나'

대한민국 정신은 '짝퉁 우파가 망가뜨려'

지난 1990년대 초부터 미국의 월가를 중심으로 하는 금융자본과 산업자본, 글로벌리스트가 중국에 힘을 실어주면서 급격한 발전이 시작됐다. 이후 중국은 약 30년 동안 엄청난 성장을 해왔다. 이때 김영삼 정부가 들어서면서 대한민국은 '**종중-종북과 짝퉁 우파**' 간의 공생구도가 시작된 것이다. 그리고 중국과 대한민국은 '**종중-종북 대 짝퉁 우파**'의 공통분모가 마련된다. 그러나 중국은 코로나이후 발전을 멈추고 지금은 해체의 기로에 서 있다.

하지만 대한민국은 중국과 상호 경제의존도가 여전히 높다. 따라서 '**종중-종북 vs. 대한민국 우파**'간의 공생구도를 분명히 해야 한다. 먼저 우파의 경제는 자유시장, 혁신, 기업, 작은 정부, 균형 예산 등을 토대로 한다. 그 자체로는 문제가 없어 보인다. 우파 경제는 이름 그대로 매우 소중한 가치를 가지고 있기 때문이다. 그런데 문제는 진정성 없는 입만 가진 반공과 함께 친중을 통한 영구분단이란 음모를 내재하고 있다는 것이다.

그리고 우파의 경제이론은 마땅히 기독교와 함께하는 애국이 결합돼야 한다. 우파 경제를 이끄는 사람들은 인간관을 말할 때 반드시 기독교 인간관임을 말해야 한다. 또 신앙심 깊은 **기독교 보수주의자**에게는 당신이 말하는 우파 경제는 애국주의이고 또 다른 관점에서 보면 기독교적 보수주의 경제라는 관점을 반드시 말해야 한다.

특히 대한민국을 사랑하는 애국자들에게는 당신의 애국심의 본질은 개인, 자유, 인간 존엄, 진실존중이라는 프로테스탄트적인 보수주의 관점과 우파 경제학의 관점이 함께 해야 한다는 것을 이해시켜야 한다. 그리고 '우파 경제이론, 기독교 보수주의, 애국주의'라는 이 세 가지를 단단히 연결시켜야한다. 대한민국의 정치경제적 이념은 이들 셋을 연결하는 접착제 역할을 하면서 분명한 정체성을 가지고 국민을 설득해야 **'종중-종북 vs. 대한민국 우파'**가 공산주의 중국과 공동번영의 길을 모색할 수 있기 때문이다.

그러나 대한민국의 우파를 자처하는 국민의힘은 이런 길을 갈 수 있는 힘과 지식을 갖추고 있지 않다. 대다수가 구미선진국에서 유학을 하거나, 정부나 대기업의 요직에서 일하다 나온 자들이 가진 유일한 것이라곤 교만이나 허풍뿐이다. 그래서 국민의힘이 진짜 우파가 아닌 **짝퉁 우파**인 것이다. 선명하고 분명한 우파 색깔을 가지지 못하다보니 종북 주사파로 구성된 더불어민주당에 한없이 끌려 다니는 천박하고 수준 낮은 정치를 할 수밖에 없다.

이를테면 종북 주사파 정치인들이 '정치-경제-사회문화' 전반을 거들내도 찍소리도 못하고 있다. 이재명이 자서전에서 미군철수를 노래하고, 또 "아무리 나쁜 평화라도 이긴 전쟁보다는 낫다"는 '개소리'에 입도 벙긋 못하는 찌질이들이 모인 집단이 국민의힘 국회의원들이다. 이들은 역사인식과 역사의식이 없이 오직 양지에서만 살아오다보니 그저 금배지에만 목을 매고 있는 양아치 같은 종자들이다.

국민의힘 당은 '정체성 없는 가짜 우파'

게다가 대다수 친중 파로 구성된 민주당과 함께 정체성이 불분명한 국민의힘은 의원들마저도 북한과 적당히 대립하면서 경제는 중국, 안보는 미국이라는 **'안미경중'**을 내뱉고 있다. 이 친중 파들은 한결같이 "중국은 무서운 나라야. 계속 잘 발전할거야. 그러니 중국과 협력하며 잘 지내야 한다"고 말한다. 이들의 사고는 힐러리와 같은 美글로벌리스트들과도 궤를 같이 하고 있다.

당시 힐러리가 골드만 삭스에서 연설한 요지는 "우리는 한반도의 통일을 원하지 않습니다. 왜냐 한반도가 통일이 된다면 대한민국 주도의 통일이 돼서 너무 강력해지기 때문입니다. 우리는 한반도가 분단 상태에서 적당히 남북 간의 긴장이 있는 그러한 상황이 좋다고 생각합니다." 그러면서 "김일성과 김정일은 이런 구도의 레드라인을 넘지 않고 적당히 잘 넘겨 왔습니다. 하지만 미치광이 김정은은 전혀 다른 면모를 보이고 있습니다"라면서 중국 공산당인민해방군과 김정은을 싸잡아 비난한 것이다.

문재인 측근의 주사파는 친북-친중과 미국 PC좌파와 심정적으로 통하고 있다. 이들은 남북분단의 온존을 주장하며 대한민국을 중국의 영향권으로 끌고 들어가려고 노력한다. 또 사회주의 정책으로 독재정권을 획책하면서 원전기술을 중국과 북한에 넘겨주고, 러시아 가스를 북한을 통해 들여오면서 정권이 북한에 스스로 예속돼 북한을 떠받들려는 종북 정책을 주도하고 있는 집단이다.

그러나 한국내의 자유시민과 자유우파진영은 반중 친미를 중심으로 남북분단을 해체하거나 붕괴시키고, 한미일 삼각동맹을 중심으로 자유시장주의 정책, 원전을 이용해서 에너지 독립성을 제고하고, 미국의 LNG허브를 통해 부강한 국가를 이룩하자는 정책인데, 이는 주사파 진영과 극명한 대조를 이루고 있다.

한국의 주요 언론 조선과 중앙, 동아의 주장도 주사파와 거의 같은 맥락이다. 그러니까 조중동이 지난 트럼프 정부의 자유보수혁명을 향해 개떼처럼 달려들어 트럼프를 물어뜯고 찢어오면서도 짝퉁 우파의 흉내를 내고 있는 것이다. 미국의 글로벌리스트들이 친중팔이를 하면서 완전히 개념 없는 PC좌파로 나가고 있는 것을 조중동이 그대로 답습하면서 나팔불어주고 있다. 그런데 이제는 중국 자체가 무너지고 있다. 아니 끝장이 나고 있는데, 하이에나 근성을 가진 이들 언론들이 어떻게 야비하고 추악한 변화의 모습을 가질지 몹시 궁금하다.

지난 2016년 트럼프정부가 출범하고 1년가량이 지난 뒤부터 거의 3년동안 중국을 세계시장에서 밀어내려고 무역전쟁을 선포했다. 트럼프가 중국시장의 '디커플링(decoupling)' 작업을 지속하고 있는 가운데, 마침 우한 폐렴까지 밀어닥치면서 중국이 이제는 몰락의 길을 갈 수밖에 없는 외통수에 걸린 것이다. 이어 바이든 정부가 들어서도 미국은 세계 1위 족탈불급의 제조업 1위 중국으로부터 제조업을 자국과 베트남, 인도, 인도네시아로 분산시키는 데 성공한 것이다. 그리고 이를 앞당긴 것이 우한 폐렴과 독재자 시진핑의 노욕이었다.

이제 친중 기업인 애플마저도 중국에서 〈폭스콘 생산기기〉를 옮겨가면서 몰락의 서곡을 알리고 있는 것이다. 게다가 우한 폐렴 때문에 세계는 중국을 상종 못할 더러운 존재로 낙인을 찍어버린 것이다. 중국과 함께하는 북한과 러시아까지도 이들은 결정적일 때는 모르쇠하는 진짜 삼류 찌질이들이라는 것을 세상이 이번에 모두 알아버린 것이다.

그래서 러시아가 우크라이나를 침공하자 서방세계가 앞다투어 지원을 해주면서 허접한 러시아를 궁지로 몰고 있다. 세상이 이렇게 돌아가고 있는데도 친중파로 우글거리는 더불어민주당이야 말할 것도 없지만 우파로 자처하는 '찌질이' 국민의힘은 여전히 나아갈 바를 모르고 오합지졸 양상을 보이고 있다.

그러자 국제정세를 제대로 알아차린 윤석열 정부는 비록 윤핵관이라고 해도 무능한 장재원과 권성동, 김기현을 쳐내고 한동훈 법무부장관을 비상대책위원장으로 세운 것이다. 그런데 문제는 한동훈이 머리는 똑똑할지는 몰라도 과연 국내외 정세를 제대로 판단할지 우려된다. 게다가 그런 우려가 벌써 현실로 나타나고 있어 '4·10총선'이 여간 걱정이 아니다.

죽창에 찔린 경험 없지만 '공산당은 싫어요'

공산당이 죽창으로 사람을 찔러 죽이는 장면을 본적이 없는데 왜 싫어? 그러면 왜 공산주의는 안 되는 거니? 북한은 고사하고 중국처럼 변형된 공산주의조차도 안 되는 이유는 뭘까? 공산주의라는 사상과 체제에는 〈개인과 자유〉가 없기 때문이다. 지금 우한 폐렴을 가지고 국제사회에 새빨간 거짓말을 하는 것을 보면 중국 공산당정부가 얼마나 끔찍한 존재인가를 알 수 있다.

저들에게는 개인존엄성과 자유는 아예 존재하지 않는다. 개인존엄성과 자유, 그리고 진실을 말할 자유를 가능하게 해주는 용기와 존중심, 그것에 내 생명을 걸고 지키려는 원칙이 없기 때문이다. 우리는 공산주의나 사회주의 및 변형된 그런 사상을 도저히 아는 받아들일 수 없다고 말을 할 수 있어야 한다. 오직 자유와 진실만이 바로 자유민주주의 지고한 가치이기 때문이다. 지금 이재명 더불어민주당 대표도 자유와 진실성이 없기는 마찬가지다.

◇ 6·25 이전에 월남한 50만 '반공교과서 역할'

우리 남한의 국민은 먼저 북한 주민에 대한 두 가지 큰 신세를 지고 있다. 한 가지는 소련이 김일성이를 내세워서 1945년부터 공산화를 휘어잡으면서부터다. **북한에서는 이 공산주의 사상을 제대로 이해하는 기독교인과 상공업 종사자, 그리고 지주 등이 모두 모든 것을 버리고 오직 자유를 찾아** 월남을 했다. 자신의 터전을 모두 버리고 떠난다는 것은 쉽지 않은 결정이다. 한국전쟁 이전에 내려온 분들만 약 40만~50만 명에 이른다. 그런데 이 분들이야말로 **한분 한분이 걸어다니는 위대한 반공교사요, 훌륭한 반공교과서 역할**을 한 것이다.

이들 중에는 아버지가 지주여서 철사 줄에 묶인 채 나무에 매달려 돌에 맞아 죽어가는 처참한 모습을 생생히 목격한 사람도 있다. 그러니 공산주의자들은 정말 무시무시한 악질의 인간들이라는 것을 몸소 체험한 것이다. 그래서 대한민국이란 국가가 건국되는 과정에서 북한에서 내려온 사람들이 결정적인 역할을 한 것이다. 우리 남한 당국은 당시 그런 분들에게 엄청난 신세를 지고 있는 것이다.

두 번째 우리는 북한에서 내려온 탈북자분들에게 엄청나게 많은 채무를 지고 있다. 대한민국이 존재하지 않았다면 동구권에서 일어난 일이 북한에서 일어났을 수 있었다. 대한민국이 존재하기 때문에 북한 사람들이 대한민국의 눈높이에 맞춰져 있다. 북한은 물꼬가 트이면 이들 탈북자들 때문에 대한민국에서의 수준을 북한주민은 기대하게 된다.

그러니까 남북이 하나가 되는 그 날 중간지대가 존재하지 않는다는 것이다. 이는 탈북자들에 의한 북한주민들의 기대수준이 대한민국의 수준을 바로 따라잡을 수 있게 하기 때문이다. 그래서 북한은 영원히 김일성 〈영생교〉로 노예처럼 살든지 아니면 물꼬가 트이면서 곧바로 전면적 개혁개방을 통해 남한이 누리는 개인의 자유를 누리기를 원할 것이다.

전문가들은 이들 탈북민 때문에 남북한은 중간지대가 없다고 말한다. 그러므로 남북한이 자유민주주의로 통일이 될 때 독일과 같은 분단국가가 경험한 힘든 과정을 훨씬 더 빠르고 쉽게 극복할 수 있게 된다는 것이다. 약 4만 명에 가까운 탈북민들이 지금도 SNS 등을 통해 북한 주민들을 끊임없이 자유민주주의 세상에 대한 동경을 자극하면서 교육하고 있다. 따라서 통일이 되면 이들 탈북민이 자유의 전도사 역할을 충실하게 수행할 것이다.

◇ 남한의 좌빨 좀비들이 꾸는 '통일 전사 개꿈!'

그런데도 중간지대가 역할이 가능하다는 뉘앙스를 풍기는 자들이 다소 존재하고 있다. 좌익단체 '민혁당' 출신인 이른바 시대정신의 김영환, 전향한 최홍제, 허은준, 심보라, 그리고 윤활유 역할을 하고 있는 국민의힘 하태경의 인맥이 날뛰고 있다. 이들의 관점은 중간이 있다고 보고, 그 시대가 도래 할 때 자기들이 들어가 북한에서 영향력을 확보하고 남북한을 결합해 그야말로 대한민국을 이끄는 최정상급 지도자가 되겠다는 헛된 꿈을 꾸는 인간들이다.

이제 그런 어리석은 꿈은 버려라. 지금 남한에서 살고 있는 탈북자들이 훨씬 더 설득력 있게 대처할 것이다. 그래서 북한은 중간지대가 없다. 이는 전면적 개방과 전면적 자유가 아니면 영원한 김일성 영생교로 북한주민을 개돼지로 끌고 가는 방법밖에 없다. 그런 상황을 연출한 것이 대한민국 그 자체인 것이다. 자유롭고 번영하는 대한민국이 존재하고 이를 직접 체험하는 4만 여명에 가까운 탈북민이 있기 때문에 북한에 들어설 중간지대가 없는 것이다. 따라서 분단구조가 붕괴된다는 것은 바로 자유조선이 건국된다는 것을 의미한다.

물론 이 공간에는 유엔과 미국을 중심한 5년 정도의 자치능력을 키울 시간이 필요할 것이다. 자유조선은 자유민주주의를 삶의 기반으로 삶기 때문에 남북한이 바로 체제통일을 의미하는 것이 된다. 통일 전문가들은 프리 코리아 컨페드레이션(FKC), 두 개의 국가이지만 한 개 국가처럼 돌아가는 형국이 될 것이라고 말한다. 이러한 형국에서 종북과 종중-친중이 설 공간도 없다. 종국에 가서는 종북과 종중 분자들은 사회정치적으로 매장되고 제거당할 수밖에 없다. 아니 대한민국을 좀먹고 파괴하는 데 앞장선 이들은 반드시 제거돼야 한다.

그래서 문빠들(문재인을 빠는 인간들)과 586주사파들이 내놓고 남한을 해체하여 중국에 넘기고 남북한을 연방으로 몰고 가려고 거의 반미치광이처럼 발악하고 있는 것이다. 중국 앞에 엎드려 혼밥을 아홉끼나 먹으면서도 중국을 찬양하고, 김정은이 한테서 '삶은 소대가리도 앙천대소할 것' '오지랖 넓은 중재자 행세 말라'라는 등 온갖 모욕을 당하면서도 '평화협정, 종전선언, 미군철수, 보안법폐지' 등을 노래 부르면서 북한의 이익을 위해 노력하고 있는 이유다.

여시재(與時齋)가 망친 '대한민국 정신'

"이념·정파 구분 없이 나라의 미래 고민한다."

이게 간첩이 드글거리는 대한민국에서 어디 말이나 되는 소리인가? 〈여시재〉는 국가미래전략을 위한 싱크탱크로 한반도와 동북아의 미래 변화를 위한 정책개발, 그리고 세계를 이끌어 나갈 인재를 육성하기 위해 2015년 12월 **조창걸 한샘 명예회장**이 4400억원을 출연해 설립된 공익법인이다. 조창걸은 1939년 황해도에서 태어나 서울 대광고를 거쳐 서울대 건축공학과를 졸업했다.

여시재(與時齋)란 이름은 '시대와 함께하는 집', '시대를 어깨에 짊어진다'라는 뜻으로 '**시대와 함께 가면(與時偕行) 이롭지 않은 것이 없다**'라고 했던 〈주역〉의 풀이에서 비롯됐다. 영문명 〈Future Consensus Institute〉는 "**동시대인들의 지혜와 협력을 통해 미래를 만든다**"는 뜻이다. 이는 중국의 독재자 시진핑이 즐겨 쓰는 단어다.

당시 여시재의 이사회의 면면은 굉장히 화려하다. 2017년 기준 **이헌재** 전 경제부총리가 이사장직을 맡았고, **정창영** 삼성언론재단 이사장, **홍석현** 전 중앙일보 회장, **김도연** 전 포항공대 총장, **안대희** 전 대법관, **박병엽** 전 팬택 부회장, **김범수** 카카오 이사회의장, **이공현** 전헌법재판소 재판관, **이재술** 전 딜로이트 회장이 이사(감사)로 재직했다. 과거 **김현종** 통상교섭본부장이 이사직을 맡기도 했다. 이광재는 원주시 갑에 출마하면서 사퇴해 21대 국회의원이 됐다.

이어 지난 **2022년 기준** 이사회는 **김도연** 전 포항공대 총장이 이사장을 맡고 있고, **김성환** 전 외교부장관, **이광형** KAIST 총장, **윤정로** UNIST 석좌교수, **김우승** 한양대학교 총장, **황철주** 주성엔지니어링 회장, **임창훈** 전 부산지방법원 부장판사, **박유현** DQ Institute 대표, **김서준** 해시드 대표, **이진성** 전 헌법재판소장(감사), **이경태** 전 연세대학교 부총장이 이사(감사)로 재직 중이다.

◇ 대표적인 짝퉁 우파 〈여시재〉의 최후 발악!

짝퉁 우파의 두목격인 중앙일보 홍석현의 〈여시재〉가 하는 행동양식을 보면 이들이 발악하는 모습을 엿볼 수 있다. 여시재가 시작될 무렵 한국당의 나경원이 여시재를 들락거렸고, 또 더불어 민주당 강원도 선대본부장 이광재가 여시재의 사무총장을 엮임했다. 여시재란 중국 공산당이 가장 잘 사용하는 〈여시구재〉, 즉 **'시대와 더불어 나아간다'**라는 것에 따온 것으로 이름부터가 짝퉁이고 친중 냄새를 풍긴다.

그렇다면 짝퉁 우파들의 핵심 키워드는 무엇인가? 친중 영구분단이다. 그런데 중국이 무너지면 이들은 폐업을 할 것인가? 아니다. 이자들은 카멜레온처럼 변신을 거듭할 것이다. 짝퉁 우파의 핵심은 조선과 중앙이다. 그리고 동심원에는 김무성, 유성민, 박형준과 같은 탄핵 우파들이 자리하고 있다. 이름과 인간부터 짝퉁이니 올바른 구실을 하기가 어렵다는 것을 쉽게 짐작할 수 있다.

박형준은 정치판에서 한때 **'이마빌딩팀'**이라고 불렸다. 이명박 정부 때 핵심 멤버가 이마빌딩에서 모였기 때문이다. 이마빌딩에 모이면 모든 게 잘 풀린다고 하여 몸값이 높았다. 박형준(중앙일보)과 김용태(중앙일보 전략기획실 출신)으로 둘 다 홍석현의 측근이다. 그리고 지금은 잠잠한 정태근, 권택기, 김세연 등이 있었다. 이들이 미래통합당을 접수했을 당시 황교안은 바지사장이었다.

한 영상 강의에서 여시재에 관한 내용 중에 관련 사진을 보면서 붉은색 옷을 입은 나경원이 이광재, 안희정 등의 친노인사들과 함께 찍은 사진을 볼 수 있다. 그 배경이 되는 글자가 한자와 영어로 된 글자만 보였을 뿐 한글은 한자도 없다. 지금 봐도 나경원의 붉은색 의상과 한자는 중공을, 영문과 흰색은 자유주의 미국을 상징하는 것으로 대한민국의 정체성이 없는 것 같아 씁쓸하다.

〈프레스센터에서 2016년 9월 21일 열린 여시재 출범 기자간담회에서 참석자들이 기념촬영을 하고 있다. 이광재 운영부위원장(왼쪽부터), 나경원 새누리당 의원, 안희정 충남지사, 이헌재 이사장, 남경필 경기지사, 김부겸 더불어민주당 의원, 이창호 외신기자클럽 회장 한경DB〉

사람들은 대한민국인 인데 그 배경에는 양대 강국을 사대하는 식민근성이 배어있는 것이다. 우리 국가를 대표하는 정재계 인사들이 표면적으로는 자유민주주의를, 내면적으로는 중국공산주의를 지향하고 있는 것을 나타내는 장면이 아닐까 짐작할 수 있다. 짝퉁 우파의 좌장격인 홍석현의 친중 사상은 이미 잘 알려져 있기 때문이다.

따라서 친중 관계를 기반으로 한국정치를 막후에서 쥐락펴락하는 것이 바로 〈여시재〉임을 생각하면 소름이 돋는다. 무엇보다 정치인 자리에는 김무성, 유성민, 박형준과 같은 역시 가증스러운 짝퉁 우파들이 있다는 것은 아마도 박근혜 탄핵도 〈여시재〉를 중심으로 암중모색되었을 개연성이 매우 높기 때문이다.

그리고 당시 〈여시재〉에 참여한 인간들의 면면은 정계, 재계, 학계 인사들이다. 21대 대선을 앞두고 **'50대 잠룡'** 정치인이 참여하고 있다. 이들은 대한민국의 천박한 정치 지식인들이다. 하지만 짝퉁 좌우파 인간들로 구성된 〈여시재〉가 발악하는 모습을 보면서 이들이 대한민국의 정신을 망치고 있다는 생각을 지울 수 없다.

4. 한국교회 파괴하는 '네오(neo) 맑시즘'

안토니오 그람시 '11개 진지전, 국가파괴'

1. 지속적인 사회변화로 혼란을 조성하라.

2. 학교와 교사 권위를 약화시켜 학교를 혼란케 하라.

3. 어린이 조기 성교육으로 가족을 해체하라.

4. 어린이들에게 성교육 및 동성애 교육을 실시하라.

5. 자유민주주의사회의 토대인 교회를 해체하라.

6. 대량이주와 이민으로 인적 정체성을 파괴하라.

7. 인종차별을 범죄로 규정하여 사회를 혼란시켜라

8. 국가 근간인 사법시스템을 신뢰할 수 없도록 만들라.

9. 복지정책을 강화해 국가의 보조금에 의존케 하라.

10. 언론을 조종하고 대중매체 수준을 저하시켜라.

11. 과도한 음주를 홍보가호나 마약유통을 눈감아라.

이탈리아 공산주의 운동에 지대한 영향을 끼친 네오 맑시스트 안토니오 그람시(1891~1937년)의 악마성이 지금 대한민국 사회를 뒤덮으면서 우리의 정신을 좀먹고 있다. 특히 공산주의 이론을 변형한 그람시의 네오 맑시즘은 '11개 진지전'으로 안정된 기독교 국가를 중심으로 교회와 유치원 및 초등학교를 오염시키면서 국가를 극심한 혼란과 분열로 이끌고 있다.

그람시는 1914년 23세 때 이탈리아 사회당에 입당했고, 1921년 30세에는 이탈리아 공산당을 창설해 반파시즘에 대항하며 국가파괴에 앞장섰다. 특히 이탈리아 파시스트 무솔리니정권의 정적이던 그는 1926년 투옥됐고, 11년의 수감생활 끝에 1937년 건강 악화로 46세의 젊은 나이에 옥중에서 생을 마감했다.

그람시는 생존 당시 더 이상 공산주의사상으로는 사회혁명이 불투명하다는 것을 알아차린다. 왜 서유럽의 자본주의사회가 안정화되는가에 대해 깊은 고뇌에 빠진다. 그리고 공산주의의 물적 토대에 대한 분석보다는 자본주의 사회의 문화, 의식, 국가와 같은 상부구조에 더 깊은 관심을 가지고 연구에 몰두했다. 그는 11년간 감옥에서 〈옥중수고〉 〈대중문학론〉 등으로 변형된 공산주의 이론을 발표해 '네오 맑시스트'로 불린다.

그람시의 네오 맑시즘은 서유럽이 공산주의와 대척점에 있는 교회의 기독교사상 때문에 공산주의 이론으로는 공산혁명이 불가능하다는 것을 깨닫는다. 그리고 서유럽사회의 안정기반인 교회와 교육기관을 파괴하기 위해 옥중에서 고안한 '11개 진지전'을 통해 좌익세력이 '조용한 혁명'이란 이름으로 서유럽의 교회를 파괴한 뒤, 한국사회의 교회와 교육기관을 망가뜨리는 데 앞장서고 있다.

네오(neo) 맑시스트 '영혼의 악마들이다!'

안토니오 그람시를 비롯한 루카치, 프랑크푸르트 학파들은 자본주의가 여러 형태로 변화돼도 필연적으로는 붕괴할 것이라는 고전적 마르크스주의 학자가 생각한 것보다 훨씬 장기간 자본주의는 안정화되고 내구성을 지니게 될 것이라고 판단했다. 그런 맥락에서 왜 자본주의는 안정화되고 내구성을 지니느냐에 대해 관심을 가지고 설명하려한 것이다. 루카치의 물화이론도 이런 맥락이며, 그람시는 정치사회학적 견지에서 자본주의의 지속성을 규명하고자 노력했다.

레닌(1870~1923년)과 스탈린(1878~1953년) 등 고전적 마르크스주의자들은 파리 코뮌(1871년) 이후의 혁명적 노동운동 역사를 개괄하면서 자본주의의 몰락을 확신했다. 그리고 레닌은 제1차 세계대전(1914~1918년) 와중인 지난 1917년 10월 볼세비키 혁명의 승리로 세계 최초의 공산사회주의 국가인 소비에트 정권을 수립하면서 자본주의 몰락의 징조를 발견했다고 떠들었다.

그러나 안토니오 그람시는 1871년 이후 노동자혁명의 대혼란 속에서도 결국 자본주의가 안정화되고 확산돼는 국면에 접어들었다고 보는 선견지명의 혜안을 발휘한다. 그는 상부구조의 중요성, 특히 이데올로기와 국가의 중요성에 주목했다. 지배적 이데올로기가 어떻게 대중적 지지를 얻으며 안정화 되는가에 가에 관심을 가졌던 것이다. 따라서 안토니오 그람시의 공산주의 변형이론은 마르크스의 이론을 또 한 번 전도시켰다고 학자들은 평가한다.

마르크스가 관념보다는 물질, 상부구조보다는 하부구조의 중요성을 강조하며 헤겔 이론을 전도시켰다면, 그람시는 상부구조를 강조하고, 그 자율성을 인정하면서도 궁극적으로는 물적 토대의 기초를 떠나 그런 것이 존재할 수 없다고 보았다. 안토니오 그람시는 절대적 자율성이 아니라 상대적 자율성을 가진다는 점에 착안한다. 그런 점에서 전통적 마르스크주의의 틀을 벗어난 것은 아니지만 오히려 마르스크주의를 수정, 보완, 확장한 것이라는 평가를 받고 있다.

그런 안토니오 그람시의 악마적인 영혼이 이미 한국 교회와 교육기관을 분열과 혼란으로 이끌며 파괴하고 있다. 특히 1990년대부터 안토니오 그람시 사상이 대한민국 사회를 파고들어 교회와 교육기관을 무너뜨리고 있다. 그런데도 정작 교회는 이런 사실을 까맣게 모르고 있다. 그리고 좌파 정부가 들어서면서 이를 부채질하여 사회 곳곳이 안토니오 그람시 사상으로 망가져 가고 있다.

그람시 이론이 들어온 지 불과 30여 년 만에 〈교회 폐쇄〉 〈포괄적 성교육〉 〈차별금지법〉 〈학생인권조례〉 〈페미니즘〉 〈이슬람옹호〉 〈성소수자 퀴어 문화축제〉 등 일반인은 용어조차 생소하거나 이해하기 어려운 개념으로 우리나라 교회와 교육을 파괴하고 있다. 앞으로 한국 교회가 뭉쳐서 그람시의 진지전에 대처하지 않으면 대한민국 교회도 유럽처럼 무너질 것이란 전망이 나오고 있다.

이데올로기가 되어버린 '젠더 페미니즘'

젠더(Gender: 생물학적 성이 아닌 사회-문화적으로 서로 다르게 형성되는 남녀 간의 성에 관한 가치관과 정체성을 말함)라는 의미는 **'생물학적인 성(姓)'**에 대비되는 **'사회적인 성'**을 이르는 말이다. 따라서 젠더가 지향하는 '성'은 남녀구별이란 아무런 의미가 없다는 것이다. 오로지 내 머리 속에 성(姓)정체성, 관념속의 성(姓)정체성만 중요하다는 것이다.

따라서 **'젠더 페미니즘'**은 성별에 대한 차별은 물론 구별을 완전히 없애자는 일종의 이데올로기다. 젠더 페미니즘 사회에서는 정상적인 남녀관계라는 것은 존재하지 않는다. 섹스는 **'남남'**끼리 하던 **'여여'**끼리 하던 아무런 상관이 없다. 내가 내 머릿속에서 내가 남자지만 여자라고 생각하면 나는 여자고, 여자지만 남자라고 생각하면 내가 남자라는 것, 그게 바로 자기 **'성'**이라는 것이다.

특히 젠더 페미니즘 사회는 오늘은 내가 남자라고 생각했지만 내일은 내가 여자라고 생각하면서 오늘은 여자랑 자고, 내일은 남자랑 자는 양성애가 상관이 없다. 그런데 또 "내가 남자 몸인데 여자라고 생각하는 게 지속되는 것 같다"고 생각하면 언제든지 성전환수술로 트랜스젠더가 될 수 있다. 이게 바로 젠더 개념이다.

현대 사회에서 **젠더**(gender)라는 용어가 **이데올로기**(ideology)가 되었다. 따라서 젠더는 남녀의 **성(性)**을 생물학적 신체적 차이로 구분하는 것이 아니라 사회적 문화적 개념으로 구분한 정신적 측면에서의 **'성'**이라고 할 수 있다.

◇ 페미니즘의 '도덕철학-정치철학-미학' 삼위일체

젠더 페미니즘 **'도덕철학'**은 인간이 있을 뿐 **'남과 여'**를 구분하는 것은 남성 지배를 위해 만들어낸 관념이자 착각이고 허구라고 보는 이데올로기적 경향성을 띠고 있다. 인간이란 '남녀구분이라는 망상 속에 허덕이다 스러져가는 존재로 살아왔다'라는 것이다. 그래서 젠더 페미니즘은 남녀를 구분한다는 것은 아무 의미가 없다는 것이다.

페미니즘의 **'정치철학'**은 세상은 남성지배 코드로 구성돼 있다. 정치, 사회, 문화, 곳곳에 있는 이 코드를 폭로하고 깨부숴야한다. 이를 위해 가장 강력한 무기는 **LGBT운동**(Lesbian-Gay-Bisexual-Transsexual: 레즈비언-게이-양성애-트랜스젠더 Movement)이다. 이 운동이야말로 남성지배코드를 깨부수는 가장 강력한 무기라는 것이다.

요즘에는 한 술 더 떠서 **'범성애(pansexual)'**, 즉 성별이나 정체성 등 모든 것을 넘어 사람 자체를 사랑하는 것을 말한다. 섹스에 대한 전통적 도덕 관념이야말로 남성지배 코드의 핵심이라는 것이다. 세상을 남성이 지배하는 억압적 구조로 보고 이를 타파해야 한다는 것이다. 이는 일종의 희생자 코스프레(costume play: 게임이나 만화속의 등장인물로 분장하여 즐기는 일)라고 볼 수 있다.

페미니즘의 '미학'은 노동자가 계급의식에 눈떠서 계급투쟁에 참여해서 남성지배코드에 대항해 싸우는 것이야말로 '아름다움(beauty)'이라는 것이다. 즉, 계급투쟁의 과학성에 눈떠서 프롤레타리아트를 섬기는 것이 아름다움이다. 다시 말해 'LGBT운동'을 쿨(cool)하고 개념있는 창조적 행위라고 묘사하는 것이 아름다움이라는 것이다.

예를 들면 영화의 경우 동성애를 통한 두 여인의 일탈을 그린 〈델마와 루이스〉, 그리고 뮤지컬 및 드라마로 소화해낸 〈헤드윅〉과 같은 작품이 있다. 이들 작품은 페미니즘의 미학으로 만든 완성도가 굉장히 높은 작품이기 때문에 보는 사람들이 그 속으로 빨려 들어가 동성애를 아주 쿨(cool)하게 여기게 만들거나 동경하게 만드는 사악한 작품들이다.

◇ 사회문화를 오염시킨 '젠더 페미니즘'

젠더 페미니즘은 먼저 화장실이 남녀구분 없이 설치된다. 남자와 여자 화장실을 따로 두면 트랜스젠더는 어쩌란 것이냐고 반항한다. 혹은 내가 생물학적 남자이지만 관념적으로 여자라고 생각하는 사람이라면, 다시 말해 젠더 상으로 여자라면 나는 남자화장실을 가야 하나 여자화장실을 가야 하나요?

실제로 미국 캘리포니아 주의 일부 도시들은 이미 '올 젠더(all gender)' 화장실이 많이 설치돼 있다. 너는 LGBT(레즈비언-게이-양성애-트랜스젠더) 중에 어느 것이든 다 들어가서 볼일 보라는 것이다. 이로 인해 이들 지역에서는 성범죄가 급증하고 있다. 이는 화장실 안에서 성폭력이 증가하고 있다는 것이다.

이런 현상은 비록 미국이나 서유럽의 국가들에게 국한되는 것이 아니다. 이미 우리 한국사회에서도 젠더 페미니즘이 만개하고 있다. 해마다 우리 사회에서 개최되는 성소수자를 옹호하는 '**퀴어문화축제(성소수자 문화축제)**'가 수도 한복판에서 해마다 개최되고 있다. 무엇보다 좌파정부가 만든 가족여성부에서 어린이들도 성교육 및 동성애 교육을 조장하면서 전국에 〈성중립화장실〉이 설치되고 있다.

지금 대한민국에서는 '**서울대를 비롯해 KAIST, 성공회대, 전국인권센터, 인권재단, 공공운수노조, 강동성심병원, 현대카드**' 등지에서 〈성중립화장실〉을 운용하고 있다. 그리고 이는 전국적으로 확장추세에 있다. 그러나 우리보다 훨씬 더 먼저 운용한 미국과 영국 등은 〈성중립화장실〉 운용을 줄여나가고 있다. 왜냐하면 각종 성범죄가 〈성중립화장실〉을 중심으로 대폭 증가하자 이를 금지하는 방향으로 가고 있는 것이다.

특히 전 세계적인 베스트셀러 『**해리포터**』 작가인 조앤 롤링은 "성중립화장실로 인한 범죄는 동성애라는 모순적인 이념으로 범죄자들의 희생자 접근을 용이하게 만들어주기 때문에 발생한다"면서 설치 반대운동에 앞장서고 있다.

◇ 여성성(Femininity)을 부정하는 '페미니즘'

여성성은 여성과 연상되는 특질, 형태, 역할을 뜻한다. 하지만 여성은 반드시 생물학적 여성에게 내재될 뿐 아니라 사회적으로 습득되는 측면도 있다. 이런 까닭에 '여성성'과 '여성'은 구분될 필요가 있다. 여성뿐 아니라 남성 역시 여성성을 보이기 때문이다.

포스트모더니즘과 페미니즘이 지배하고 있는 한국사회에서의 **한글 위키**는 사회적 성을 다루는 사회학의 일부에서 **"여성성은 젠더 정체성"**이다. 여성과 구별된다. 여성성은 사회적 관념일 뿐이라고 정의한다.

이는 다시 말해 생물학적 여성과는 전혀 상관이 없고 내가 여자라고 느끼는 사람의 특질이라는 것이다. 영문위키보다 더 망가져 있는 것이 대한민국이다. 페미니스트들은 '진화생물학'에 대해서는 펄쩍 뛸 정도로 거부하고 있다.

◇ 진화생물학이 알려주는 '남성과 여성'

진화생물학(eukariotic cell)에서는 **진핵생물**(16억~21억 년 전부터 암수분화가 시작됨: 그전엔 암수동체인 단세포 바이러스로 자생분열을 함)은 약 8억 년 전부터 암수 성분화이루어지면서 생물 번식이 지배적 생명모드가 된다. 다시 말해 암수 성분화로 생명체가 생태계를 지배하게 된다는 것이다.

이는 암수라는 생물학적 근원이 매우 뿌리가 깊다는 것을 의미한다. 그리고 생물학적 분화에 의해서 암수 사이에 서로 얽혀서 유전자가 교배를 해서 생명종이 풍부해지고 진화 발전해왔다는 주장이 '진화생물학'의 스토리를 담고 있다. 페미니스트들이 진화생물학을 강하게 부정하는 것은 생물학적 성을 부정하는 것과 같은 맥락이기 때문이다.

그러나 분명한 것은 생물학적 성별에서 나오는 특성들이 있게 마련이다. 이를테면 여자는 '**임신-출산-양육**'을 위해 신체기관이 집중적으로 구성돼 있다. 이에 따라 '**자궁, 가슴, 모성애**' 등의 특성을 가진다. 사람과의 관계도 매우 정서적이고 부드럽고 수용적이고 민감하다. 반면 남자는 자기중심적이고 거칠고 사납고 용맹하다. 그러나 여성은 여성적 수용성이 있는 모성애가 있기 때문에 아이가 칭얼대고 보채고 징징대도 이를 참고 포용하고 인내한다.

이러한 여성적 특질은 어디서 나오는가. 진화생물학의 설명에 따르면 암수 성구분에서 비롯된다. 이런 여성과 남성이 가지고 있는 인간의 특질을 전혀 고려하지 않으려고 한다. 암수 생물학적 성(姓)구분은 아무런 의미가 없고 생명종의 하나로서의 인간이 존재할 뿐이라고 주장한다.

그러나 인간이란 단일 개체는 세상에 존재하지 않는다. 즉 남자 인간과 여자 인간이 각각 따로 존재한다. 그래서 굉장히 아이러니하게도 페미니너티(femininity)가 여성성을 부정하는 페미니즘(feminism)이다. 그래서 진짜 페미니즘은 에쿼티페미니즘(equity feminism)이다.

◇ 진짜 페미니즘은 '에쿼티 페미니즘'

1920년 경에 주창돼 2000년대 일반화된 에쿼티 페미니즘(equity feminism)은 고전적 자유주의 페미니즘(classical-liberal feminism) 또는 자유지상주의 페미니즘(libertarian feminism)의 한 형태를 이르는 말이다. 이는 정치적, 법적 평등의 달성을 중요한 목표로 삼는 페미니즘 조류이다.

다만 상당수의 페미니스트들은 '**에쿼티 페미니즘**'을 안티페미니즘적 사상으로 인식하고 있다. '**에쿼티 페미니즘**'은 남녀의 특성을 인정하는 페미니즘이다. 각각의 특질도 인정하고 남녀사이의 역할분담과 전통가치도 인정하는 것이다. 다만 법률 앞에 남녀의 평등을 주장할 뿐이다. 고용에 있어서도 남녀 구분을 인정하다.

한편 지금 페미니즘이 만연한 미국에서는 사원모집을 할 때, 남녀 성구분이나 심지어 나이조차도 구분하면 법률적으로 걸린다. 그러나 '**에쿼티 페미니즘**'은 고용에서도 남녀의 특성을 인정한다. 에쿼티(equity: 공정. 공평)란 특성에 맞춤형을 뜻한다. 즉 한 개체가 가진 특성에 맞춤형이라는 것이다. 그래서 이는 이퀄리티(equality: 획일적 평등)와는 많이 다르다.

한국 지식사회 지배한 '포스트모더니즘'

대한민국에서 '**포스트모더니즘**(post modernism)'이 1990년대에는 세기말 분위기와 맞물려 2010년대의 '특이점'과 같은 유행어로 자주 회자됐다. 당시 잡지나 사회과학, 정치관련 서적에는 포스트모더니즘이란 단어가 자주 사용됐다.

공산주의가 끝난지 언젠데 지금 뜬금없이 공산주의를 말하는가라고 반문할 수 있다. 프랑스에서는 다 망했지만 지금 한국사회가 '**포스트모더니**

즘'의 최강 근거지 역할을 하고 있다. 포스터모더니즘도 마찬가지로 공산주의철학의 삼위일체를 가지고 있다. '**도덕철학-정치철학-미학**' 등으로 공산주의철학을 그대로 답습하고 있는 것이다.

포스터모더니즘의 '**도덕철학**'은 '**진실과 거짓구분은 착각**'이라고 규정한다. 그런 것은 아예 존재하지 않는다고 말한다. 인간은 진실과 거짓을 구분할 능력이 없고, 또한 선과 악의 구분도 착각이라는 것이다. 선악은 고리타분한 기독교나 수구 우파들이나 하는 소리에 불과하다고 주장했다.

이 세상에 선하고 악한 게 어디 있어, 모두 다 자기 이해관계 속에서 날뛰는 것이라고 주장한다. 시비도 착각이야 세상에 옳고 그름은 없다. 모두가 다 자기 입장만을 주장하면서 떠들어대는 것이다. 포스트모더니즘은 인간은 뿌리가 없는 부평초와 같은 신세라고 본다. 이는 언뜻 불교 반야학의 핵심인 '**공(본무자성)**'사상과도 맥락을 같이해 보인다. 하지만 전혀 다르다. 공사상은 깊이와 두께가 다르다. 한 마디로 심오하다.

그러나 국가사회는 시스템이다. 그 체제가 어떤 것이든 간에 말이다. 그 시스템은 인간을 무기력한 원자(개인)로 만들어서 감옥에 가두고 감시하고 관리하면서 억압한다는 것이다. 그리고 그 감옥을 '**판옵티콘** (panogticon)'이라고 부른다. 판옵티콘은 가운데 감시탑이 서 있고 주위 모두가 감방이다.

그런데 그 감시탑에서는 감옥에 갇힌 우리를 볼 수 있다. 하지만 감옥에 있는 우리는 감시자를 볼 수 없는 구조를 '**판옵티콘**'이라고 말한다. 이처럼 국가 시스템이 인간을 무기력하게 만든 개인을 관리하는 세상에서 인생의 의미가 무엇이란 말인가. 반항적이고 파괴적인 '**떼**(multitude)'를 지어 그 멤버가 될 때 비로소 인간다워진다는 것이다. 그래서 포스트모더니즘에서는 떼를 가리키는 '**군중**(multitude)'이 매우 신성한 단어로 사용된다.

◇ 포스트모니즘의 '도덕철학-정치철학-미학'

포스트모더니즘의 '**도덕철학**'은 인간을 감시체제에서 살아가는 존재로 본다. 진실과 거짓, 선악, 시비 구분 같은 건 없다. 이런 상태인데 뭐라고 이름 붙여야 할지 모르는 체제(시스템)는 우리 각자 개인을 무기력한 원자로 만들어 놓고 우리를 감시하고 억압하고 있다는 것이다. 이때 인간은 한 개인으로써 무슨 짓을 해야 하는가. 서로 눈빛 맞춰서 반항적이고 파괴적인 떼를 만들어 세상을 불사르고 흔들어 파괴하는 것보다 더 나은 인생의 의미가 무엇이냐는 것이다.

포스트모더니즘의 '**정치철학**'도 마찬가지로 서로 코드가 맞는 사람끼리 눈을 맞추는 것을 '**땅속줄기**(rhizome)'라고 부른다. 이 땅속줄기 '**리좀**'을 통해 서로 눈 맞춰 떼를 형성해서 인간을 감시하고 관리하는 감옥 시스템인 '판옵티콘'을 불사르고 깨뜨리고 파괴하는 것이 최상의 사회정치적 활동이라는 것이다.

그렇다면 무엇을 위해 불사르고 깨뜨려야 하는가? 포스트모더니즘 신봉자들은 그 자체를 위해서라고 말한다. 이를 'deconstruction for the seek of deconstruction(**해체를 위한 해체**)'가 바로 포스트모더니즘의 본질이다. 이 시스템이 깨지고 다른 시스템이 나타나도 또 깨부수고 파괴해야 한다는 것이다.

이들 포스트모더니스트들은 종국적으로 모든 시스템은 '**판옵티콘**'이라는 것이다. 그러니 조금도 걱정할 필요가 없단다. 시스템(체제)은 생기는 족족 불지르고, 폭동하고, 파괴하면 되는 것이니까. 따라서 '**해체**' 그 자체가 포스트모더니즘이라고 주장하는 사람들도 있다.

한국의 포스트모더니즘 신봉자들은 포스트모더니즘을 입으로만 떠들지 독오른 자기 파괴성은 없다. 정말 희한하게도 **한국은 간첩마저도 우리 시스템에 들어오면 웰빙이 되니까, 양순화된다는 것이다.** 요즘 서구에서는 이미 철이 지난 포스트모더니즘이 유독 대한민국에서 맹위를 떨치고 있다.

그러나 포스트모더니즘의 원산지 프랑스는 이미 40여 년 전인 1980년에 깨져 없어졌다. 대한민국은 지금도 대학에 가면 이 가증한 것이 맹위를 떨치고 있다. 대학에서 철학, 사회과학, 심지어 문학 등 인문학을 하는 사람들이 태반이 '**포스트모더니즘**'을 신봉하고 있다.

대한민국 대학의 인문학부 교수들은 아직도 대부분 이 저급한 이론의 포스트모더니즘 열풍에 휩싸여 있다. 이는 대한민국 교수들의 머리와 영혼이 새까맣게 썩어 있다는 걸 방증한다. 원산지 서구에서 자취를 감춘 철지난 이론을 아직도 빨고 있는 지식의 꼰대들에게 배우는 우리의 대학생들이 불쌍하다.

◇ **佛 포스트모더니즘 지식인은 '몸소 실천했다!'**

앞서 1960~70년대 프랑스에서 '**68혁명**'과 함께 포스트모더니즘이 맹위를 떨치던 시절, 프랑스 신봉자들은 자신이 포스트모더니즘을 몸소 실천하며 살았다. 당대 지식인들의 인생은 정말 팍팍하기 이를 데 없었다. 특히 미셸 푸코는 '**한계체험**(limit experience)'을 어려서부터 시작하면서 '나 죽나 죽지 않나'를 체험하기 위해 스스로 배를 가르고 동맥을 끊기도 하고 대가리를 찍곤 했다.

그런데도 죽지 않자, 이제는 한계체험을 섹스로 하다가 에이즈에 걸려 비참한 종말을 맞는다. 들레즈 자살했고, 알튀세도 역시 자살했다. 이들은 포스트모더니즘을 이행하면서 이론적 지식에 머물지 않고, 스스로 인생을 망가뜨리는 실험을 한 지식인이다. 포스트모더니즘을 믿으니까 자기 인생도 그렇게 불지르고 파괴하면서 처절한 삶을 살았던 것이다.

우리 한국의 교수들은 어떤가? 이들은 '그 좋은' 포스트모더니즘을 입으로만 지껄이고 있다. 구역질이 난다. 한국의 지식인들은 자기인생은 '웰빙'으로 잘 싸인 삶을 살면서 추악하게 입으로만 떠들어 내는 것이다. 역시 지식 수입국답게 이중인격으로 떠벌이는 조국이나 진중권, 변희재, 김어준, 유시민 같은 놈들이라 한없이 가증스럽다. 너희들도 좀 진술하게 인생을 살아라!

그러나 정작 문제는 웰빙으로 사는 이놈들에게 배운 망가진 학생들의 미래가 암울하다는 것이다. 원조국 프랑스에서 포스트모더니즘을 주창한 데리다. 푸코, 들레즈, 알튀세는 자신들의 삶도 자기 파괴성을 띤 실천하는 삶을 살았다.

5. 구국 운동에 목숨을 건 '선지자 전광훈!'

지난 2019년 6월 8일은 이 나라 자유민주주의 대한민국의 **'생사(生死)'**가 걸린 변곡점이었다. 급기야 **"대한민국 망했다!"**는 하나님 음성을 들은 선지자 전광훈 목사님이 절규하기 시작했다. 이 탄식에 가장 먼저 귀를 연 사람들은 바로 강남지역의 성도들이었다. 이들을 필두로 애국세력이 구름떼처럼 광화문 광장으로 몰려나와 나라 살리기 위해 눈물겨운 투쟁을 벌이기 시작한 것이다.

그날부터 애국자들의 숫자는 날이 갈수록 늘어났다. 주말마다 광화문 광장을 뜨겁게 달구었다. 전광훈 목사님의 광화문 시국선언 이후 불과 두 달 만인 8.15 광복절 집회에는 그 무더운 여름날 억수같이 쏟아지는 우중에도 불구하고 수십만 애국자들이 태극기와 성조기 들고 나와 전광훈 목사님을 지지하며, 자유민주주의 대한민국을 거덜내는 **'문재인 하야'**를 목이 터져라 외쳤다.

광화문 애국세력들이 부르짖는 절규의 정점은 2019년 10월 3일 개천절이었다. 대한민국의 근-현대 역사상 그렇게 많은 군중이 한자리에 모인 적은 없었다. 광화문~종로~안국동~제기동~회기동~남대문시장~서울역 일대에 모여든 군중은 그야말로 인산인해, 500만 명이 넘었다. 전광훈 선지자의 외침에 눈과 귀를 연 군중들은 한결같이 '**문재인 하야!**'와 '**조국 OUT**'을 절규했다.

이 엄혹한 현실 앞에서도 북한 김정은 정권의 지령을 받는 민노총과 또 문재인 빨갱이 정부에 조종을 당하고 있던 신문과 방송은 애국군중의 피 끓는 목소리를 철저히 외면했다. 하지만 4차산업혁명의 신기술로 제작한 '**드론(drone)**'으로 찍은 입체 영상이 영구히 보존돼 있다. 이 영상은 국민의 알권리를 외면한 주류언론 매체를 마치 일제시대 치욕스런 '**신사참배**', '**창 씨개명**'처럼 영원히 조롱하며 비웃게 될 것이다.

그런데 유일하게 이 광화문 함성의 진실을 알아차린 세력이 있었다. 바로 윤석열 검찰총장이 이끄는 '**윤석열 사단**'이었다. 이들은 문재인의 검찰 개혁이 '**물으라하면 물고, 덮으라하면 덮는 충견 만들기**'라는 사실에 격분하여 살아 있는 권력 문재인에게 반격을 시도했다. 하지만 박범계, 추미애와 같은 고등 충견들이 압박하자 잠깐 움츠러드는듯했다. 그러나 광화문 세력의 함성에 힘을 얻어 다시 반격의 강도를 더해갔다. 이것이 나라를 살린 윤석열 정부의 태동이었다.

내로남불 문재인도 이 거대한 함성에 기겁한 나머지 마침내 임명 35일 만에 조국을 낙마시킨다. 이후부터 주사파로 완전히 기울어졌던 대한민국의 운동장은 평행을 되찾을 수 있었다. 그리고 광화문에서 외치는 소리는 여기서 멈추지 않는다. 겨울로 접어들자 청와대 사랑채 아래서 뜨거운 함성의 열기는 추위도 아랑곳하지 않았다. 얼음바닥위에서 텐트를 치고 시린 밤을 칼날 같이 매서운 인왕산 북풍도 견디면서 '문재인 하야'를 목이 터져라 외쳐댔다.

'나라를 살리자! 자유민주주의 대한민국을 구하자!'

◇ 전광훈 목사님 혜안 '또 한 번의 역사 변곡점'

지난 2020년 1월 3일 제왕적 대통령 문재인과 이들의 목에 칼날을 들이대던 검찰총장 윤석열이 각자 신년사를 발표한다. 문재인 대통령 신년사는 누가 봐도 북한 김정은 눈치보고 비위맞추는 내용이 주조를 이루었다. 그러나 윤석열 검찰총장의 신년사는 뚜렷했다. 어떠한 불법 세력에도 맞서 국민의 안전을 지키는 데 최선을 다하겠다는 검찰의 본분과 확고한 의지를 보여주었다.

바로 여기서 선지자 전광훈 목사님의 탁월한 혜안은 다시 한 번 빛을 발휘한다. 두 사람 신년사를 비교분석한 내용을 영상으로 광화문 대형 스크린에 뽑아 올린다. 그 추운 겨울 1월 5일 광화문 주일예배 및 집회에 나온 수십만 군중에게 대형 화면으로 직접 비춰주며 "문재인 신년사는 김정은에 아부하는 것이고, 윤석열 검찰총장 신년사야말로 대통령감"이라고 치켜세운 것이다.

이날 전광훈 목사님의 발언은 그야말로 **'생사존망'**을 가를 수 있는 살벌한 상황이었다. 박근혜 불법 사기탄핵이 이슈가 되면서 대다수 군중들은 박근혜에 대한 억울함과 분노로 가득차 있었다. 이 엄중한 현실에서 박근혜를 구속한 박영수 특검이 뽑은 윤석열 검사였고, 그 칼춤의 공노로 검찰총장이 된 사람을 애정으로 운운하는 것은 광화문 애국집회의 승패를 건 도박이나 다름없었다.

그러나 하늘의 하나님은 선지자 전광훈 목사님을 쓰고 계신다는 것을 여실히 보여주셨다. 전광훈 선지자의 탁월한 혜안을 인정해주셔서 그 일은 기적처럼 무사히 넘어갔다. 다시 말해 전광훈 목사님의 혜안으로 역사는 또 한 번 대한민국을 살리는 역사의 **'변곡점(변곡점)'**을 만들어 냈던 것이다.

그날 이후 윤석열 검찰총장은 각종 여론조사기관의 대선후보 지지율 조사에서 단숨에 10%를 뛰어넘는 대어급 후보로 급부상하게 된다. 가장 먼저 세계일보가 윤석열 검찰총장을 대선후보 여론조사에 올렸다. 이는 2020년 1월 첫주일 전광훈 목사님이 광화문에서 문재인과 윤석열의 신년사를 띄운 직후였다.

지난 2020년 1월 세계일보에서 진행한 차기 대통령선거 후보 선호도 여론조사에서 당시 줄곧 선두였던 이낙연 전 국무총리(32.2%)에 이어 단숨에 2위(10.8%)로 뛰어오른 것이다. 이는 전광훈 목사님이 광화문 집회에서 뽑아 올린 신년사 영상, 곧 순교를 작심한 선지자의 절대적인 역할이었다. 그런데 **'윤석열을 전광훈이 만들었다'**라고 하는 말에 누가 감히 이의를 달 수 있단 말인가?

한편 윤석열이 거론되기 전만 해도 좌파는 이미 이낙연이 독야청청 30~40%대로 고공행진을 하고 있었다. 뒤이어 이재명 10%대 초중반을 그리고 유시민, 정세균, 심지어 추미애까지 2~5%대였다. 하지만 우파는 홍준표를 필두로 오세훈, 유성민, 이준석 등이 10% 미만의 한자리수를 맴돌았다. 따라서 당시 우파 대통령이 나온다는 것은 언감생심 상상조차 하지 못한 일이었다.

그러나 전광훈 목사님의 선지자적 '**영감**(靈感)'이 우파 대통령을 세우는 희대의 변곡점을 만들어 냈다. 전광훈 목사님의 탁월한 혜안의 공로로 우파가 간신히 승리하며 윤석열을 대통령으로 만든 것이다. 다시 말하지만 이는 누가 뭐래도 전광훈 목사님이 이끄는 광화문 우파세력이 윤석열을 대통령으로 세운 것이다. 이는 실로 누구도 이의를 제기할 수가 없는 명확한 역사적 사실로 입증됐다.

그러나 사기탄핵으로 정권을 탈취한 문재인 일당의 무능과 부패로 대한민국은 지금 '**국방, 정치, 경제, 사회, 문화예술, 교육, 심지어 종교단체**'에 이르기까지 어느 것 하나 제대로 성한 곳 없다. 게다가 국회까지 독점한 더불어민주당의 의회독재 패악질로 벌써 집권 3년차를 맞은 윤석열 정부는 집권초기부터 골병든 국가를 이끄느라 가쁜 숨을 몰아쉬면서 뛰고 있다.

5천3백만 국민, 1천700만 교인은 '각성하시오!'

◇ '적화통일'이 바로 코앞에 다가와 있다!

5천 300만 국민과 1천 700만 세례교인이여 지금 대한민국은 체제위기

입니다. 이는 자유민주주의를 와해하려는 세력과 자유민주주의를 수호하려는 세력 간에 치열한 사상 전쟁이 전개되고 있는 중입니다. 이 전쟁에서 지면 **'적화통일'**은 마치 밤에 도둑같이 찾아올 것입니다.

우리가 주변을 잠시 둘러보면 이 사상 전쟁이 동창회에서도, 교회 내에서도, 친지간에도, 심지어 가족 간에도 날마다 일어나고 있다는 것을 쉽게 알 수 있습니다. 지금 60, 70대 부모님과 30, 40대 자녀 사이에서도 심각한 사상투쟁이 벌어지고 있는 것을 거의 매일 경험하고 있지 않습니까? 이미 우리에게는 느슨하지만 분명한 내전상황이 진행되고 있는 것입니다.

비록 느슨한 내전이라 할지라도 어떤 특별한 상황, 즉 북한 정권이 때가 무르익었다고 판단하는 순간, 그들의 지령에 따라 다시 한번 광주사태와 같은 엄혹한 폭력사태가 벌어질 것입니다. 그리고 이 사태에서 적에게 무릎을 꿇는 순간, 이 나라 대한민국은 돌이킬 수 없고, 치유가 불가능한 **'적화통일'**로 나아갈 수밖에 없다는 것을 명심하십시오.

우리는 6·25전쟁 때 선배 세대들이 경험한 사실을 알고 있듯이, 멀쩡한 인산노 공산수의 이념이나 사상에 한번 사로잡히면 친구도, 친지도, 심지어 가족도 죽창을 들고 죽일 수 있습니다. 이 가혹했던 공산주의 사상보다 훨씬 더 악랄하고 무서운 것이 지금 이석기 세력이 남한을 사로잡고 있는 **'주체사상'**입니다.

김일성 주체사상은 무도덕하고 비도덕하여 형제자매나 부모님을 마음대로 처단하는 악마성을 띤 종교입니다. 지금도 이들이 만든 영화를 보십시오. 예술마저도 죽이고, 속이고, 파괴하고, 날조하는 주제들뿐입니다.

◇ 국가 주요기관 '빨갱이에 완전히 장악 당해'

자유민주주의 대한민국의 체제위기를 몰고 온 세력은 지난 1980년대 중반에 등장한 악랄한 종북 좌익세력인 **'주사파'**다. 80년대 중반이후 약 30~40년 만에 종북 주사파가 우리사회의 모든 '진지'를 장악함으로써 대한민국은 사실상 내면적 **'적화통일'**이라는 도저히 믿기지 않은 상황에 이르게 된다. 더욱 심각한 것은 대다수 국민이 이런 현실을 전혀 의식하지 못하는 있다는 것이다.

우리는 이제 문제를 허투루 여기지 말고 냉정하게 바라보는 자세를 가다듬는 것이 가장 중요하다. 지금 바로 이런 태도를 갖지 않으면 우리는 진실로, 진실로 위험하다. 현재 우리 국민 대다수가 자유민주주의가 잘 지켜지고 아무런 문제가 없는 것으로 알고 있다. 그런데 이것이 바로 우리의 정신과 생각을 좀 먹는 가장 위험한 요인인 것이다.

내로남불 문재인이 안하무인일 때, 잠깐 경각심을 가졌던 수많은 우파 국민들이 윤석열 정부가 들어서자 이제는 **'좌파세력을 청산하는 것은 식은 죽먹기'**라고 생각하는 경향이 있었다. 그래서 성급한 우파 국민은 윤석열 대통령을 향해 **'우리가 당신을 세웠으니 문재인이 적폐몰이를 하듯이 제대로 좀 하라'**고 소리치는 사람도 많았다.

그러나 이런 사람들은 좌파세력에 의해 자유민주주의 대한민국의 모든 사회단체나 국가 주요기관의 **'진지'**가 완전히 장악당하고 있다는 사실을 알지 못하고 있다. 쉽게 말해 우리 사회가 우리도 모르는 사이에 전복되고 적화되었다는 사실을 전혀 깨닫지 못하기 때문이다. 이것이야말로 대한 민국을 진짜 적화통일로 몰고 가는 가장 큰 원인이 되고 있다.

◇ 민주당 '자유민주주의 파괴 법안 4025건 통과'

현재 우리 대한민국은 **'입법-행정-경제〈노동〉, 언론, 교육, 문화예술분 야'**에 이르기까지 모든 진지를 좌파가 완벽하게 장악하고 있다. 특히 문재 인 정부가 180석을 차지하면서 그들이 입법권을 마음대로 휘둘렀다. 의회 독재를 자행한 결과 대한민국의 법안 가운데 무려 4025건을 변경하고, 조 례안 8만 건을 문재인 정부의 입맛대로 바꿔버렸다.

이들 모든 법안 하나하나 안에는 이 나라 자유민주주의 체제를 파괴하 고 공산사회주의 체제로 끌고 가는 독소조항으로 가득하다. 따라서 지금 우파 대통령 정부가 세워졌지만 더불어민주당이 만든 악법을 단 한건도 바꾸지 못했다. 민주당의 절대다수 의회독재로 21대 국회가 끝나가는 지 금도 자유민주주의를 해체하고 낮은 단계 연방제로 가는 새로운 악법을 만들고 있다.

이런 악법들을 바꾸어 나라를 바로 잡으려면 우파가 적어도 180석 이상 이라는 압도적 승리를 거두어야 한다. 그렇지 못하고 약간의 승리나 비슷 하기만 해도 이 악법들이 4년간 연장될 것이다. 그러면 대한민국은 이들 악 법으로 통치되면서 온 국민은 이 악법질서를 당연하게 받아들이게 된다.

그럴 경우 이 나라 대한민국이 자유민주주의 정상국가로 회복한다는 것은 사실상 어려워진다. 나아가 대한민국은 북한이 염원하는 '적화통일'

로 가는 것은 분명한 현실이 된다. 이와 같은 엄혹한 현실에 직면해 있는데도 불구하고 국민은 현실 인식이 거의 제로상태인 것이다.

이번에도 '전광훈 목사님 혜안은 빛났다!'

전광훈 목사님은 이런 심각한 정치현실을 꿰뚫고 윤석열이 대통령에 당선되자마자 체제위기를 외치기 시작한 것이다. "윤석열 대통령은 이 나라를 5년간 연명하고 있는 것뿐이다. 우리가 윤석열을 지키기 위해 '4·10총선'에서 200석을 하지 않으면, 선거가 끝나자마자 윤석열은 식물 대통령이 되고, 이 나라는 적화통일이 될 것이 분명하다."

처음에는 수많은 사람들이 뚱딴지같은 소리를 한다고 비난을 퍼부었다. 그러나 전광훈 목사님의 시대를 앞서보는 선지자의 혜안이 지금 빛을 발휘하고 있다. 이제 모든 국민은 전광훈 목사님은 하나님이 쓰시는 선지자라는 것을 인정해야 한다. 우리 모두 정녕 자유민주주체제를 원한다면 전광훈 목사님의 외침, 즉 광화문 애국세력의 대열에 동참해야 한다.

이미 전광훈 목사님이 앞서 외친 모든 말씀들이 현실이 되었고, 이로써 대한민국을 위기에서 구했는데도 또 다시 전광훈 목사님을 외면한다면 대한민국의 위기는 불과 한두 달 뒤면 나타날 것이다. 윤석열 대통령임기 5년 동안 잠시 연장된 것뿐이라는 사실을 '4·10총선' 직후 곧바로 알게 될 것이기 때문이다. 그러나 그때는 후회해도 이미 버스는 지나간 것이다. (it's too late!)

그래서 눈앞에 닥쳐온 '4·10 총선'을 앞두고 우리가 해야 할 일은 가장 먼저 탄핵 폭도들을 국회문턱 밖으로 몰아내는 것이다. **'탄핵파 62적'**은 하루빨리 국회를 완전히 떠나든지 아니면 스스로 참회하고 석고대죄하여 국민 앞에 용서를 빌어야 한다. 그리고 우파 승리를 위해 백의종군하는 모습을 보일 때, 우파 국민은 박근혜 탄핵을 주도한 김무성-유성민과 함께 **'탄핵파 62적'**의 진정성을 이해하고 그들을 보듬어 줄 수 있을 것이다. 그런데도 **'탄핵파 62적'**은 전혀 개전의 정을 보이지 않고 있다.

이미 전광훈 목사님의 주장에 대다수 우파국민이 귀를 기울임으로써, 가장 먼저 한때 **'윤핵관(윤석열 핵심 관계자)'**으로 권력을 호가호위하면서 온갖 교만을 떨어대든 탄핵파 장재원이 사라졌다. 역시 윤핵관 권성동이 통일부 장관자리를 꿰차고 으스대다가 나자빠지고, 국민의힘 당대표 김기현이도 제대로 똥오줌을 가리지 못하고 설쳐대다가 지금은 우파의 날카로운 여론의 화살을 맞고 나가떨어진 셈이다.

대한민국을 빨갱이에 넘긴 '탄핵파 62적'

◇ 문재인의 내로남불 '코로나로 교회탄압'

한편 지난 '코비드 19' 시즌(2020년 3월~2022년 말) 근 3년을 돌아보면 문재인의 내로남불 파렴치는 극에 달했다. 문재인은 코로나로 온 국민의 손과 발을 묶어놓고 공포에 질린 국민을 상대로 국정을 농단했다. 코로나 거짓 정책으로, 또 국가 통계 조작으로 국민을 한없이 우롱한 것이다. 무엇보다 천주교 신자라는 인간이 교회를 농락했던 것이다.

거짓과 엉터리 숫자놀음으로 교회 예배를 마음대로 조종한 것이다. 교회는 소독을 하고 칸을 띄우고 앉아 철저히 예방을 해도 들어갈 수 없었다. 하지만 하루 수백만 명이 모여들어 콩나물시루를 방불케 하는 전철과 버스는 이용이 가능했다. 마침내 철저한 예방수칙을 지켜도 예배를 드릴 수 없도록 교회를 폐쇄한 문재인 정부, 그 죄과를 어떻게 감당할 것인지 두고 볼 일이다.

게다가 일부 타락하고 말 잘 듣는 대형교회 목사들 불러서 그들을 배후에서 조종하며 예배를 금지할 때, 야합에 앞장선 상당수 좌파 목사들도 반드시 하나님의 진노하심을 피하기 어려울 것이다.

지금도 우리 자유시민은 한없이 열악하고 어려운 환경에서도 자유민주주의 체제를 수호하는 데 목숨을 걸고 뛰고 있다. 자유마을(총재 장학일 목사님)은 2024년 2월 현재 800만 명의 회원을 확보했다.

무더위와 혹한을 가리지 않고 오직 전광훈 선지자의 말에 순종한 것이 이런 값진 결과를 얻어낸 것이다. 특히 '자유마을' 운동을 하면서 대원들이 느낀 보람은 지금도 수많은 국민들이 문재인 주사파 정권이 망쳐 놓은 것을 전광훈 목사님이 '자유마을'을 세워 회복하고자 한다는 말에 기꺼이 응해 준 것이다.

◇ 진정성 없이는 '국민 마음 얻을 수 없다'

바울이 돈 많은 장로들 때문에 사도 바울이 된 것이 아니다. 바울은 스스로 평생 텐트 메이커로 일하면서 **자비량**을 해왔다. 그런 과정을 거쳤기 때문에 기독교가 탄압을 당하면서 어려운 시절을 딛고 일어나 거대 제국 로마를 삼킬 수 있었던 역사를 우리는 알고 있다.

지금 우리 자유시민들도 그 뿌리가 다져질 때다. 이때는 혹독할수록 좋다. 겨울 보리나 개나리나 진달래처럼 엄혹한 춘화처리 과정을 거쳐야 알곡을 맺고 꽃을 피울 수 있듯이 바울처럼 스스로 혹독한 자기 극복과정을 거쳐야 한다. 진정성이 없이는 국민의 마음을 얻을 수가 없다.

세상일은 다 대가가 있게 마련이다. 공짜는 없다. 우리는 박근혜 탄핵에 피비린내를 몰고 온 주사파의 정체를 정확히 알아야 한다. 이들의 실체를 파악하지 못하면 또 이런 일이 되풀이될 수밖에 없다. 더 끔찍한 것은 지금 이 나라의 명줄이 주사파 손아귀에 달려 있다는 것이다.

선지자 전광훈 목사님의 '애끓는 부르짖음!'

보라! 이석기가 내란 선동죄로 구속돼 8년 3개월이나 살다 나오는데도, 출소하는 날 대전교도소 앞에서는 무려 300명이 넘는 지지자들이 몰려나와 환호하며 뜨거운 박수를 보냈다. 그날 대다수 국민들은 내란 선동으로 감옥을 살다 조기 석방되는 이석기 출소가 어떻게 대선 출정식을 방불케 할 수 있단 말인가라는 비난이 거세게 쏟아져 나왔다.

이석기를 제대로 아는 사람들에게는 실로 상상하기조차도 끔찍한 일이 아닐 수 없었다. 그래서 이재명이 비록 사법리스크로 구속돼도 이석기는 또 다른 자기 아바타를 세울 것이다. 또 다른 이석기 아바타가 나타나서 대한민국의 대통령에 당선된다면 그 순간부터 대한민국은 생명을 마감하게 된다. 이는 달리말해 하나님이 우리 대한민국을 더는 사랑하지 않고 버리신 것이라고 봐야 한다.

그래서 지금도 선지자 전광훈 목사님께서 목놓아 애타게 부르짖는 것은 바로 이같은 무섭고 비참한 내일이 우리의 현실로 다가오고 있기 때문이다. 따라서 전광훈 목사님은 지금 국회 200석 완성을 위해 '자유마을' 1000만 회원가입을 그냥 노래부르는 것이 아니다. 이는 실로 대한민국을 살리기 위한 충정과 눈물겨운 호소인 것이다. 선지자의 외침에 대한민국의 운명이 달려있다는 것을 국민과 세례교인들이 깨닫지 못하면 대한민국은 내일을 기약할 수 없다.

◇ 선지자 외침에 '내로남불 文도 조국 낙마시켜'

선지자란 단순히 그냥 무엇을 먼저 아는 사람이 아니다. 기독교에서는 예수님이전에 나타나 예수의 강림과 하나님의 뜻을 예언한 사람이다. 그러나 신약시대이후 선지자는 예수님이 초림하시고 떠난 뒤, 이 땅에 성령을 불같이 부어주셨다. 이제 하나님의 뜻에 따라 사는 성도에게는 누구나 강한 성령이 임하게 된다. 그리고 가장 강력한 성령의 기름부음을 받은 자가 가장 큰 선지자다.

신약시대, 다시 말해 성령시대의 선지자는 그 시대나 국가사회가 가진 문제점이나 병든 곳을 먼저 알고, 이를 선포하고 기도와 부르짖음으로 성령의 나타나심과 능력으로 문제를 해결하고 병든 것을 치유하게 되는 것이다. 이 나라 대한민국이 치유불능의 상태로 병들었을 때, 선지자 전광훈 목사님은 지난 2019년 6월 8일 시국선언문을 발표하고 문제 진단에 나선다.

그 당시 문재인 정부의 권력이 아직도 서슬퍼런 제왕의 시간이 3년이 남아 있을 때였다. 물론 많은 지식인, 정치인도 문재인의 문제를 알고 있었다. 하지만 아무도 국가가 병들고 썩어 있는 문제에 대해 입도 뻥긋하지 못했다. 전광훈 목사님은 죽음을 불사한 순교정신으로 분연히 문재인에 맞서 병든 조국을 치유하기 위해 목숨을 걸었다. 그리고 대한민국의 가장 아픈 곳을 치유했다. 그런데 누가 전광훈을 선지자라 하는데 감히 이의를 달 수 있단 말인가?

그리고 2019년 10월 3일 개천절날 광화문을 중심으로 몰려나온 500만 군중은 전광훈 목사님과 함께 '**문재인 하야**'와 '**조국 법무부 장관 OUT**'을 목이 터져라 외쳤다. 내로남불 문재인도 새파랗게 겁에 질려 법무부 장관에 임명한 조국을 결국 35일 만에 낙마시킨다. 이에 대한 더 구체적이고 설득력 있는 이야기는 앞서 상세히 기술했다.

우리는 지금 선지자의 외침과 하나님의 은혜로 아슬아슬하게도 24만 표차(0.73%)로 이재명을 꺾고 윤석열을 대통령으로 세웠다. 그러나 윤석열 대통령으로 모든 게임이 끝난 것이 아니다. 우리는 겨우 5년이란 짧고 짧은 연장시간을 번 것뿐이다. 이 기간에 우리가 정신을 차리고 요나가 니느웨에서 외친 것처럼 전광훈 목사님이 외치는 소리에 귀를 기울이지 않으면 우리 대한민국은 소돔과 고모라보다 견디기 어려운 비참한 현실을 맞게 될 것이 분명하다.

전광훈 목사님이 외치는 소리에 귀 기울여 이제 우리 대한민국 국민이 종북 주사파를 이 땅에서 완전히 몰아내고 이승만 대통령이 '**자유민주주의**' '**자유시장경제**' '**한미동맹**' '**기독교입국론**'이란 4기둥의 바탕 위에 세운 대한민국의 건국이념을 새롭게 부활시켜야 한다. 이를 위해 국회 200석이 반드시 필요하다. 이는 대한민국의 미래가 바로 200석에 달려있기 때문이다.

나라를 살리기 위해 '목사님들이 나섰다!'

사랑제일교회 전광훈 목사님을 중심으로 종북 주사파 좌익세력들에 의해 적화되어 가고 있는 자유민주주의 국가 대한민국을 살리기 위해 중대형 교회 5명의 형제 목사님(전광훈, 장학일, 장경동, 강현식, 전주남)들이 오직 구국을 위한 순교정신으로 분연히 일어나 뭉쳤다.

전광훈 목사님은 "지금 대한민국이 내면적으로는 사실상 적화상태나 다름이 없다. 따라서 이제는 전국 교회가 일어나 뭉치지 않으면 이 나라 자유민주주의 대한민국이 더는 존재할 수가 없다"며 "정말 이 나라를 위해 마지막이라는 심정으로 5명의 형제 목사님들이 일어나 일사 각오의 순교 정신으로 함께 뛰어 이번 '4·10총선'에서는 반드시 자유우파가 200석을 달성할 수 있도록 하겠다"고 말했다.

특히 전목사님은 "그렇지 않으면 자유민주주의 대한민국은 다시는 자유를 누리는 행복한 국가가 될 수 없다"라면서 "무엇보다 전 세계에서 가장 큰 교회인 여의도 순복음교회 이영훈 목사님이 우리와 함께하기로 결

〈좌측으로부터 전주남 목사님(새서울교회), 장경동 목사님(대전 중문교회), 전광훈 목사님(사랑제일교회), 장학일 목사님(예수마을 교회), 강헌식 목사님(평택 순복음교회)〉

의했다. 이제 대한민국과 교회는 새로운 역사를 쓰는 순간이다"라고 외치는 목소리에는 자신감이 흘러 넘쳤다.

◇ 전국 3506개 자유마을 설립!

장학일 목사님(예수마을교회 담임)은 '자유마을' 총재로서 사회의 구조악을 제거하기 위한 움직임에 나섰다. 장학일 총재는 "이미 전국적으로 각 자유마을마다 2명의 대표(7012명)를 중심으로 지난 1년여 동안 활동한 결과 700여만 명의 자유마을 회원을 모집한 상태다. 그리고 이번 '4·10총선' 전 까지 1천만 명의 회원을 확보해 반드시 대한민국을 자유롭고 행복한 국가로 새롭게 개조한다는 야심찬 플랜를 가지고 뛰고 있다"라고 강조한다.

◇ 자유통일을 위한 지역교회 총연합회(자교총)!

장경동 목사님(대전 중문교회 담임)은 '자교총' 총재로 새로운 교회 연합

기관을 책임지고 있다. 장경동 총재는 "교회가 나서지 않으면 자유민주주의 통일을 이룩할 수 없다. 대한민국 교회가 한반도통일을 해내야 한다는 각오로, 교단과 이슈를 초월해 253개의 지역을 중심으로 한국교회가 뭉쳐서 하나가 돼야 자유민주주의 통일을 할 수 있고, 나아가 자손 만대 하나님께서 주관하시고 다스리는 은혜로운 나라가 될 수 있다"라고 주장한다.

◇ 기하성(광화문) 총회장에 강헌식 목사 유임

강헌식 총회장(평택 순복음 교회 담임)은 "전국 지방회 소속 총대 404명이 기하성 총회를 중심으로 교회가 하나가 되도록 똘똘 뭉쳐서 총회 발전은 물론 각 교회의 부흥 및 지역 복음화를 위해 열심히 기도하자"라면서 "우리는 특별히 전광훈 목사님이 이끄시는 광화문 애국운동에 큰 힘을 보태야 한다. 그리고 대한민국을 살리는데, 목숨을 바쳐 일하는 전광훈 목사님을 도와 자유민주주의 통일을 꼭 이룩하자"라고 당부한다.

◇ DJ가 '연방제 해야 한다'라고 말하는 걸 직접 들어!

전주남 목사님(새시울교회 담임)은 "나는 젊은 목회자 시절에 같은 전라도 사람으로서 김대중 전 대통령(DJ)을 자주 만났다. 그리고 DJ가 동교동 자택으로 불러 직접 우리는 연방제로 가야 한다라는 말을 여러 차례 들었다"면서 "그 당시는 연방제가 좋은 줄 알았다. 이후 형제처럼 지내온 전광훈 목사님이 애국운동을 하는 것을 보고 뒤늦게 이 연방제가 어떤 것인지 깨달았다. 지금은 교회가 뭉쳐서 전광훈 목사님을 돕지 않으면 대한민국은 반드시 망할 수밖에 없다"라고 목소리를 높였다.

Part 4

우리 살길은 '주사파 척결'

"

지금

대한민국 사회에는

'간첩'들이 넓고 깊이 뿌리를

내리고 있다. 특히 '종북 주사파'가

득세하면서 사회 곳곳은 물론

국가 요직에까지도 빨갱이들이

득시글거리고 있다.

"

"

'주사파'가

장악한 언론은 가짜뉴스로

국가와 국민을 혼란에 빠뜨리고 있다.

이제 주사파 빨갱이들을 이대로

두어서는 안된다. 4·10총선에서

'200석'을 확보해야 주사파를

척결할 수 있다.

"

1. 한국사회에 깊이 뿌리내린 '간첩 실황'

◇ **황장엽 '남한 내 간첩 5만 명, 현재 50만 명 활동!'**

1997년 탈북한 고 황장엽 북한 노동당 비서는 "김대중 정부의 어설픈 햇볕과 포용정책으로 지금 우리 곁에는 얼마나 많은 간첩이 암약하고 있는지 모른다. 1990년대 당시 남한 내부의 북한 고정간첩이 5만 명에 이른다"라고 주장한 적이 있다. 이는 결코 과장이 아니라 현실임이 드러나고 있다. 이는 97년 발언인데다 이들을 통해 이후 2000년 초까지 포섭된 남한 내 간첩만도 당시 15만 명이 넘는 것으로 추정돼 큰 충격을 안겨주었다.

게다가 대공 전문가들은 2024년 현재 전국적으로 활동하는 간첩만도 50만 명이 넘는 것으로 보고 있다. 그래서 북한 당국은 "남한에 더 이상 간첩을 내려보낼 필요가 없다"라는 말까지 나온다. 늦었지만 이제부터라도 〈손자병법〉의 지적처럼 "전쟁이 국가의 존망과 국민의 생사를 결정짓고, 간첩의 활약이 전쟁의 승패를 결정짓는 요소"라는 교훈을 깨닫고 간첩 색출에 힘을 모아야 한다.

통혁당 간첩수사 보고서의 '조직체계'

통일혁명당(통혁당) 사건은 지난 1968년 8월 24일에 중앙정보부가 발표한 지하당 조직 사건이다. 통혁당 사건은 비록 지하조식이긴 하지만 남한 조선노동당 중부지역당 사건(1992년), 민족민주혁명당 사건(1999년), 통합진보당 내란 선동 사건(2013년) 등과 함께 실체가 있는 대표적인 공안 사건이었다.

북한 당국은 이때부터 본격적으로 남한 내 북한의 조종을 받는 간첩들이 조직적으로 활동하면서 대한민국을 파괴하기 시작했다. 통혁당 이전에는 주로 간첩들이 점조직으로 활동하면서 남한 내부의 군사기밀 등 첩보활동을 해오다 통혁당이라는 지하당 조직을 건설해 매우 치밀하고 조직적으로 활동한 것이다.

지난 4·19 혁명과 5·16 군사 정변의 파도가 지나간 뒤 1962년에 쿠바 미사일 위기가 일어나고 미국이 베트남 전쟁에 개입하는 등 국제 정세가 급격히 변동하기 시작했다. 세계 전쟁이나 미국의 공격에 대한 위기간이 쌓인 북한은 우선 자체적인 힘을 기르는 데 주력하기로 한다. 그런데 가장 중요한 건 국방이었다.

따라서 지난 1962년 12월에 개최된 조선로동당 중앙회의 전원회의에서 "전군의 간부화, 전군의 현대화, 전 인민의 무장화, 전국의 요새화"를 주 내용으로 한 4대 군사노선을 발표했다. 다른 한편으로 북한은 남한에서의 혁명을 기대했다. 하지만 그건 북한이 일방적으로 지원해서 되는 게 아니며, 남측 스스로의 힘으로 일어나야 한다고 판단했다.

또 국제적인 반미 혁명 세력과 단결해 범세계적인 반제(반미) 전선을 결성하고자 했다. 1964년에 열린 전원회의에서도 이같은 방안을 '3대 혁명역량 강화방침'으로 정리했다. 이는 북한의 혁명기지 강화, 남한의 혁명역량 강화, 국제 혁명역량과의 강화를 내세웠고, 북쪽의 '민주기지'를 강화한 뒤 주로 무력으로 남북통일을 달성하고자 한 한국전쟁 때와는 다른 모습이었다. 따라서 남쪽은 그 자체의 힘에 따라 '남조선혁명'을 이룩해야 함이 강조된 것이다.

왜냐하면 한미동맹으로 미군이 주둔하고 있는 데다 휴전상태로 유엔(UN)군이 존재하는 상황에서 전쟁으로 남한을 점령한다는 것은 불가능하기 때문이다. 그래서 문재인 정부가 미군을 몰아내기 위한 일종의 편법으로 '평화협정과 종전선언' 그리고 '미군 철수'를 그토록 염원했던 것이다.

◇ 통혁당 주범 '김종태 등 3명 사형-신영복 무기'

통혁당 사건으로 북한에 가서 노동당에 입당한 김종태, 김질락, 이문규는 사형당했다. 그리고 신영복, 이재학, 오병철, 신광현, 정종소는 무기징역을 선고받았다. 이어 한명숙의 남편인 박성준은 15년형, 김종태의 아내 임영숙은 12년형을 선고받았으며 기타 인물들은 5년 이하의 형을 선고받았다.

참고로 당시 무기징역을 선고받은 신영복은 전향서를 쓴 뒤 1988년 20년 만에 가석방으로 출소했다. 1971년에 체포된 류낙진 역시 무기징역이었으나 20년형으로 감형되었다. 최영도는 1969년 1월 감옥에서 폐결핵으로 옥사했다. 북한은 최영도의 죽음에 추도식을 열고, 부수상 리주연이 추도사를 낭독했다.

특히 지난 1969년 7월 10일에 통일혁명당 서울시당 위원장이었던 김종태의 사형이 집행되자 북한 측은 그에게 **'공화국영웅 칭호'**를 수여한 뒤 대규모 추모 집회를 열었다. 이후 평양전기기관차공장은 '김종태전기기관차연합기업소'로, 해주사범대학은 '김종태사범대학'으로 바꾸었다. 또 1969년 11월 6일 이문규가 사형집행을 당하자 역시 영웅 칭호가 수여됐다.

그러나 사형 직전 공산주의자였던 것을 뉘우친 김질락은 북한 정권으로부터 변절을 이유로 외면당했다. 그러나 신영복과 박성준은 북한 정권으로부터 변절자로 외면당하지 않았다. 이를 미루어보면 신영복과 박성준은 완전히 전향한 것이 아님을 짐작할 수 있다. 그렇다면 한명숙이 DJ시절 국무총리를 한 것이 무엇을 의미하는지를 곱씹을 필요가 있다.

이는 조직이 와해된 뒤에도 통혁당을 재건하고자 하는 시도가 여러 차례 있었으나 줄줄이 발각되었고 1979년에 통혁당 강원도 재건위가 발각된다. 북한은 통일혁명당 사건이 "미제와 남조선파쑈당국이 애국적 통일혁명당의 일부 성원들을 체포하여 사형을 비롯한 무기징역에 이르기까지의 극형과 중형을 선고한 사건"이라고 주장한다.

북한정보기관체계도

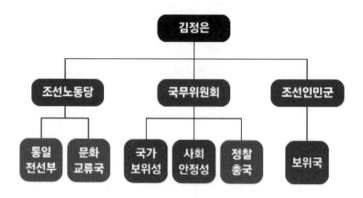

■ 대남·해외 정보기관　■ 국내(북한 내) 정보기관

김정은

조선노동당　국무위원회　조선인민군

통일
전선부　문화
교류국　국가
보위성　사회
안정성　정찰
총국　보위국

자료: 국가안보전략연구원
『김정은 시대 북한의 정보기구(2020년 12월)』

The JoongAng

중앙정보부가 발표한 '통혁당 조직도'

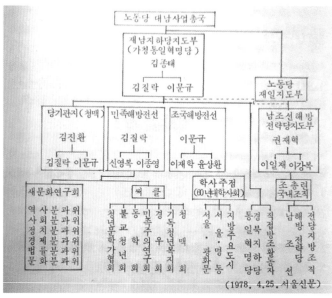

(1978. 4.25. 서울신문)

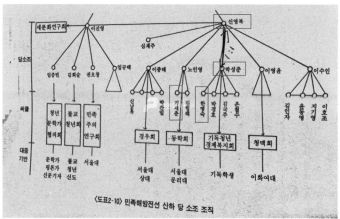

〈도표2-10〉 민족해방전선 산하 당 소조 조직

〈지난 2021년 8월 발표된 통일혁명당에 대한 간첩수사 보고서
내용이 담긴 30년 전 주요 문서집 사본〉

◇ 김종태 김일성 4차례 면담 '거액 수령'

한편 김종태는 최영도 등을 데리고 4차례에 걸쳐 북한을 왕래하면서 김일성을 직접 면담하고 미화 7만 달러, 한화 3,000만 원, 일화 50만 엔의 공작금을 받고 A-3지령만 167회를 수신했다. 당시 그 돈을 현재 금액으로 환산하면 수십억 원에 이르는 거액이다. 김종태는 체포 당시 민중봉기, 간첩의 무장 집단유격 투쟁을 통한 수도권 장악, 북한으로부터 무기 수령을 위한 양륙 거점 정찰, 특수요원 포섭, 월북 등 14개 항목의 공작 임무를 갖고 있었다.

다만 김종태의 방북기는 코미디 그 자체였다. 북한에서 금강산 관광을 시켜 주었을 때는 술에 취해서 1935년에 나온 **'목포의 눈물'**을 부르다가 반동 노래 부른다고 호텔 직원들에게 신고당하기도 했고, 북한에서 군수 공업단지를 보여주었을 때는 또 **'남침을 준비하고 있다'**라고 비난하다 북한당국의 빈축을 샀다. 남로당 숙청에 대해서도 마구 따지기도 했으며, '김일성은 가짜 아닌가?'라는 얘기를 해서 대남총국과 조직지도부 접대원들을 당황하게 만들기도 했다.

김종태는 그리고 술만 마시면 남한에서 하던 대로 허리띠를 풀고 곱사등이나 뱀 장수 흉내를 내면서 질펀하게 놀았는데 북한에서는 무슨 놈의 혁명가가 저렇게 천박하냐면서 몹시 당황했다고 한다. 결론적으로 통혁당 일당은 북한 정권에 엄청난 이바지를 한 분명한 지하 간첩당 조직인 것으로 밝혀졌다.

민중당 간첩수사 보고서의 '조직체계'

민중당은 지난 1990년에서 1992년까지 대한민국에서 북한의 지령을 받고 실제로 활동한 진보정당이었다. 1987년 제13대 대통령 선거에서 독자적 민중후보 출마를 주장한 사람들을 중심으로 1989년 '진보적 대중정당 건설을 위한 준비모임'이 결성되고, 이를 바탕으로 1990년 11월 10일 창당된다. 상임 공동대표 이우재, 김낙중, 김상기. 정책위원장 장기표, 사무총장 이재오 등이었다.

1991년 광역의원 선거에서 강원도의원 당선자를 배출했다. 그 주인공은 정선군 제2선거구에 출마했던 성희직. 대한민국 역사상 첫 진보정당 소속 선출직 공직자였다. 그리고 1992년 2월 7일 한국노동당 창준위와 통합했다. 그러나 1992년 제14대 국회의원 선거에서 지역구에서 눈에 띄는 후보를 내지 못하고 전국구에서도 득표율 미달로 한 명의 당선자도 배출하지 못해 정당 등록이 취소되면서 해체됐다.

당시 서울시 은평구 을의 이재오가 17%, 구로구 을의 이우재가 20%, 동작구 갑의 장기표가 20%, 부산진구의 김영수가 11%, 인천 북구을의 송경평이 14%, 구미에서 윤상규가 27%의 득표를 획득했다. 그리고 장승포-거제에서도 장대현이 12%의 득표를 얻는 등 의미 있는 득표를 기록한 후보도 여러 명 있었다.

하지만 지역적인 조직력이 원체 허약했기 때문에 당선권에 든 후보가 단 1명도 없었다. 그나마 울산과 창원에 지역 기반이라도 갖추고 있던 민주노동당과는 다르게 민중당은 지역 기반이 전혀 없는 상태였다. 따라서 민중당이 의석을 내기에는 언감생심 수준 미달이었다. 그 결과 민중당은 정당 등록이 취소되어 결국 해체되고 만다.

◇ 민중당 출신의 '중심인물'

민중당은 정당 등록 취소 이후 지도부였던 **'이우재, 이재오, 김문수'**는 보수로 전향하면서 1994년 민주자유당에 입당했다. 새누리당에는 민중당 활동을 하다가 이들을 따라 같이 넘어간 사람들이 상당수 존재한다. 민중당에서 활동했던 이들 중에 김성식, 정태근, 신지호, 김용태, 차명진, 박형준, 임해규 등이 새누리당(한나라당) 국회의원을 지냈다.

장기표는 이후 기존 정당과 신당을 가리지 않고 제도권 정치를 드나들었다. 그러면서 금배지를 달기 위해 엄청나게 노력했지만 모두 실패했다. 특히 이 과정에서 통합민주당, 새천년민주당은 물론 좌우 중도를 가리지 않고 사람들을 있는 대로 긁어모아서 민주국민당, 녹색사민당, 정통민주당, 국민 생각 등등 선거 때마다 정당을 급조하는 행태를 보이면서 이미지가 망가졌다. 2020년 21대 총선을 앞두고는 미래통합당에 입당해서 김해에 출마했다. 하지만 역시 낙선했다.

그리고 노회찬, 주대환, 조승수 등은 한국사회주의노동자당 창당을 준비하다가 1992년 초 민중당과 합당하였다. 민중당 해산 이후 지도부가 보수로 전향하고, 대부분이 노동운동 및 시민운동으로 떠난 이후에도 민중당 잔류파를 결집하여 진보정당 건설에 꾸준히 매진하여 '진보정당추진위원회(진정추)', 백기완 후보 선거운동본부, '진보정치연합', '건설국민승리21'을 거쳐 민주노동당 창당에 이른다.

놀랍게도 허경영이도 민중당에 참가했었다. 민중당 소속으로 1991년 지방선거에 출마했었는데, 이때부터 자신을 한국의 페스탈로치라 칭하는 등의 엉뚱한 패기를 보여줬다. 당시에는 무명의 정치지망생에 불과했기에 국회의원이 아닌 시의원으로 출마했지만 고배를 마신다.

통합진보당(통진당) 및 좌파 정당 조직

통합진보당 세력별 구도

민주노동당계(NL · 자주파)		국민참여당계	진보신당 탈당파 (PD · 평등파)	시민사회 · 노동계
당권파 (경기동부+광주전남)	비주류 (울산연합+인천연합)	당직 및 주요인물	당직 및 주요인물	당직 및 주요인물

당직 및 주요인물 / 비례대표 당선자 — 이정희(공동대표), 장원섭(사무총장), 이석기, 김재연

자역구 당선자 — 이상규(서울 관악구을), 김미희(성남시 중원구), 오병윤(광주 서구을), 김선동(전남 순천시곡성)

비주류 — 당직 및 주요인물: 강기갑(원내대표) / 비례대표 당선자: 윤금순(사회의사)

국민참여당계 — 당직 및 주요인물: 유시민(공동대표), 천호선(공동대변인) / 지역구 당선자: 강동원(전북 남원시순창)

진보신당 탈당파 — 당직 및 주요인물: 심상정(공동대표), 노회찬(공동대변인)

시민사회 · 노동계 — 당직 및 주요인물: 조준호(공동대표(진상조사위원장)) / 비례대표 당선자: 정진후, 김재남, 박원석

통진당은 창당부터 여러 성향의 좌파 계파가 모여 있었다. 진보신당 탈당파가 구성한 새진보통합연대가 국민참여당과의 통합에 합의하면서 '민

주노동당-국민참여당-새진보통합연대'의 3자 원샷 통합이 성사되었다. 그러면서 2012년 총선에서 엄청난 시너지 효과로 무려 13명의 당선자를 얻어낸다.

그러나 진보정의당(현 정의당) 분당 이후에는 종북 주사파(NL) 성향이 주를 이룬다. 결국 이석기의 내란 선동으로 해산된다. 이는 대한민국에 존재했던 정당 및 계파 갈등으로 진보정의당이 분당된 뒤에 대한민국 최초로 위헌정당으로 해산되는 불명예를 얻게 된다.

통진당은 정당에 대한 평가와는 별개로 여러 가지 내홍으로 대한민국 정당 역사상 가장 많은 논란을 불러일으켰던 정당으로 분류된다. 불과 3년 사이에 합당과 창당, 그리고 원내 입성에 이은 내홍과 분당, 마침내 선거 참패와 피소에 이어 강제 해산이란 부끄럽고 혼란스러운 역사를 안고 있다.

한편 통진당이 대중과 정치인들의 관심 집중을 받게 된 이유는 다름 아닌 친북 혹은 종북 성향 때문이다. 원래 상대 정당에 대한 매카시즘 발언은 한국 정치계에서 늘 있었던 일이다. 그러나 통진당은 의심 수준을 넘어 굉장히 노골적으로 북한을 지지하는 경향을 보였다. 따라서 이들의 추구 가치인 통일이 '적화통일'이라는 강한 의심을 받았고 실제로 그렇게 드러났다.

내란 선동 및 국가보안법 위반한 '이석기'

이석기 내란 선동 사건은 "통합진보당의 국회의원 이석기가 통합진보당 경기도당 모임에서 '한반도 전쟁에 대비해 국가 기간시설의 파괴를 위한 준비를 하자'라는 등의 발언을 했다"라고 국가정보원이 언론에 발표하고 검찰이 "내란을 음모했다"라는 혐의로 고발한 사건이다. 이로 인해 통합진보당이 해산되는 등의 정치적으로 엄청난 파장이 일었다.

최초에 국가정보원은 통합진보당 국회의원이었던 이석기 의원 주도의 지하 혁명 조직 'RO(Revolutionary Organization)'가 대한민국 체제전복을 목적으로 **'합법-비합법, 폭력-비폭력'**적인 모든 수단을 동원해 이른바 '남한 좌익 혁명'을 도모했다는 혐의로 고발했다. 국가정보원은 이석기를 형법상 내란 음모와 선동 및 국가보안법 위반 등의 혐의에 대해 수사하고 검찰에 송치했다.

2014년 2월 17일 1심 재판부는 이석기 의원에 대한 내란음모·내란 선동·국가보안법 위반 혐의를 대부분 유죄로 인정해 징역 12년에 자격정지 10년을 선고하고 나머지 피고인들에게도 징역 4~7년을 선고하였다.

그러나 2014년 8월 11일 서울고등법원의 2심 재판부는 내란죄를 저지르기 위한 구체적인 합의가 있었다고 볼 수 없다고 판단한다. 이에 2심 재판부는 원심을 깨고, 내란음모 혐의는 무죄로 판단하고 내란 선동과 국가보안법 위반 혐의만 유죄로 인정, 이석기에게 징역 9년과 자격정지 7년을 선고하고, 나머지 피고인들도 1심보다 형을 낮춰 징역 2~5년을 선고했다.

이후 2015년 1월 22일 대법원이 이 판결을 확정했다. 이 사건의 여파로 2014년 12월 19일 통합진보당이 헌법재판소의 위헌정당해산심판 결정에 따라 강제 해산됐으며, 이석기는 정치적 종말을 고하는 듯했다. 그러나 북한의 강력한 지지기반을 확보한 상태여서 출소 후에도 남한 내에서는 가장 강력한 힘을 가진 거물 정치인으로 군림하고 있다.

2. 좌파 정부가 '간첩 천국' 만들어주었다

민주당 거머쥔 이재명 당권파 '종북 주사파'

이재명은 1964년 12월 22일생으로 올해 갓 60 환갑을 맞은 나이다. 그는 86년에 중앙대 법대를 졸업했다. 그는 편입으로 들어가서 조기 졸업을 했다. 이재명이 86년도 대학을 졸업할 당시 막 종북 주사파가 대학가를 휩쓸 무렵이었다. 그래서 이재명은 대학을 다닐 때는 종북 주사파 물을 먹을 가능성은 크지 않다. 그리고 대학을 졸업하면서 사법고시에 합격한다.

이어 1989년 사법연수원 18기로 졸업했다. 판검사에 임용되지 못하고 곧바로 민주화를 위한 좌파 변호사 모임인 **'민변'**에 가입한다. 그리고 2003 년도에 좌파 단체인 성남시 참여연대 집행위원장으로 성남시에서 시민운동을 시작한다. 하지만 시민운동을 하면서 여러 가지 난관에 봉착하게 된다. 그래서 새로운 결심을 한다. 시민운동을 떠나 정당에 가입해 정치인으로서 승부를 걸겠다는 각오를 다진 것이다.

◇ 이재명 정치 승부수 '2005년 평양 눈도장!'

이재명은 2005년도 여름에 열린우리당에 당원 가입을 한다. 곧바로 그해 가을에 북한 정권의 중심인 평양을 다녀온다. 당시 40대인 이재명이 평양을 다녀온 것을 굉장히 자랑스러운 듯이 2022년도에 자신이 네이버 블로그에 직접 여러 장의 사진을 올린다.

사진 배경을 보면 평양에 도착한 순안비행장을 비롯해 만경대를 들렀고, 김일성 생가로 보이는 초가집과 대동강 배경, 체육대회 경기 참관, 호텔에서 추리닝 바람으로 북한 여성 안내원과 찍은 사진으로 북한을 다녀온 것을 담은 사진을 자랑삼아 버젓이 포스팅하고 있다.

노무현 정부의 열린우리당 당원으로 가입했을 때, 북한을 다녀오게 한 것이다. 정치인이 평양에 간다는 것은 매우 의미심장할 수 있다. 그것도 어떤 특정 행사가 아닌 개인 자격이었다. 장신대학교 김철홍 교수는 "이미 북한의 대남공작부서에서 이재명을 만나 그의 모든 신분과 사상 성향을 파악하고 검증한 것이 분명하다"라며 "북한 정권이 장기적으로 관리해야 할 남한의 정치인으로 분류돼 그동안 북한 당국의 관리를 받아왔을 것으로 보인다"라고 말했다.

이듬해인 2006년도 이재명이 성남시장에 도전한다. 하지만 기반이 약한 그는 낙선한다. 이어 2010년에 성남시장에 재도전한다. 당시 '**경기동부연합**'의 서울대 약대 출신인 김미희가 이석기가 이끄는 민노당 성남시장 후보로 나와 이재명과 경쟁 구도를 이룬다. 하지만 이석기가 절대적인 권한을 가진 경기동부연합의 김미희가 전격 사퇴한다. 이는 이재명을 성남시장으로 당선시키기 위한 모종의 전략이었던 것으로 알려졌다.

◇ 이재명 성남시장 숙주 '경기동부연합 기생충'

이재명이 경기동부연합의 도움으로 재도한 2010년 성남시장에 당선된다. 이를 계기로 이재명과 경기동부연합은 돈독한 관계로 다져진다. 그리고 이재명 성남시장과 경기동부연합은 **'숙주와 기생충'**처럼 떼려야 뗄 수 없는 불가분의 관계로 발전한다.

기생충은 숙주가 없으면 생존하기 어렵듯이 경기동부연합의 재정은 성남시장과 관계에서 획기적으로 든든해진다. 특히 대한민국에서 기생하는 골수 종북 주사파인 경기동부연합은 이재명이라는 숙주를 통해 경제권을 다지기 시작한 것이다. 이로써 종북 주사파는 혁명자금을 합법적으로 마련하게 된다.

생활형 주사파인 경기동부연합은 숙주인 이재명에게 기대어 먹고사는 문제까지 해결한다. 따라서 기생충 같은 경기동부연합은 이재명을 숙주로 삼아 성남시의 각종 이권 사업에 개입하여 혁명자금을 빨아들인다. 먼저 이들은 성남시의 이권에 개입할 수 있는 다양한 회사를 설립한다. 인구 100만 명이 넘는 성남시에는 숙주 이재명을 통해 뜯어먹을 먹거리가 수도 없이 많았다.

이를테면 아침마다 수거해가는 쓰레기 청소 담당 업체만 해도 엄청난 이권이 걸린 사업이다. 이 같은 다양한 이권 사업을 숙주 이재명은 경기동부연합이라는 기생충들이 마음껏 빨아먹을 수 있는 업체와 일자리를 밀어준다. 경기동부연합은 본업인 남조선 혁명운동을 하면서도, 한편으론 숙주 이재명에 기댄 이권 사업으로 엄청난 혁명자금을 확보하게 된다. 이를 통해 경기동부연합은 괄목상대할 성장을 이룩한다.

이런 공생관계를 통해 이재명이 연이어 두 번, 무려 8년간이나 성남시장을 해 먹는다. 그사이에 엄청난 일들이 벌어지게 된다. 일례로 2012년도 국회의원 선거에서 통진당이 후보를 내어 당선됨으로써 원내 진출에 성공한다. 당시 진보당 출신으로 이석기, 이정희, 김재연을 비롯해 비례대표 이상규, 김미희, 오병윤, 김선동 등이 국회에 진출했다.

그야말로 종북 주사파들이 국회에 들어가 국방위 등 주요 상임위의 위원으로 활동하면서 국가 기밀자료를 요청해 내용을 읽고 북한에 정보를 넘기는 등 종북 행위를 일삼아 온 것이다. 천만다행인 것은 2013년 8월 28일 통진당 내란음모 사건이 터지면서 명백한 종북 주사파의 실체가 세상에 알려지게 된다.

내란음모 사건의 내막은 자칭 혁명가라고 하는 종북 주사파 세력 150명이 서울 합정동에 있는 모 성당의 지하실에 모여서 내란음모를 획책하게 된다. 이날 그들은 회의를 통해 머지않아 혁명적인 상황이 곧 도래하게 될 텐데, 그런 상황이 닥치면 각자 동지들이 해야 할 역할과 임무를 정해주는 것이다. 폭탄을 제조하고 무기를 만들어 남조선혁명에 참여할 것을 논의하는 자리였다.

때마침 천우신조로 한 사람이 이 상황을 모두 녹음하게 된다. 이날 공개회의의 배경이 매우 특이했다. 왜냐하면 좌익세력은 그동안 지하에 숨어서 그야말로 비밀스럽게 남조선 해방을 위한 운동을 해왔다. 그런데 이들은 당시 기존의 혁명방식을 완전히 깨고 전면에 나선 것이다.

이런 행위는 전에 없었던 방식이었다. 무엇보다 이들이 실체를 드러내놓고 무려 150여 명이 공개적으로 한자리에 모여 그런 내란음모를 꾸민 이유가 뭘까 궁금해진다. 이는 한마디로 이제 대한민국은 (우리) 종북 주사파들의 손으로 해방할 날이 무르익었다고 판단한 것이다.

문재인 정부 北 눈치 보며 숨긴 '청주 간첩단'

북한의 지령에 따라 국내에서 여론을 선동해 왔던 **'청주 간첩단'** 일당이 지난 2021년 8월 2일 구속됐다. 청주지방법원은 이날 이들에 대해 구속영장을 발부했는데, 놀랍게도 이들의 혐의는 북한 공작원의 지령에 따라 미국산 전투기 F-35A 도입을 반대하는 여론 선동이라는 게 당국의 판단이다.

2021년 5월 말 수사당국은 청주에 있는 자택과 사무실 등을 상대로 압수수색을 진행했다. 심지어 이들은 대통령 선거가 한창이던 2017년 5월 4일, 문재인 더불어민주당 후보의 중앙선거대책위원회 노동 특보단으로도 활동한 것이 드러났다. 그런데도 이들의 적발 소식은 경찰·국가정보원 등에 의해 먼저 알려지지 않았다는 지적이 나와 충격과 파문이 크게 일었다.

무엇보다 더불어민주당 제19대 대통령선거 중앙선거대책위원회 노동특보단은 2017년 5월 4일 충북도청 브리핑실에서 기자회견을 열고, 문재인 대통령 당시 민주당 후보를 지지하는 선언과 함께 적폐 청산과 새로운 대한민국 건설을 실현하겠다고 밝혔다.

경찰청 공안문제연구소·경찰대 치안정책연구소에서 30년간 국내 안보 분야를 다뤘던 유동열 자유민주연구원장은 언론과의 통화에서 "안보 수사 요원들이 위반 사건을 수사 중인데, 문재인 정부의 특징은 간첩을 잡았다고 공식발표를 안 한다"라며 "최근 있었던 2건도 간첩을 잡아놓고서도 쉬쉬한다"라고 지적했다.

◇ 간첩 잡고도 '간첩죄 적용하지 않고 회합통신죄로 축소'

유동열 원장은 특히 "간첩 혐의자들을 검거하게 되면, 통상 보도를 함으로써 국민에게 경각심을 높이는데 문재인 정권은 그렇게 하지 않는다. 그 이유는 북한 김정은과 관계 개선을 위해 눈치를 보는 행보로 발표도 못 하는 것 아닌가"라며 "설사 피의사실 공표죄라는 게 있더라도, 혐의자들을 기소하게 되면 당국이 발표해야 하는데 그렇게 하지도 않고 있다"라고 목소리를 높였다.

법조단체 **'한변(한반도 인권과 통일을 위한 변호사 모임)'**도 성명서를 통해 이번 사건의 심각성을 강조하고 나섰다. 한변은 간첩을 잡고도 간첩죄 적용 안 하는 문재인 정권을 강력하게 규탄했다. 실제로 문재인 정부는 최근 국가정보원과 경찰청 안보수사국에서는 북한과 연계된 2건(이른바 4·27시대 연구원 이정훈 사건 및 청주활동가 사건)의 국가보안법 위반자를 구속 또는 기소하였다.

두 사건은 명백하게 반국가단체인 북한 공작원을 국내외에서 접선해 회합·통신하고 그 지령을 받아 국내에서 목적수행을 했다. 그런데도 보안법 제4조 목적수행 간첩죄를 적용하지 않고 회합통신죄를 적용했다. 문재인 정부는 모처럼 분명한 간첩을 잡고도 간첩죄를 적용 안 하고, 회합통신죄로 축소 수사했다.

'창원 간첩단' 조직망으로 뒤덮은 대한민국

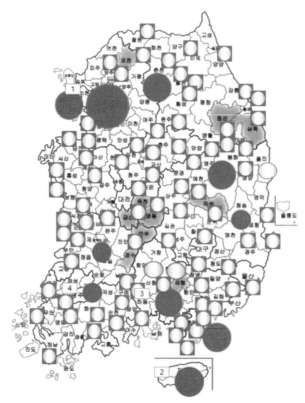

〈2023년 6월 7일 서울 글로벌센터에서 열린 자유민주연구원 주관 정책 세미나에서 발표〉

이는 북한 김정은 집단의 눈치를 보며 비위 맞추기에 혈안이 돼 있는 문재인 정권과 코드를 맞추려는 안보 수사당국 지휘부들의 직무유기이자 이적행위가 명백하다. 따라서 북한 지령을 받아 반국가 이적행위를 하는 자들이 우리 사회에 발호하며 안보를 위협하는 데도 문재인과 박지원은 이를 외면했다.

한편 이런 상황이 백주에 벌어지고 있는데도 불구하고, 당시 문재인 정부와 여당인 더불어민주당은 지난 2020년 10월부터 국가보안법 제7조 폐지안을 비롯해 지난 5월 통합진보당의 후예 격 정당과 함께 국가보안법 전면 철폐안을 내놓은 상태다. 보안법을 폐지하려는 것은 간첩들과 안보 위해 세력들이 추구하는 공산화 세상을 만들려는 것이 아닌가 묻고 싶다.

대한민국은 간첩들에게 '웰빙 천국이다!'

◇ 북한 김정은에 개노릇 '개만도 못한 민노총!'

개는 키워준 주인을 알고 반가워할 줄 안다. 그러나 자유민주주의 대한민국에서 온갖 좋은 혜택 다 받고 성장한 인간들이 국가를 배신하고 지구상에서 가장 악랄한 김정은의 개노릇을 하는 너희들은 진짜 **'개만도 못한 인간들!'**이다.

지난 **'창원 간첩단'**에 이어 북한으로부터 지령문을 받고 간첩 활동을 벌인 전직 민주노총 간부 4명이 구속기소 됐다. 이들 사무실과 주거지에서 발견된 지령문은 90건으로, 역대 국가보안법 위반 사건 중 가장 많았다. 수원지검 공공수사부는 2023년 1월 10일 국가보안법 위반 혐의로 전 민노총 조직쟁의국장 A(52) 씨와 전 보건의료노조 조직 실장 B(48) 씨, 전 금속노조 부위원장 C(54) 씨, 전 민주노총 산하 모 연맹 조직부장 D(51) 씨 등 4명을 검거해 재판에 넘겼다.

A 씨는 2017년 9월 캄보디아에서 북한 공작원 3명과 접선한 것을 비롯해 2018년 9월 중국에서 북한 공작원 접선 및 국내 활동 등 지령을 받은 혐의를 받는다. 또 2018년 10월부터 총 102회에 걸쳐 북한 지령문을 받았다. 20여 년간 북한 공작원과 접선·교류하며 북한 공작원으로부터 '따뜻한 동지', '혈육의 정' 등을 주고받을 정도로 긴밀한 사이를 유지한 것으로 나타났다.

B 씨 역시 캄보디아에서 북한 공작원들의 지령을 받았다. 또 C 씨와 D 씨도 2017년 및 2019년 캄보디아와 베트남에서 각각 북한 공작원을 만났다. 이들은 대남공작기구인 북한 문화교류국의 지도를 직접 받았다. 북한은 지령문을 통해 청와대 등 주요 국가기관의 송전선망 마비를 위한 자료 입수와 화성·평택 2함대 사령부, 평택 화력·LNG 저장탱크 배치도와 같은 비밀자료수집을 지시했다.

검찰에 따르면 이들과 북한 공작원들이 주고받은 '**대북통신문 약정 음어**'에는 초월적인 존재라는 의미에서 김정은 북한 국무위원장이 '**총회장님**'으로 표기됐다. 또 북한 문화교류국은 '**본사**'로, 지하조직은 '**지사**' 등으로 불렸는데, 민주노총은 지하조직 지사의 지도를 받는 조직이라는 의미로 '영업1부'로 지칭됐다. 북한 당국은 A 씨 등과 접선하기 위한 구체적인 행동 요령을 지시했다.

2019년 7월 10일 자 지령문을 보면 지사장은 약속 5분 전에 약속 장소 위치에서 기다리다가 정시에 '손에 들고 있는 생수 물병을 마시는 동작을 실행하라'라고 적혔다. 이어 북측 공작원이 지사장의 동작을 확인하고 7m 거리에서 손에 든 선글라스를 손수건으로 두세 차례 닦는 동작을 하면 양측이 은밀히 접선하는 것으로 계획을 짰다. 검찰 관계자는 "영화 시나리오처럼 북측이 특정 행동을 정해 줬다"라며 "그에 따라 접선이 이뤄진 게 확인된 최초 사례"라고 밝혔다.

민주노총 홈페이지와 유튜브도 대북 연락 수단으로 활용됐다. 상대 조직원의 활동 여부나 의사 등을 확인해야 하는데 이메일이나 클라우드 등 암호화 프로그램이 제대로 잘 작동하지 않는 경우를 대비한 방법이다.

특히 2019년 2월엔 당시 야당 인사의 5·18 망언을 계기로 농성 투쟁 및 촛불 시위를 진행할 것과 같은 해 4월에는 트럼프 전 미국 대통령의 방한을 대비해 달걀 투척, 화형식, 성조기 찢기 등의 방법을 연구해 실천하라고 했다. 북측은 그해 7월 국내에서 일본 제품 불매 운동이 일어나자 일장기 화형식, 일본인 퇴출 운동, 대사관 및 영사관에 대한 기습 시위 등 반일 투쟁도 적극적으로 벌여 달라고 요구했다.

검찰과 국정원, 경찰청은 이번 수사로 90건의 북한 지령문과 24건의 대북 보고문을 확보했다. 또 이들이 주고받은 통신문건의 암호를 해독해 지하조직을 적발했다. 그동안의 공안 수사에선 암호 해독키를 찾지 못해 북한의 지령문을 해독하지 못한 사례가 많았는데, A 씨가 근무하던 민노총 본부 사무실에서 암호 해독키가 발견되면서 은폐됐던 지령 내용이 낱낱이 밝혀졌다.

◇ 민노총이 받은 '北 김정은 지령만 120개 확보'

"청와대 등 주요 통치기관들에 대한 송전망체계 자료를 입수해 이를 마비 하기 위한 준비 사업을 추진하라."

2019년 1월 북한이 민주노총 조직쟁의국장 석모(구속) 씨에게 보낸 지령문 내용이다. 이 지령문에는 "화성, 평택지역 군사기지, 화력발전소, LNG 저장시설, 항만 등 관련 비밀 자료 수집하여 유사시에 대비하라"라는 지시도 담겼다.

국가정보원은 최근 압수수색에서 석 씨 등을 통해 전달된 이 같은 북측의 지령문 90여 건과 보고문 30여 건을 확보한 것으로 알려졌다. 국정원과 경찰은 지난 1월 석 씨를 포함해 구속된 민주노총 전·현직 간부 4명의 자택과 민주노총 본부 사무실 등을, 지난 24일 또 다른 민주노총 간부 2명의 사무실과 자택 등을 압수수색했다.

이날 압수수색에서 방첩 당국이 확보한 대북 통신문건에는 송전망 등 국가 핵심 기반 시설 관련 자료 수집을 명령하는 내용 외에도 ▶방사능 오염수 방류·일장기 화형식 등 반일 감정 자극 ▶진보당(옛 통합진보당) 장악과 원내 정당화 ▶양경수 민주노총 위원장 지지 등의 내용이 담겼다.

◇ 방사능 오염수 방류 문제 '반일 감정 부추겨라'

북한은 또 반일 감정 고조로 한일관계 파국을 조장하라는 지령도 여러 차례 보냈다. 북한은 2019년 7월 "일장기 화형식, 일본인 퇴출 운동, 대사관 및 영사관에 대한 기습시위 등을 비롯해 파격적인 반일 투쟁들도 적극적으로 벌여 일본 것들을 공포에 몰아넣는 등 다양한 방법으로 반일 감정을 고조시키기 위한 활동을 전개하라"라고 지시했다.

특히 2021년 5월에는 "방사능 오염수 방류 문제를 걸고 반일 민심을 부추겨 일본 것들을 극도로 자극하는 한편, 집권 세력을 압박해 이남 당국과 일본 사이의 대립과 갈등을 되돌릴 수 없는 지경으로 몰아넣도록 조치하라"라며 반일 관련 이슈를 제기하라는 지시를 지속적으로 전달했다.

북한은 석 씨 등에게 "진보당을 장악하라"라는 지령을 내리고 진보당을 통한 원내 진입의 필요성을 강조했다. 진보당은 2014년 정당해산심판으로 사라진 통합진보당의 후신이다. 검찰이 지난 15일 기소한 자주통일민중전위(자통) 사건에서도 같은 취지의 지령이 드러났다.

지령문에 따르면 북한은 민주노총 내부의 선거에도 관심을 보이며 양경수 민주노총 위원장의 당선을 도우라는 지령도 내렸다고 한다. 종북 주사파인 양 위원장은 2020년 12월 민족해방(NL) 계열의 경기동부연합 출신으로는 처음 위원장에 선출됐다. 경기동부연합은 내란 선동 혐의로 징역 9년 형을 받았다가 2021년 가석방된 이석기 전 통진당 의원이 속한 단체다.

북한은 윤석열 정부를 압박하라는 지령도 수차례 내린 것으로 알려졌다. 지난해 4월 17일에는 "각급 노조들을 발동해 윤석열 패들을 반대하는 투쟁 등을 적극적으로 벌이라"는 지령문을 보냈고, 6월 29일에는 "'한·미 동맹은 전쟁 동맹' '평화파괴범 윤석열을 탄핵하자' '남북 합의 이행' 등의 구호를 들고 용산 대통령실과 정부청사, 윤석열 자택 주변에서 도로 차단·포위 행진·연좌시위들을 지속적으로 조직·전개하라"라고 지시했다.

국정원은 "민주노총 핵심 간부가 연루된 중요 사건에 대해 일각에서 '간첩단 조작' '종북몰이'로 폄훼하며 여론을 호도하고 있고, 이들의 범죄사실 중 국가기밀 탐지·수집과 국가기간망 마비와 같은 공공의 안전에 급박한 위협이 될 수도 있는 내용도 있어, 국민의 알권리 차원에서 언론에 영장 발부 사실을 공개하기로 했다"라고 설명했다.

대한민국 '北 고정 간첩들이 활개 치는 나라'

◇ 대한민국 '이미 적화는 됐고, 통일만 남았다!'

지난 노무현 정부 때인 2005년 10월 국회에서 한 야당 의원이 당시 세간에 나돌던 **'적화는 됐고 통일만 남았다'**라는 자조 섞인 우스갯소리를 거론하며 노무현 정부 여당을 질타했다. 당시 답변에 나선 이해찬 국무총리가 **"색깔론 그만하라!"**라고 소리쳤다. 그러나 이는 색깔론이 아니라 분명한 사실로 드러났다.

그로부터 1년 후인 2006년 10월 〈일심회〉 간첩단 사건이 터졌다. 당시 검찰은 이 사건을 '6.15 남북공동선언 이래 최대 간첩 사건'이라고 밝혔다. 검찰발표에 따르면 주모자 장민호가 이적단체인 〈일심회〉를 조직한 것이 2002년이고 정치권과 시민단체에 본격 침투한 것이 2005년께부터로 돼 있다.

당시 제도권으로 진입한 좌파 정당 민주노동당의 사무부국장이 일심회에 가입한 것도 2005년이다. 그런가 하면 전교조가 중학생들을 상대로 빨치산 미화 교육을 시킨 것도 2005년 10월부터이다. 간첩들의 암약 시기와 소문이 퍼진 시기가 일치한 점을 고려할 때 당시 민초들이 수군댔던 '적화는 됐고 통일만 남았다'라는 얘기는 그냥 재미 삼아 해본 우스갯소리가 아닌 사실이었던 것이다.

◇ 북한의 지령 '국가 주요시설 마비 준비하라!'

"평택화력발전소·LNG저장탱크·평택 부두, 해군 2함대 사령부 등 경기도 화성·평택 지역의 국가 주요시설·군사기지 정보를 수집해 유사시 마비시킬 준비하라."

"청와대·검찰·통일부를 비롯한 적(敵) 통치기관에 자유롭게 드나들 수 있는 인물들과 인맥을 두텁게 하며 정보 선을 늘리라."

"청와대를 비롯한 주요 통치기관들에 대한 송전망 체계 자료를 입수해, 이를 마비시키기 위한 준비작업을 하라."

"당국과 일본 것들 사이의 대립과 갈등을 격화시키고 각 계층의 반일 감정을 더욱 고조시키기 위한 실천 활동을 전술적으로 짜고 진행하라."

"방사능 오염수 방류 문제를 걸고 반일 민심을 부추겨라", "집권 세력을 압박해 이남 당국과 일본 사이 대립 갈등을 되돌릴 수 없는 지경으로 몰아넣으라."

"다음 해 총선(2020년 4·15총선)에서 민주당을 비롯한 진보민주개혁세력이 압도적 승리를 거두지 못하고 보수세력에 패한다면 촛불 민심인 보수 적폐 청산과 사회대개혁은 좌절될 것."

"민노총 정치위원회에서 연고 체계를 이용해 정의당 전 당 대표 이정미, 전원내대표 배진교 등 자주적 경향이 강한 중진들과 정책적 제휴, 연대투쟁을 활발히 벌여 10월 정의당 당직자 선거에 자주 세력 주요 인물들이 당 지도부를 장악하도록 지원하라."

"각급 노조를 발동해 윤석열 패들을 반대하는 투쟁 등을 적극적으로 벌이라."

"'한미동맹은 전쟁 동맹', '평화파괴범 윤식열을 탄핵하자', '남북합의 이행' 등의 구호를 들고 용산 대통령실과 정부청사, 윤석열 자택 주변에서 도로 차단·포위행진·연좌시위들을 지속적으로 조직·전개하라."

게다가 6월 29일엔 윤석열 대통령의 탄핵을 목표로 구체적인 사안을 지시했다. 이쯤 되면 민노총이 북한 측의 지령을 받아 국가를 전복시키는 행위를 했다고 볼 수밖에 없다. 또한 이태원 사고 당시 참사에 대한 애도를 반정부 투쟁으로 전환할 것을 주문하며 '국민이 죽어간다', '퇴진이 추모다',

'**이게 나라냐**' 등의 구호 사용을 주문했다.

이상 북한의 지령 내용을 살펴보면 국가 전복을 종용하는 내용 일색이다. 이 지령을 받고 이를 따르기 위해 조직 안팎에서 갖가지 활동을 벌인 간첩들의 숫자는 실로 어마어마할 것으로 보인다. 간첩 혐의는 구속된 4명 외에도 직군별로 무수하게 더 있을 것이란 얘기가 설득력을 얻고 있다.

전교조 및 前 공동대표 '간부 간첩 단원'

2023년 5월 23일 방첩 당국이 '**창원 간첩단**'으로 불리는 자주통일 민중전위(자통)의 추가 조직원에 대해 압수수색을 진행하는 가운데, 이 조직원들은 A 전 진보당 공동대표와 B 전교조 강원지부장인 것으로 전해져 충격을 안겨주었다.

방첩 당국은 현재 A 씨와 B 씨의 자택·차량, 전교조 강원지부 등 8곳을 압수 수색한 결과 A 씨와 B 씨는 국가보안법상 이적 표현물 제작·편의 제공 혐의 등을 받고 있다고 밝혔다. 국가정보원과 경찰은 이들에 대해 압수수색 영장을 검찰에 신청했고, 검찰이 법원에 영장을 청구했다. 서울중앙지법은 16일 압수 수색 영장을 발부했다.

A 씨는 지난 2021년 6월 '녹슬은 해방구'라는 제목의 북한 사상 찬양한 이적 표현물을 제작한 혐의를 받고 있다. 그는 2020년 6월엔 자통 조직원으로 활동하다 구속기소가 된 김모 씨에게 우체국노조 등의 목록을 전달

하고, 그해 7~9월 사이 대학생이나 진보당 인사들의 목록을 전달한 편의 제공 혐의도 받고 있다고 했다.

B 씨는 2020년 4월 '태양절 110주년을 맞이하여'라는 제목으로 주체사상을 창시한 김일성을 찬양하고, 작년 2월엔 '김정일 동지 탄생 80돌을 축하드리며'라는 제목으로 김정일도 찬양한 혐의를 받는 것으로 전해졌다.

그는 또 6월엔 자통 조직원 김 씨에게 전교조 강원지부에서 노조 현황, 회원 포섭 대상자 등의 신원을 전달하고, 9월엔 전교조 강원지부의 7~8월 활동 내역이나 하부 조직원들이 북한 사상 관련 학습을 받았던 내용 등을 전달한 것으로 전해졌다. 이어 11월에는 서울서 김 씨와 접선한 혐의(국가보안법상 회합)도 받고 있다.

문재인 정부 시절엔 '한미 군사훈련 중단, 미제 무기 도입 반대 운동을 전개하라'는 지령이 내려졌다. 그러나 윤석열 정부 출범 즈음엔 '진보·촛불 세력과 연대하고 중도층을 규합해 반정부 투쟁에 나서라'는 지령들이 내려왔다. 일부 지령은 실제 이행했다고 북한 당국에 보고했다.

비슷한 일들이 창원·전주 등에서도 연쇄적으로 일어났다. 모두 '해외 접선→지하조직 구축→반미·반정부 투쟁'의 수순을 밟았다. 이번 사건은 2021년 8월 적발된 '자주통일 충북동지회' 사건을 연상시킨다. 이 사건에서도 청주 지역 노동계 인사들이 해외에서 북 공작원과 접촉한 뒤 지하조직을 만들었다.

이는 대부분 문재인 정부 시절 벌어진 일이다. 북한과의 평화 쇼에 집착

하던 문재인 정부는 국정원을 남북대화 창구로 전락시켜 사실상 대공 수사를 막았다. 군의 방첩 기능과 검찰의 대공 수사 기능도 대폭 축소했다. 대공 수사 기관을 무력화해 북한 간첩과 국내 종북 세력들에게 활동 공간을 열어주었던 것이다. 대공수사요원들은 지금까지 드러난 간첩 활동의 실상은 빙산의 일각일 것으로 보고 있다.

특히 이들 사건은 모두 국정원의 베테랑 대공수사 요원들이 10년 이상 추적해왔다. 국정원의 해외 방첩망이 가동되지 않았다면 해외 접선 증거를 확보하기 어려웠다는 공통점도 있다. 그런데 수십 년간 쌓인 국정원의 대공수사 노하우가 사장되고 있다.

무엇보다 문재인 정부 시절 강행 처리한 국정원법 개정안에 따라 국정원의 대공수사권이 올해 1월 경찰로 이관됐기 때문이다. 경험 없는 경찰에 국정원 수준의 대공 수사 역량을 기대하기는 어렵다. 따라서 이번 '4·10 총선'에서 압도적으로 승리하여 하루빨리 이를 바로잡아야 한다.

3. '간첩들의 그림자'로 얼룩진 대한민국

◇ 무장 공비 등 '간첩 58명 적군 묘지에 묻혀'

경기 파주 적군(敵軍) 묘지에 6·25전쟁 북한군 전사자 810구 외에 대한 항공(KAL) 폭파 테러범·청와대 습격 무장 공비 등 대남 침투 간첩의 유해 총 58구와 강을 통해 떠내려온 북측 사체 3구가 묻혀 있는 것으로 나타났다. 역대 정부와 군은 이 유해들의 송환을 지속적으로 타진했으나 북측은 별다른 설명 없이 거부해 왔다.

국민의힘 서범수 의원이 국방부에서 받은 자료를 보면, 적(북한)군 묘에는 1968년 1월 21일 청와대를 습격한 북 민족보위성 정찰국 124부대 무장 공비 30명, 1987년 KAL 858기 폭파로 희생자 115명을 낸 공작원 김승일, 1998년 전남 여수 반(半)잠수정 침투 사건 당시 사망한 간첩 6명 등 공비 총 58명의 간첩 시신이 매장돼 있다.

또 지난 1996년 발생한 강원 철원 3사단 침투 사건의 공비 3명과 경기 파주 1사단 침투 사건의 공비 1명을 비롯해 1999년 동해안 침투 공비 1명, 그 외의 무장 공비 16명도 포함됐다. 북한에서 강물에 떠내려온 비무장 간첩 또는 탈북자 등으로 추정되는 사체 3구도 묻혀 있다.

6·25전쟁 북한군 전사자 810구뿐 아니라 7·27 정전 이후 1990년대 말까지 침투한 무장 공비 등 제네바 협약 대상이 아닌 비(非)전사자 61구의 사체도 묻혀 있다. 정부는 1954년 국군·유엔군과 북한·중공군 간 1차 유해 송환 이후 전국에 흩어진 적군 묘를 모아 1996년 남방한계선에서 5㎞ 거리인 파주 적성면 답곡리에 6099㎡(약 1845평) 규모로 적군 묘지를 조성했다.

이는 '교전 중 사망한 적군 유해를 존중하고 묘지도 관리해야 한다'라는 제네바 협약과 인도주의 원칙에 따른 조치였다. 실제로 정부는 2014~2016년 3년에 걸쳐 적군 묘의 중공군 유해 총 541구를 송환하기도 했다. 현재 적군 묘에 중공군 유해는 1구도 없다. 다만 북한 측 시신만 총 871구가 있다. 그런데 이것도 제네바 협약에 따른 것이다. 정부는 이를 북측에도 타진해 봤다. 하지만 매번 거부 답변을 받았다.

고위 군 관계자는 "유엔사를 통해 노력했지만, 북측은 관심을 보이지 않았다"라고 말했다. 그러면서 "무장 공비 시신을 돌려받으면 자신들의 잘못을 인정하는 꼴이 될까 봐 송환 절차에 응하지 못하는 것"이라고 지적했다. 북한은 '박정희 암살 기도 사건인 1·21 사태 때도 '자작극'이라며 공비 남파 사실을 부인하고 시신 인도를 거부하는 파렴치성을 보이고 있다.

◇ 문재인 '적군 묘지 일대 평화공원 조성 시도'

특히 문재인 정부는 2018년 9월 평양 남북 정상회담 이후 적군 묘지 일대를 '**평화공원**'으로 조성하려는 시도도 했던 것으로 알려졌다. 당시 청와대와 이재명 경기지사(현 더불어민주당 대표)는 국방부의 적군 묘 관리권을 경기도로 이관해 공원을 조성하려 노력했다. 하지만 "적을 미화할 수 있다"라는 군 내부 반발 등에 막혀 실패했다는 것이다.

더불어민주당 박정 의원이 2019년 3월 25일 북한군의 천안함 폭침으로 인한 전사자 등을 기리는 서해수호의 날은 불참하고, 그날 적군 묘에서 열린 '조선민주주의인민공화국 군인 추모제'에는 참석해 논란을 빚었다. 군 관계자들은 "적군 묘는 북의 침략 행위에 눈을 감아서가 아닌 제네바 협정과 인도주의 원칙에 따라 조성된 것"이라며 "정부와 군은 북한의 국군 유해 송환을 위한 노력을 꾸준히 이어나가야 한다"라고 말했다.

정치권 일각에선 북한군 묘 유해와 북측 국군 유해를 맞교환하는 협상을 띄우자는 말도 나온다. 유엔사에 따르면, 북한에는 국군 포로 7만여 명의 유해가 있는 것으로 알려졌다. 정전 이후 국군 실종자는 8만2,000명이었지만 인도된 국군 포로는 총 8,343명에 불과했다. 이후 탈북한 국군 포로도 80명 정도였다.

광주가 용공 도시인가 '정율성 공원 철회하라!'

국민적 반대에도 불구하고 광주광역시(시장 강기정)가 정율성 기념공원을 계속 조성하려 하자 애국우파단체들이 사업 철회를 촉구하고 나섰다. 경기고 나라지킴이, 호남대안포럼, 광주시민연대, 마산고·보성고·중앙고 나라지킴이 회원들은 2023년 12월 19일 오전 광주시 동구 불로동에 있는 정율성 역사공원 터를 찾아 광주시를 향해 공원 조성을 철회하라고 촉구했다.

우파단체들은 성명서를 통해 "광주에서 어떻게 6·25전쟁을 일으키고 온 나라를 피범벅으로 만들어버린 공산주의자 인민군을 기념한다는 말이냐"라며 "자유 대한민국 광주에서 국가반역행위가 벌건 대낮에 버젓이 벌어지고 있다"라고 주장했다. 그러면서 "군사정권에 반대하고 문민정치를 주장했던 광주가 언제부터 용공의 도시가 되었느냐"라며 5·18을 언급했다.

우파단체 회원들은 "죽음을 두려워하지 않았던 자유투사 광주시민들이 언제부터 공산주의자를 찬양하는 용공주의자가 되었느냐? 아니면 본래 광주 5.18은 일부 국민이 의심하듯 김일성이 지령하고 북한군이 개입한 무장폭동이었단 말이냐"라고 외쳤다.

이들은 정율성 역사공원 조성의 책임이 강기정 광주시장에게 있다고 주장했다. 이들은 "적대의 정치를 넘어 우정의 정치를 하자"라고 했던 강기정 시장이야말로 정율성 역사공원 조성으로 대한민국 국민을 '한 지붕 두 가족'으로 분열시켰다고 비판했다.

우파단체 회원들은 강기정 시장보다 앞서 정율성 기념사업을 벌인 이전 시정과 이를 좌시한 지역 주민들에게도 따져 물었다. "정율성 생가 3곳 복원, 정율성로(路)로 도로명 변경, 정율성 기념음악회 개최에 이어 48억 원을 들여 정율성 역사공원을 조성할 때까지 광주시민은 대체 뭘 했느냐"라고 비난했다.

〈2023년 10월 광주광역시 남구 정율성 거리에 조성된 정율성 흉상이
보수단체 회원에 의해 훼손된 뒤 복원됐다.〉

이들은 "더욱 이해할 수 없는 것은 호남 어느 곳에도 애국계몽운동가 김성수나 송진우 등 위대한 건국 위인을 기념하는 시설은 없다"라면서 "건국과 부국의 공로자들을 증오하면서 대한민국을 파괴한 공산주의자 정율성을 찬양하고 기념공원까지 세우는 까닭이 도대체 뭐냐? 6·25 때 북한 빨치산과 마지막까지 싸우며 대한민국을 지켰던 광주·호남이 왜 이렇게 되었느냐?"라고 호통쳤다.

그러면서 "만일 정율성 동상이 철거되지 않고 기념공원까지 설치된다면, 국민은 결국 광주와 호남의 이념적 정체성을 묻지 않을 수 없다"라며 "광주시민과 전남도민들은 어서 정율성 기념사업을 포기하고, 5.18 광주

정신을 용공 정신으로 변질시키는 정치세력을 몰아내기를 바란다"라고 호소했다.

광주시가 중국 인민해방군 소속으로 6·25전쟁에 참전한 공산주의자 정율성의 기념사업을 대대적으로 벌이고 있음이 논란이 된 것은 2023년 8월 하순부터다. 이후 광주시가 노무현 정부 때부터 수십억 원을 들여 다양한 정율성 기념사업을 펼쳤다.

게다가 중국 공산당의 해외통일전선 기구로 의심받는 '공자학원'까지 끼어 있었다는 사실이 드러나면서 큰 논란이 일었다. 박민식 당시 보훈부 장관은 물론 윤석열 대통령마저 2023년 8월 "정율성 역사공원 조성은 대한민국 정체성을 훼손하는 심각한 문제"라며 강하게 비판했다.

광주시민들 또한 "정율성이 그런 사람인지 몰랐다"라는 반응을 보였고, 지난 2023년 9월 뉴시스가 의뢰한 여론조사에서는 전 국민의 51.2%가 공원 조성에 반대한다는 응답을 했다. 광주·전라에서도 40.2%가 반대했다. 그런데도 광주시는 정율성 역사공원 조성을 추진하고 있다.

통영은 '김일성 찬양한 윤이상 추앙 도시'

경남 통영시는 지난 2002년부터 '윤이상 기념사업'을 계속 진행하고 있다. 그러나 윤이상은 줄기차게 북한을 드나들었고, 독일 귀화 이후 공공연하게 '친북(親北)' 활동을 지속하며 후일 '이적(利敵)단체'로 규정된 '조국통일범민족연합('범민련')'의 해외본부 의장으로 활동했던 윤이상(尹伊桑)을 경남 통영시가 기리는 것은 여러모로 비판이 제기될 가능성이 크다.

윤이상의 친북 행적이 알려진 것은 어제오늘의 일이 아니다. 그런데도 윤이상 기념사업들이 막대한 세금으로 활발하게 진행되는 까닭은 무엇일까. 이에 대해《월간조선》이 2012년부터 제기한 '광주 정율성'에 대해서는 11년이 지난 지금에 와서야 마치 큰 문제가 최근에 발생했다는 듯이 들고일어나면서도, 윤이상에 대해서는 '세계적 음악가'란 식으로 치켜세우고 있다고 밝혔다.

윤이상의 친북 행적을 문제 삼으면 '냉전적 사고' 운운하며 마치 자신은 '깨어 있는 시민'인 양 "정치와 예술은 분리해서 평가해야 한다"라고 점잔을 빼는 그들 때문에 통영시의 '윤이상 기념사업'은 20년 이상 진행됐다. 그사이 천문학적 규모의 세금이 투입됐는데도 문제 제기는 없었다. 이에 '정율성 논란'과 강 시장의 발언을 계기 삼아 통영시의 '윤이상 기념사업' 실상을 알아본다.

◇ 윤이상 생가터 부지 위에 '윤이상 기념공원'

통영시는 122억 원을 들여 관내 도천동 윤이상 생가터를 비롯한 6,414㎡ 규모 부지 위에 '윤이상 기념공원'을 만들었다. 공원 안에는 윤이상기념관, 윤이상 소장품 전시관, 윤이상 승용차 차고, 공연장 등 각종 기념시설들이 있다.

경남 통영시의 '윤이상 기념'은 '광주의 정율성 사랑' '밀양의 김원봉 추앙과 다르지 않다. 윤이상은 김일성이 '민족의 재간둥이'라고 평했을 정도로 친북적인 활동을 공공연하게 했던 인물이다. 1950년대부터 북한 측과 지속적으로 접촉했고, 독일 귀화 이후 1970년대부터는 노골적인 친북 행각을 벌였다.

윤이상은 ▲민족 반역자 ▲전쟁범죄자 ▲민족분단의 원흉인 김일성을 향해 "수령님!" 운운하며 불세출의 영웅이라도 된 듯이 떠받들었다. 북한의 김정은을 추앙하는 이른바 '백두칭송위원회' 같은 자들과 같은 식으로 김일성을 찬양한 인간이다.

〈북한 방문 당시 김일성(가운데)과 기념 촬영을 한 윤이상 부부의 모습이다.〉

북한측 기록에 따르면 윤이상은 김일성 앞에서 "조국 통일을 위해 앞으로 힘과 재능을 다 바치겠다"라고 맹세했다. 북한 독재 정권의 대남적화 전략인 '주체사상'에 대해서도 "현시대에 맞는 사상"이란 식으로 동조했다. 이 같은 '대남 적화 망상'에 동조하고, '주체사상'을 신봉했던 자가 바로 윤이상인 것이다.

이처럼 윤이상이 '반국가단체'의 수괴 김일성을 찬양하고, 주체사상에 동조하고, 그의 사임 후 얼마 되지 않아 '이적단체' 판정을 받은 단체를 이끌며 친북 활동을 죽을 때까지 해온 '독일인'을 기리는 데 막대한 세금이 매년 지출되고 있다. 과연 이는 온당한 처사일까?

◇ 윤이상 '이적단체, 범민련 해외본부 의장'

윤이상은 말년에 북한의 대남적화 전략에 동조하는 범민련 해외본부의 의장(1990~1994년)으로 활동했다. 범민련 해외본부는 1994년 우리 사법부에 의해 '이적단체'로 규정된 곳이다.

법원이 1990년 11월 범민련의 이른바 남·북·해외 실무 대표들이 만난 '베를린 3자 실무회담' 공동선언문의 이적성을 명시한 점, '3자 실무회담' 이전에 이미 윤이상이 범민련 해외본부 의장직을 맡고서 4년 이상 활동한 점, 법원이 1994년 7월에 범민련 해외본부를 '이적단체'로 판시한 사실 등을 고려하면 윤이상이 자부한 '민주·통일 운동'의 실체가 무엇인지 쉽게 짐작할 수 있다.

그런데도 대한민국의 지방자치단체인 경남 통영시는 2002년부터 윤이상 관련 행사를 매년 개최했다. 윤이상 음악제를 위한 통영국제음악당도 만들었다. 도심 곳곳에 윤이상 관련 공간 또한 조성했다. 윤이상 거리 등을 만들어 지도에 표기하고, 관광객들에게 둘러볼 것을 권했다. 이런 작업에 투입된 돈은 역시 국민 세금이다.

◇ 김정숙 '윤이상 묘에 식수… 윤 재조명 바란다!'

지난 2017년 7월 5일(현지 시각) 오후 독일을 공식 방문 중인 김정숙이 작곡가 윤이상(1917~1995)의 묘소를 찾으면서 고인이 다시 조명되고 있다. 한국 역대 대통령 부인이 윤이상 묘소를 찾기는 이번이 처음이다. 김정숙은 경남 통영시의 동백나무 한 그루를 전용기로 옮겨와 윤이상 묘소에 심었다. 윤이상의 살아생전 향수를 늦게나마 달랜다는 의미를 담았다.

광주시 '자랑스러운 5.18 민주화 명단 공개하라!'

◇ 5·18 보상자가 유공자보다 '503명 더 많아'

2005년까지 4,296명이던 추모 공간 보상자 명단은 2019년 2월 현재 4,918명으로 늘었다. 14년 동안 622명 증가한 것이다. 백종운 계장은 "2019년 2월 기준 5·18 보상을 받은 분들은 4,918명"이라며 "(추모 공간 숫자는) 2005년 이후 갱신되지 않은 것"이라고 말했다.

5·18 기념재단 홈페이지의 '보상금 등 지급결정자 현황'(2018년 12월 기준)에는 보상 총계가 5,807건으로 돼 있다. 백 계장은 "5,807건은 신청 대비

보상 건수"라며 "누적 관리라서 중복자가 있다"라며 "중복(수령)을 제외한 보상 인원수는 4,918명"이라고 했다. 5·18 보상자 수(4,918명)가 5·18 유공자 수(4,415명)보다 503명 더 많은 셈이다.

◇ 총보상액 2,510억 원 ···'인당 5천100만 원꼴'

광주시청에 따르면, 현재까지 5·18 관련자에게 지급된 보상액은 총 2,510억여 원이다. 보상액 수준은 사람에 따라 다르나, 전체 보상액 2,510억 원과 보상자 수(4,918명)를 나눠보면 보상자 1인당 평균 5,100만 원을 수령한 계산이 나온다.

예산은 전액 국비로 지급된다. 보상이 결정되면 5·18 민주화운동 관련자 보상심의위원회가 기준에 따라 보상금을 일시 지급한다. 보상자가 사망했을 경우 유족이 보상금을 받는다.

◇ 초중고대학 '수업료 면제, 보조금, 취업에 가산점'

5·18 유공자로 선정되면 우선 대통령 명의 5·18 민주유공자증서가 수여된다. 그밖에 교육·취업·의료 지원이 동반된다. 교육은 중·고·대 수업료 면제 및 학습보조비 지원 등, 취업의 경우 가점 취업·보훈특별고용·일반직공무원 특채 등이다. 의료 방면에선 보훈병원 진료시 본인부담금 감면 등의 지원이 이뤄졌다. 다만 2015년 12월 관련법 개정으로 2016년 6월 23일 이후 등록한 5·18 유공자는 유가족 및 가족이 받는 지원 범위와 대상이 축소됐다.

교육지원은 당초 본인·배우자·자녀에서 '만 30세 이전 취학' 자녀라는 조건 등이 추가됐다. 취업 지원 대상도 기존 유공자 자녀 3명에서 1명으로, 지원 횟수도 무제한에서 3회로 축소했다. 의료의 경우도 지원 대상이 대폭 축소됐다. 기타 지원으로는 국립묘지 안장·국공립공원 할인·수송시설 이용 지원 등이 있다.

5·18 유공자 '광주항쟁과 무관한 인사 많다!'

◇ 전혀 상관없는 인물 상당수 '유공자로 둔갑'

5·18과 무관한 전·현직 정치인, 언론인 대거 유공자 지정돼 가짜 유공자 넘쳐난 데는 '인우보증' 제도에 문제가 있는 것으로 알려졌다. 무엇보다 '민주당이 법 바꾸는 바람에 관련 없는 인사 대거 유입'되었다는 지적이 일고 있다.

5·18민주화운동 유공자로 등록된 약 4,300명 중 상당수가 5·18과는 전혀 관련이 없는 것으로 확인됐다. 관련 분야 전문가들은 국가기념일로 정해져 있고, 5·18 정신의 헌법전문 반영 움직임, 국가 예산으로 보상금 지급과 취업 우대 등 각종 특혜가 주어지는 현실을 감안하면 가짜 5·18 유공자 의혹은 반드시 짚고 넘어가야 할 문제라고 주장한다.

스카이데일리는 지난해 연말 국민적 관심사인 '5·18민주화운동 유공자 명단'을 단독 입수해 광주민주화항쟁 당시 관련자와 전문가 자문을 받아 실체적 규명을 진행해왔다. 이에 5·18민주화운동 기념일 43주년을 맞아 등록된 유공자 명단에 대해 개별적인 분석과 검증 결과를 토대로 공개해 나갈 예정이다.

이 자료는 유공자 명단은 5·18 관련 진실을 찾는 사람들이 광주 5·18기념탑에 적혀있는 명단과 5·18 관련 단체들의 자료와 관계자 증언·언론 보도 등을 취합해 7년여 데이터 작업을 거친 것이다.

A3 용지 400쪽에 가까운 엑셀 파일 '5·18민주화운동 유공자 명단'은 4,346명의 '위치 001-01'부터 '148-02'까지 '돌판 명단'에 새겨져 있는 이름·생존 여부·사인·주분류·시기·장소·작성 명단·생년월일·(공적·피해) 내용·차수·분류·비고 순으로 나열돼 있다.

등록된 유공자들은 5·18 당시 시민군으로 활동했거나 진압군에 의해 사망 혹은 상해를 입은 경우가 많았다. 또 5·18 당시 군사독재에 대항해 투쟁 활동을 벌이다 옥고를 치르거나 군인들로부터 폭행당한 사례도 있다.

◇ 가짜 유공자 많은 건 '인우보증 제도 때문'

유공자 중 5·18과는 전혀 관련이 없는 사람이 상당수 포함된 것으로 확인됐다. 일부는 5·18 당시 광주가 아닌 타 지역에서 시위를 주도했다는 이유로 등록돼 있어 유공자 선정 등록 과정에 심각한 오류가 있는 것으로 드러났다.

5·18 당시 11살이던 A(54) 씨는 1990년 수도권 소재 대학의 총학생회 소속으로 노태우정부에 저항하는 학생운동을 했다는 명목으로 유공자에 등

록돼 논란이 예상된다. 경남 마산에 거주하는 B(57) 씨는 한 기업의 노조위원장으로 있던 1988년 무렵 회사를 점거 농성한 이력으로 5·18 유공자로 선정되기도 했다.

5·18과 아무런 상관이 없음에도 유공자로 선정된 이들은 대부분 '민주화 명예'란 이름을 빌려 유공자로 등록됐다. 5·18 단체의 한 관계자는 "엄격하게 따지면 5·18 당시 사망자나 민주화운동에 참여한 사람들만 유공자로 선별을 해야 한다"라며 "하지만 5·18 광주항쟁 현장에 있지도 않았던 인사가 막연히 민주화운동을 했단 이유만으로 유공자로 선정된 게 많다"라고 지적했다.

가짜 5·18민주항쟁 허위 유공자가 넘쳐나게 된 이면에는 '인우보증' 제도가 문제점으로 지적되고 있다. 기존 5·18 유공자가 보증만 해주면 누구나 별다른 증거가 없어도 유공자가 될 수 있는 법률적 허점을 이용한 측면도 있어 보인다.

5·18민중항쟁구속자회와 5·18민중항쟁부상자회 등 관련 단체는 허위로 등록된 유공자들이 1990년부터 2015년까지 보상 차원에서 지급되는 나랏돈을 빼먹기 위해 오랜 기간에 상당한 규모로 세력화돼 있을 것으로 보고 있다. 최근 이들 단체 대표들은 서울 여의도 국회 앞과 용산 대통령실 앞에서 '가짜 유공자'들이 넘쳐나고 있다며 이들을 척결해 달라는 촉구 집회를 갖기도 했다.

◇ 이해찬 '김대중 내란음모 사건으로 유공자'

이해찬 민주당 대표는 본인이 밝힌 것처럼 5.18과 직접 관계가 없지만, 명단에 포함된 것으로 확인됐다. 이 대표가 명단에 포함된 것은 5.18 유공자 대상 요건 중 하나인 〈그 밖의 5.18 민주화운동으로 희생한 사람〉에 들어간다.

이 대표는 1980년 9월 17일 김대중 내란음모 사건으로 10년형을 선고받았다(2003년 재심에서 무죄). 김대중 내란음모 사건은 1980년 신군부 세력이 김대중 등이 북한의 사주를 받아 내란음모를 계획하고 광주 민주화운동을 일으킨 혐의로 군사재판에 회부한 일이다. 이 대표는 당시 서울대 복학생으로 복학생 회의를 열어 '제2 광주사태' 유발을 선동한 혐의를 받았다.

이 대표의 사례를 제외한 5.18 유공자 대상 요건은 ▲5.18민주화운동 시 사망한 사람 또는 행방불명된 사람 ▲5.18민주화운동으로 부상당한 사람 등이다.

◇ 가짜 유공자로 '나랏돈 빼먹는 인간 상당수'

유공자 명단에는 전·현직 언론인과 정치인·문화인·연예인 등도 다수 포함된 것으로 알려졌다. 이는 사실 검증 과정에서 속속 가짜 유공자 실체가 드러날 것으로 보인다. 따라서 유공자 명단을 분석한 결과, 정치권에는 가짜 유공자일 개연성이 있는 인사들이 전·현직 국회의원과 도지사를 포함해 310명에 달했다. 이는 전체 유공자 중 7.1%로 가장 높은 비율을 차지했다.

이들 중에는 국내 거물급 정치인뿐 아니라 국회의원 보좌관이나 특보 등을 지낸 이유로 유공자가 된 경우도 다수 있었다. 더불어민주당의 한 현직 국회의원은 5·18 당시 광주가 아닌 타 지역에서 고등학교에 재학 중이었지만 유공자 명단에 버젓이 이름이 올라 있다.

심지어 언론계에도 5·18항쟁과는 무관한 기자와 프로듀서(PD) 등 전·현직 인사만 181명으로, 언론사 대표를 지냈거나 편집국장·논설위원 등 고위 임원이나 간부급 출신들이다. 이들의 공적 내역은 5·18항쟁과 연관 지을 만한 것이 기록돼 있지 않다. 특히 언론노조 활동을 한 인사가 다수 포함돼 있어 '끼리끼리 나눠 먹기 한 것 아니냐'라는 세간의 의혹이 사실로 드러났다.

일부 연예인도 유공자로 등록돼 있다. 한 중견 가수는 자신이 부른 노래 중 한 곡이 '5·18을 연상시킬 수도 있다'라는 이유로 유공자가 됐다. 이 밖에도 5·18이나 광주에 연고가 없는 남녀 중견 탤런트도 3명이나 유공자로 등록된 것으로 확인됐다.

시인·소설가·평론가 등 문화예술계 인사도 적잖이 눈에 띈다. 1965년생 작가는 5·18을 소재로 시를 썼다는 이유로, 경기도 김포에 거주하는 1964년생 작가는 5·18을 소재로 소설을 썼다는 이유로 유공자가 됐는가 하면, 1963년생 영화평론가는 5·18 관련 평론을 했다는 명목으로 유공자에 이름을 올리기도 했다. 1955년생 사진작가 최모 씨를 비롯한 상당수는 2014년 5·18기념순회사진전에 출품한 게 인정돼 유공자가 됐다.

이런 사례들은 한두 건이 아니다. 1968년생 조모 씨는 1990년 박종철 3

주기 추도식에 참가해 폭력 정권 타도하자는 시위를 하다 집시법으로 징역 1년에 집행유예 2년을 받은 게, 1975년생 오모 씨는 양심적으로 병역을 거부했다는 이유로 5·18 유공자가 됐다.

5·18 당시 전남도청 시민군 상황실장을 맡았던 박남선 5·18기동타격대 상임고문은 "당초에 5·18 유공자가 되려면 1980년 5월 17일부터 말일까지 항쟁에 참여하거나 피해를 본 사람들로 규정돼 있었지만, 민주당이 법을 바꾸는 바람에 관련 없는 인사들이 대거 들어오게 된 것"이라고 말했다.

박남선 씨는 "광주 5·18 유공자 관련법을 다시 개정해 이들을 걸러내는 작업을 거쳐 엄격하게 적용시킬 필요가 있다"라면서 "이 문제를 맑고 깨끗하게 처리하지 않으면 민주화를 위해 투쟁한 광주시민의 숭고한 정신이 훼손될 것"이라고 강조했다.

4. 좌파 정부 '선거 前 꼭 가짜뉴스로 재미!'

▲ 김대중 때 '김대업, 이회창 아들 병역 비리'

김대업은 1962년 1월 6일 경상북도 대구시(대구광역시)에서 의정 장교의 아들로 태어났다. 국민학교를 졸업한 뒤 상경해 중학교를 졸업했으나 고등학교 2학년 때이던 1978년 6월 고등학교를 중퇴했다.

1980년대 초 아버지의 뒤를 따라 의무 하사관으로 입대했다. 1985년 4월 국군대구병원 외래과에 배치되어 주로 방위병에 대한 정밀 신체검사 접수 및 결과 통보 임무를 맡았다. 이때 국군대구병원에서 정밀 신체검사가 의뢰된 방위병들에 대한 진단서를 2부씩 발급하면서 이 중 한 부에는 인적 사항을 기재하지 않은 채로 결재가 이뤄지는 것을 알게 됐다.

이를 이용해 공란인 인적 사항에 남의 이름을 기록하는 방식으로 방위병 20여 명을 조기 전역할 수 있도록 해주고 돈을 받았다가 그해 10월 구속됐다. 김대업은 이때부터 전형적인 군 관련 사기행각을 업으로 일삼는다.

1985년 12월 26일, 제2군사령부 보통군법회의에서 뇌물수수 및 공문서

위조 등의 혐의로 징역 6년 형, 추징금 150만 원을 선고받았고, 2심인 육군 고등군법회의에서는 징역 1년 형을 선고받아 육군교도소에 수감되었다. 24살 되던 1986년 출옥한 뒤에는 대구에 있던 한 택시 회사에 들어갔다.

제16대 대통령 선거 이전, 오마이뉴스와 일요시사는 2002년 5~6월 김대업의 제보를 받고 1997년 대선 직후 이회창 후보 장남 이정연의 병역 비리를 은폐하기 위한 대책 회의가 열린 뒤 병적기록이 파기됐다는 '**가짜뉴스**'를 보도를 했다. 이때 김대업은 테이프를 증거자료로 제시했으나 검찰은 위조로 판단했다.

대선이 끝난 후 명예훼손 및 무고, 공무원자격 사칭 등의 혐의가 모두 인정돼 징역 1년 10월의 형을 선고받았다. 2004년 10월 30일 잔여 형기 1개월을 남기고 가석방으로 출소했다.

그 후 2016년 강원랜드 등의 폐쇄회로(CC)TV 사업권을 따주겠다며 CCTV 업체 영업이사로부터 2억5천만 원을 받아 챙긴 혐의로 검찰의 수사를 받게 됐다. 하지만 건강이 나빠 치료가 필요하다고 호소하면서 수사를 미루던 중 필리핀으로 도주했다. 도피 생활 끝에 2019년 6월 30일 필리핀 말라떼에서 검거되었고, 2019년 8월 5일 국내로 강제 송환, 수감됐다. 법원에서 징역 5년 6월형을 선고받고 복역 중이다.

김대업의 이회창 아들의 병역 비리 의혹 허위 증언은 이후 대한민국 대선에 큰 영향을 준 사건이었다. 하지만 이후 2022년 3월 7일, 부산저축은행 대장동 불법 대출 부실 수사 의혹과 김만배 녹취록 공개 논란을 통해 역사는 반복된다는 것을 다시 한번 보여주었다. 이 사건의 경우, 김대업의 병

풍 사건과는 다르게 실패로 끝이 났다. 따라서 지금도 수사와 취재가 진행 중이다.

▲ 노무현 때 '이익치 주가조작 폭로, 정몽준 치명상'

지난 2002년 10월 27일 이익치 쇼크가 대선정국을 강타했다. 이날 이익치 전 현대증권 회장은 일본 도쿄에서 "1998~99년 사이에 벌어진 현대전자 주가조작 사건에 당시 정몽준 후보가 관여됐다"라고 폭탄 발언을 했다. 그가 기자회견을 통해 이 같은 폭로를 한 것은 "대선 후보로 나선 정몽준 국민통합21 의원에 대한 검증이 필요하다"라는 이유였다.

이익치 전 회장의 이 발언으로 당시 대선후보인 정몽준 의원은 물론 정·재계가 온통 술렁이었다. 발언의 진위를 떠나 한나라당, 민주당, 국민통합21은 서로의 이해에 따라 치열한 공방전을 전개했다. 이익치 전 회장의 발언이 대선 정가를 아연 긴장시킨 것은 그가 현대가의 가신그룹 중 누구보다 많은 비밀을 알고 있기 때문이었다.

특히 그는 현 정부 출범 이후 정부-현대의 밀월관계를 주도한 인사였고, 핵심에 있었다. 따라서 그가 입을 열 경우 정치권뿐 아니라 재계도 엄청난 소용돌이에 휘말릴 공산이 컸다. 이미 그는 도쿄에서 정몽준 의원 검증론을 주장하면서 현대전자 주가조작 사건을 폭로해 자신의 폭발력을 입증해 보이고 있다. 그의 입에 정가의 눈과 귀가 쏠리고 있는 것도 이 때문이었다.

이익치 전 현대증권 회장이 가진 최대 비밀은 현대가 오너 일가의 비밀을 누구보다 많이 알고 있다는 점이다. 그는 서울대 상대를 졸업하던 1969년에 현대건설에 입사한 뒤 2000년 9월 현대증권 회장을 끝으로 현대를 떠나기까지 30년을 현대그룹 핵심부에서 일했다. 특히 정주영 전 명예회장이 작고하기 5년 전이던 1996년부터는 그룹의 핵심 조직이던 종합기획실에서 박세용 사장과 함께 정 명예회장의 핵심 가신으로 활약했다.

이 전 회장이 이 같은 오너 일가의 비밀을 폭로하고 나서면서 당시 대선 후보로 나선 정몽준 의원에게 자칫 치명타가 될 수 있다는 점에서 주목하지 않을 수 없는 사건이었다. 실제로 정몽준은 진위를 알 수 없는 폭로사건으로 치명상을 입으면서 점차 지지율이 떨어지기 시작했다. 이익치 사건 이전의 3자 지지율은 한나라당 이회창 후보 33.8%, 정몽준 의원 23.6%, 민주당 노무현 후보 18.1%였다. 이회창과 정몽준 두 사람의 차이는 10.2% 포인트였다.

이회창 후보와 노무현 후보는 이후에도 별다른 변화가 없는 반면 정몽준 의원은 하락세가 계속 이어졌다. 한 달여 만에 7% 이상이나 빠진 것이다. 정몽준 의원은 노무현 후보와 후보단일화를 할 경우에도 오차범위에서 근소하나마 이회창 후보에 뒤지는 것으로 나타났다. 정몽준 의원이 단일후보로 나서서 이회창 후보에 뒤진 것은 후보단일화론이 제기된 이후 처음이었다.

그러나 단일후보로 노무현 후보가 나설 경우 34.3%로 41.9%의 이회창 후보에 여전히 뒤지는 것으로 나타났다. 결국 정몽준은 노무현과 단일화하면서 선거는 이회창과 노무현 두 후보로 압축돼 각축전에 들어갔다. 이로써 대선 판도는 당시 가장 약자였던 노무현에게 힘이 실리기 시작했다. 그리고 마침내 노무현이 대통령에 당선된다.

▲ 문재인 때 '5년 동안 조직적인 가짜뉴스 유통'

문재인 대통령을 포함한 문 정권 인사들은 각종 '실정'을 지적하면 소위 '내로남불'적 행태를 자주 보였다. 취임 초기엔 '적폐' 또는 '전임 정부' 탓을 했다. 그다음에는 '야당 탓'을 했다. 그러다가 집권 후반기 들어서는 '언론 탓'을 하는 빈도가 증가했다. 자신들에게 불리한 정보와 주장을 모두 '가짜뉴스'라고 낙인찍고, 언론을 '개혁'해야 한다고 주장했다.

문재인은 "정부의 정책을 부당하게 또는 사실과 다르게 왜곡하고 폄훼하는 가짜뉴스 등의 허위 정보가 제기됐을 때는 초기부터 국민께 적극 설명해 오해를 풀어야 한다"라면서 "가짜뉴스를 지속적으로, 조직적으로 유통시키는 것에 대해서는 정부가 단호한 의지로 대처하라(2019년 1월 8일)"라고 지시했다. 이 밖에도 기회가 될 때마다 "가짜뉴스를 척결해야 한다" "가짜뉴스로부터 국민 권익을 지켜야 한다"라는 식으로 강조했다.

'가짜뉴스'란 특정 의도를 갖고 유포하는 거짓 정보를 가리키는 말이다. 즉 문재인 정권은 자신들을 향한 언론의 비판성 기사와 야당의 지적을 '거짓'이라고 주장하는 셈이다. 이는 세간의 인식과 차이가 있다. '문재인 극렬 지지층'을 제외한 상당수 국민은 '가짜뉴스를 지속적으로, 조직적으로 유통시키는 세력'이 바로 '문재인 정권'이고, 그 정점에는 '대통령 문재인'이 있다고 여긴다.

특히 코로나19 사태 이후에는 방역·백신 관련 정부 발표를 가짜뉴스로 여기는 경향이 크게 더 늘었다. 무엇보다 부동산 정책 실패를 감추기 위해 국가 통계 조작 등에 관한 가짜뉴스는 일일이 지적할 수도 없다.

◇ 후쿠시마 원전 사고 관련 가짜뉴스!

대표적인 '**문재인 발 가짜뉴스**'는 일본 후쿠시마(福島) 원전 사고 피해 관련 '허위 주장'이다. 문 대통령은 2017년 6월 19일, '고리 1호기 영구 정지 선포식' 기념사를 통해 소위 '탈핵 선언'을 했다. 당시 그는 원전의 위험성을 주장하는 과정에서 2011년 동일본 대지진 당시 발생한 후쿠시마 원전 사고를 언급했다. 그러면서 해당 사고로 인해 "1,368명이 사망했다"라고 주장했다.

그러면서 "일본은 세계에서 지진에 가장 잘 대비해온 나라로 평가받았습니다 그러나 2011년 발생한 후쿠시마 원전 사고로 2016년 3월 현재 총 1,368명이 사망했고, 피해 복구에 총 220조 원이라는 천문학적 예산이 들 것이라고 합니다. 사고 이후 방사능 영향으로 인한 사망자나 암 환자 발생 수는 파악조차 불가능한 상황입니다. 후쿠시마 원전 사고는 원전이 안전하지도 않고, 저렴하지도 않으며, 친환경적이지도 않다는 사실을 분명히 보여주었습니다"라고 했다.

이 같은 문 대통령의 주장은 '**허위사실**' 및 '**가짜뉴스**'다. 후쿠시마 원전 사고 사망자는 없었다. 문 대통령의 발언 사흘 뒤인 일본 외무성은 주일 한국대사관을 통해 문 대통령이 연설에 인용한 수치가 잘못됐다며 유감을 표명했다.

◇ 소득주도성장 세계적 추세는 '가짜뉴스'

문재인은 집권 이후 이른바 '소득주도성장'을 밀어붙였다. 소득주도성장론이란, 인위적인 임금 인상 등을 통해 가계의 가처분 소득을 늘려 소비를 촉진하고 결과적으로 경제성장이 이뤄지게 한다는 지극히 일부 비주류 경제학자들의 '주장'이다. 문 대통령의 소득주도성장 방안에는 ▲비정규직의 정규직화 ▲공공부문 일자리 늘리기 ▲급격한 최저임금 인상 ▲보조금 지원 등이 있다. 국내외 다수의 경제학자가 "근거가 없고, 전제가 잘못된 주장"이라며 ▲내수시장 위축 ▲소득 분배 악화 등 여러 부작용을 우려했지만 문 대통령은 이를 외면했다.

문재인은 최저임금을 2020년까지 1만 원으로 인상하겠다고 공약했다. 그가 집권한 이후 최저임금은 급격하게 인상됐다. 2017년 6,470원에서 2019년 8,350원으로 늘었다. 2년 만에 29% 증가한 셈이다. '성장'이 뒷받침하지 못하는 인위적인 임금 상승은 기업의 인건비 증가로 이어진다. 비용 부담 때문에 기업은 고용과 투자를 줄일 수밖에 없다. 이에 따라 취약계층의 실직과 소득 감소가 발생한다. 결국에는 고용이 악화하고, '빈부격차'는 심화하는 '악순환'이 반복될 수밖에 없다.

IMF는 물론 OECD(경제협력개발기구) 관계자들이 문재인 정부의 이른바 '소득주도성장'에 대해 깊은 우려를 나타냈다. 2018년 7월 28일, 타르한 페이지오글루 IMF 아시아·태평양국 과장은 한국의 최저임금 인상과 관련해 "특정 지점을 넘어서면 한국경제의 기초에 손상을 입힐 수 있다"라며 "매우 조심스럽게 접근할 필요가 있다"라고 밝혔다. 랜들 존스 OECD 한국경제 담당관도 최저임금 인상이 특히 서비스 분야에서 고용을 약화하고 인플레이션을 발생시키는 원인이 될 수 있다는 점을 지적했다.

◇ 1919년 대한민국 건국설 주장 '가짜뉴스'

문재인은 2017년 8월 15일 '광복절 경축사'에서 "2년 후 2019년은 대한민국 건국과 임시정부 수립 100주년을 맞는 해"라고 했다. 2018년 신년 기자회견에서도 "내년은 임시정부의 법통을 계승한 대한민국 건국 100주년"이라고 했다.

대한민국 임시정부는 주권, 영토, 국민인 국가의 3가지 요소 중 하나도 갖추지 못한 '임시정부'였다. 문 대통령 주장대로 1919년에 '대한민국'이 '건국'됐다면, 이후 전개된 '독립운동'은 무엇인가. 왜 임정 요인들은 '임시정부'라고 칭했을까. 왜 1941년 '대한민국 건국 강령'을 통해 '건국'을 정의했을까.

◇ 이밖에 문재인 정부의 가짜뉴스!

'DJ가 제1·2 연평해전 승리 이끌었다?'

'민간의 대북 전단 살포가 '남북합의' 위반?'

'건국 방해한 폭도들이 열망했던 '통일'의 실체는?'

'김정은 '비핵화' 얘기 안 했는데, 의지 거듭 천명했다?'

'종전선언은 언제든 취소할 수 있다?'

'소득주도성장의 긍정적 효과 90%?' 등등….

▲ 윤석열은 'JTBC와 뉴스타파 가짜뉴스에 곤욕'

지난 2020년 3월 대선 3일 전 '윤석열 수사 무마' 가짜뉴스는 '윤석열 대통령이 2011년 부산저축은행 사건을 수사하면서 대장동 대출 브로커 조우형(전화 동인 6호 실소유주) 씨에게 커피를 타 주고 수사를 덮었다'라는 내용이다. 이 가짜뉴스는 JTBC가 2022년 2월 21일과 28일 두 차례 보도했다.

이어 뉴스타파도 대선 사흘 전인 2022년 3월 6일 신학림 전 언론노조 위원장이 김만배(화천대유 대주주) 씨와 했던 인터뷰 녹음 파일 편집본을 공개하면서 유사한 내용으로 보도했다.

당시 뉴스타파 전문위원 신 씨는 인터뷰 직후 김 씨에게 두 차례에 걸쳐 '책 세 권' 값으로 1억6,500만 원을 수수한 것으로 조사됐다. 신 씨는 2022년 2월 25일 이후 뉴스타파 대표에게 '김만배 인터뷰'를 구두 보고했으며, 그해 3월 4일 인터뷰 음성 파일을 뉴스타파 측에 제공한 것으로 알려졌다.

뉴스타파 측은 "신 씨가 보도 이틀 전에 녹음 파일을 제공해서 급히 검증하고 보도하게 됐다"라는 입장이다. 하지만 당사자인 조 씨는 2021년 11월 24일 문재인 정부 검찰에 "(2011년 대검찰청 중앙수사부 조사를 받으면서 윤석열 검사를 만나거나 조사받은 적이) 없다. 윤석열 검사를 만난 적이 없다"라며 "박OO 검사에게 조사받았다"라고 진술했다.

뉴스타파가 보도의 근거로 활용한 인터뷰 음성 파일 당사자인 김만배 씨도 지난 6월 26일 검찰 조사에서 "(부산저축은행 사건의) 주임검사가 누군지도 몰랐다"라며 "(2011년) 조우형에게 커피를 타 준 박OO 검사가 주임검사가 아니라는 것 정도는 알고 있었다"라고 진술했다.

그러면서 김 씨는 신학림 씨와 허위 인터뷰를 했다는 것을 인정하고, "신학림에게 제가 조금 센 사람처럼 보이려고 사실이 아닌 내용을 사실인 것처럼 말했다"라며 "죄송하다"라고 진술했다.

민주당 등의 주장과 달리, 대장동 초기 사업자의 부산저축은행 대출 건은 2011년 당시 대검 중수부의 수사 대상도 아니었다. 그리고 조우형 씨는 부산저축은행 김모 부회장의 돈 심부름을 해준 것과 관련해 '참고인' 신분으로 조사를 받았다.

조 씨가 2015년 처벌받은 '대장동 대출 커미션 10억여 원 수수' 혐의는 2014년 예금보험공사 조사에서 드러난 것이다. 조 씨의 계좌 추적도 검찰이 아니라 예금보험공사가 했다. 이로써 윤석열 후보는 당시 가짜뉴스로 타격을 입었지만, 간신히 이재명 후보를 누르고 대선에 당선됐다.

최재영, 김건희 몰카 '총선 앞두고 대남공작 농후'

수도권기독교총연합회(대표회장 김선규, 사무총장 박종호, 이하 수기총)는 2월 2일 오전 11시 20분 여의도 국회소통관 2층 기자회견실에서 국민의힘 서정숙 의원실 주관으로 기자회견을 열고 성명을 발표했다.

수기총은 이날 "김건희 여사에 대한 최재영 목사의 몰카 영상은 '4·10 총선'을 위한 대남공작"이라며 "소속 교단은 한국교회와 목회자의 권위와 품위를 손상시킨 최 목사를 당장 파면조치하라"라고 촉구했다.

그러면서 "최재영은 공익적 목적보다 자신의 정치적 이익을 취하기 위한 치밀한 계획범죄라는 합리적 의심을 하지 않을 수 없다"라며 "대통령 부부와 대척점에 있는 서울의소리와 공작한 것은 계획범죄라고밖에 볼 수 없기에, 수사당국은 철저하게 수사하여야 할 것"이라고 했다.

이어 "비록 김 여사의 승낙을 받아 출입했다 하더라도 범죄 등을 목적으로 한 출입임이 드러났고, 거주자가 김 목사의 실제 출입 목적을 알았더라면 출입을 승낙하지 않았을 것이라는 사정이 충분히 인정되기 때문에 주거침입죄가 성립된다"라며 "또한 김 여사를 경호하는 대통령실 방호인력을 기망한 것은 공무집행방해죄"라고 지적했다.

수기총은 "미국 시민권자인 최재영이 수차례 북한을 왕래하며 미국에 적대적인 모습을 보여왔다"라고 비난했다. 실제로 최재영은 1995년 미국에서 개신교를 전파하는 통일운동가이자 대북 활동가로 활동하며 1998년에는 미국에서 사회단체인 'NK VISION 2020'을 설립했다. 이후 한국과 북한을 넘나들며 종교·역사·언론·경제 등 4개 분야 사업을 진행하고 있다. 대북 지원활동도 병행했다.

최재영은 지난 2015년부터 북한을 여러 차례 방문해 교회와 종교기관들을 찾아다닌 내용을 담은 〈북녘의 교회를 가다〉 〈평양에서 서울로 카톡을 띄우다〉 〈평양에선 누구나 미식가가 된다〉 〈북녘의 종교를 찾아가다〉 〈평양냉면(공저)〉 〈북 바로 알기 100문 100답〉 〈북한, 다름을 만나다〉 등이 있다.

특히 최재영이 쓴 『북녘의 교회를 가다』에서는 "왜곡된 반북 보도를 일삼는 친일, 친미 사대주의 성향의 수구 언론매체들과 미국의 시각에 의해 해석된 날조된 대북 정보들을 제공해온 역대 (우파) 정권들은 일반 대중을 상대로 그동안 북을 철저히 악마화했다"라며 김정은 정권을 옹호하는 내용을 담고 있다.

따라서 수기총은 "최재영 목사가 편집위원으로 있는 '민족통신'은 북한 노동당 외곽조직으로 미국에서 교포 대상 친북반한 활동을 벌이는 대미 대남 선전매체"라면서 "이번 최재영의 김선희 여사 접선 영상폭로는 단순 몰카 공작이 아니라 '4·10선거'를 앞두고 대한민국 정부를 큰 곤경에 빠뜨리려는 대남공작일 가능성이 농후하다"라고 지적했다.

윤석열 대통령 '가짜뉴스와 전쟁 선포'

윤석열 정부가 '**가짜뉴스와의 전쟁**'을 선포하면서 가짜뉴스 전파하는 언론 손보기에 팔을 걷어붙였다. 윤석열-이재명 대선 사흘 전인 2022년 3월 6일 인터넷 매체 '**뉴스타파**'를 통해 보도된 '김만배-신학림 허위 인터뷰 의혹'이 불쏘시개가 됐다. 이 인터뷰에는 부산저축은행 사건 당시 대검 중수2과장으로서 주임 검사였던 윤석열 대통령이 대장동 대출 브로커 조우형 씨에 대한 수사를 무마해 줬다는 내용이 담겼다.

그러나 9월 5일 대통령실 고위 관계자는 "(이 보도는) 대장동 주범(김만배)과 언노련(언론노조연맹) 위원장 출신 언론인(신학림)이 합작한 희대의 대선 공작 사건"이라고 규정했다. 문제는 김만배·신학림 두 사람에 그치지 않았다. 뉴스타파가 인터뷰 음성 파일을 '짜깁기'한 정황이 나온 것이다.

뉴스타파는 '윤석열' 외에 다른 주어의 이름을 지우거나 중간 대화 내용을 삭제했는데, 이를 통해 윤석열 당시 국민의힘 대선후보와 관련한 의혹을 증폭시켰다는 비판을 받고 있다. 이른바 '악마의 편집'이라는 지적이 나오는 이유다.

JTBC도 도마 위에 올랐다. JTBC는 '조우형에 대한 윤석열 수사 무마' 의혹을 2022년 2월 보도했는데, 조우형 씨가 해당 내용을 부인하는 진술을 했음에도 보도에는 이를 빠뜨렸다는 의혹을 받고 있다. 이와 관련해 서울 중앙지검 '대선 개입 여론조작 사건' 특별수사팀(팀장 강백신 반부패수사3부장)은 9월 14일 뉴스타파와 JTBC에 대한 압수수색을 단행했다.

검찰 수사와 별개로 윤석열 정부에서도 전방위적인 가짜뉴스 대책 마련에 들어갔다. 방송통신위원회(방통위·위원장 이동관)는 '가짜뉴스 근절 태스크포스(TF)'를 출범시켰고, 방송통신심의위원회(방심위) 지상파방송 심의팀은 대대적인 보도 심의에 나섰다. 특히, 방통위 TF는 허위 보도 등 악의적 행위가 단 한 번이라도 적발되면 퇴출하는 '원스트라이크 아웃제'를 추진할 방침이다.

대통령 직속 자문기구인 국민통합위원회(위원장 김한길)가 온라인상 허위 정보 규제를 핵심으로 한 '정보통신망 이용촉진 및 정보보호 등에 관한 법률(정보통신망법)' 시행령 개정안을 마련했다. '디지털 언론중재위원회(언중위)'가 거론됐으며, 가짜뉴스와의 전쟁에서 '디지털 언중위'라는 신무기를 개발한 셈이다.

디지털 언중위의 가장 큰 특징은 △'대안적인 분쟁 해결(ADR·Alternative Dispute Resolution)'을 통한 즉각적인 조정 △언론사가 직접 운영하지 않거나 뉴스 전문을 표방하지 않는 인터넷 채널의 콘텐츠까지 조정 대상으로 포함 등을 들 수 있다. 국민통합위가 만든 시행령은 결국 이동관 위원장의 방통위가 가짜뉴스에 대응하는 데 활용될 전망이다.

국민통합위는 윤석열 정부 출범 이후 다양한 분야의 정책을 논의해 왔다. 그 가운데 하나가 '미디어' 분야다. 국민통합위의 '국민통합과 미디어 특위'는 크게 두 가지를 논의했다고 한다. △네이버, 다음 등 포털의 미디어 환경 △온라인상 허위 정보와 가짜뉴스에 대한 규제 등이다.

온라인상 허위 정보와 관련해서는 '즉각적이고 포괄적인 규제가 필요하다'라는 데 뜻이 모아졌다. 기존의 언중위는 신문·방송 등 레거시 언론의 보도로 인한 피해를 구제하는 기구인데, 유튜브나 인터넷 커뮤니티 등 온라인 플랫폼을 대상으로 한 피해 구제 기구도 만들어야 한다는 것이다.

이를 구체화한 것이 '디지털 언중위' 설립이다. 방심위 산하 명예훼손분쟁조정부를 확대 개편하는 것이 핵심이다. 해당 부서가 유튜브 등 온라인 플랫폼의 게시물로 인한 분쟁을 조정하는, 즉 디지털 언중위와 같은 역할을 하도록 관련 규정을 손보겠다는 것이다.

이를 위해 국민통합위 미디어특위에서 정보통신망법 시행령 개정안을 마련한 것으로 파악됐다. 명예훼손분쟁조정부(정보통신망법 44조의10)와 관련한 동법 시행령 36조(명예훼손 분쟁조정부의 설치·운영 등)를 개정한 것이다.

이미 검찰은 지난 2023년 9월 14일 오전 서울 중구에 있는 뉴스타파와 서울 마포구 JTBC 사무실, 뉴스타파 기자 A 씨와 전직 JTBC 기자 B 씨의 주거지 등에 검사와 수사관을 보내 압수수색을 벌였다. 이들은 정보통신망법 위반(명예훼손) 등의 혐의를 받고 있다. 이제부터 가짜뉴스 전파자들에 대한 철저한 수사와 함께 죄과에 대한 엄정한 책임을 물어야 한다.

네티즌들은 왜 '기자를 기레기라 부를까?'

◇ 네티즌은 기자 쓰레기를 '기레기'라 부른다!

요즘 댓글에 기레기라는 단어만큼 자주 등장하는 말도 드물다. 기레기란 '기자와 쓰레기' 합성어다. 뉴스 생산자가 정보화 사회를 선도하는 네티즌으로부터 천박한 언어로 조롱당하고 있다.

그런데도 누구 하나 반박하지 않는다. 아니 입도 벙긋 못한다. 참으로 아이러니하다. 진짜 기레기여서 인가. 아무래도 그렇게 볼 수밖에 없다. 침묵은 긍정을 의미하는 것이기 때문이다.

네티즌이 기레기라 우롱하고 비난하는 것은 사실을 부풀리고 왜곡하는 가짜뉴스가 원인이다. 가짜뉴스는 저널리즘의 품위를 여지없이 짓밟는다. 사안에 따라 범죄행위다. 네티즌은 공정성을 상실한 채 가짜뉴스를 생산하는 기자를 기레기란 이름으로 희화화한다.

기레기가 인터넷 뉴스에서 공론화된 것은 2014년 4월 16일 전남 진도에서 세월호가 침몰하면서라고 한다. 재난 속보를 다루는 언론의 몰상식한 태도에 대한 불만으로 기레기란 '훈장'을 달아 준 셈이다.

당시 기자들이 세월호 침몰 사건을 취재하며 짜깁기와 왜곡으로 인해 현장 시민과 네티즌의 빈축을 샀다. 이후 기레기란 말이 댓글을 장식하기 시작했다. 세월호 사건은 단지 기레기 탄생의 기폭제였을 뿐이다. 한국 언론의 역사를 돌아보면 암울하다. 그 암울함 속에 이미 기레기가 잉태돼 있다.

'권언유착'은 독재와 군부 시대를 거치면서 만연했다. 이 기간 언론은 정권의 어릿광대 나팔수였다. 국가가 두 번씩이나 기자들의 집(1969년 은평구 진관외동 기자촌, 1984년 강남구 일원동 기자 아파트)을 지어주었다. 세계 언론사에 유례가 없다.

‘누이 좋고 매부 좋은’ 시절 언론은 정권의 ‘시녀’로 특혜를 톡톡히 누렸다. 등 따습고 배불렀다. 의식 있는 시민은 좌절했다. 민주화 시대를 맞아 분연히 ‘정론’을 외쳤다.

한겨레신문 ‘탄생’도 세계사에 유례가 없다. 기존 언론의 ‘하수인’ 노릇에 절망한 시민들이 '바른말 하는 신문과 옳은 글'에 희망을 걸었다. 이들의 한푼 두푼이 금자탑의 밑돌이 돼 국민적 성원 속에 창간됐다.

하지만 지금 “그랬던 한겨레가…”, “한겨레 너마저도 기레기로구나….”라는 볼멘소리가 나온다. 이 땅에 ‘정론’은 활착하지 못했다.

언론의 냄비근성은 사안의 이면을 못 보는 통찰력 부재에서 비롯된다. 열전도율이 높은 냄비처럼 급히 달아올랐다가 빠르게 식어버린다. 2002 월드컵 4강 신화를 쓴 히딩크를 보라. 선수조련 과정에서 한번 잘 싸운 경기에 영웅이 되었고, 한번 실수한 경기에 경질설이 난무했다. 냄비근성의 극치를 보였다.

지금 이 시대 기자다운 기자를 찾아보기 어렵다. 무엇보다 언론에 대한 사명감과 책임성이 턱없이 부족하다. 따라서 언론사마다 가짜뉴스 생산에 열을 올리고 있다. 거짓 기사를 생산하고도 신경 쓰지 않는다. 어디 그뿐인가. 정권 초기엔 서로 줄을 서고 나팔수가 됐다가, 힘이 떨어지면 짓밟는 야비함은 어떤가. 한국 언론의 냄비근성은 지역감정 못지않은 망국병이다.

진영논리는 한국 언론의 객관성과 공정성의 부재 때문이다. 언론 본연의 가치인 공정성이나 객관성보다 진영논리가 우선이다. 뉴스를 판단하는 가치 기준이 진영논리에 매몰된다. 한국 언론은 좌우로 편재돼 가자미눈으로 서로를 흘기며 뉴스를 만든다.

고금(古今)의 기자 모두가 기레기는 아니다. 언론 가치와 자존심을 지키기 위해 차가운 거리로 내몰린 기자도 있다. 그들은 참언론을 위해 우직했다. 또 햇병아리 기자는 아직 기레기가 아니다. 다만 기레기 인큐베이터에서 배양되고 있다는 사실이 문제다.

지금 우리는 사교(먹고 마시고 골프 하고 해외여행)를 우리 자기 돈으로 하는가? 또 사실에 기반한 뉴스를 생산하고 있는가? 그렇지 않다면 당신은 기레기다. 각성하자. Better late than never.

◇ 레이몽 아롱 '마르크시즘은 지식인의 아편'

프랑스 언론이자 철학자인 레이몽 아롱(Raymond Aron, 1905~83)은 『지식인의 아편』에서 "정직한 좌파는 머리가 나쁘고, 머리가 좋은 좌파는 정직하지 않다. 모순투성이이 사회주의 본질을 모른다면 머리가 나쁜 것이고, 알고도 추종한다면 거짓말쟁이"라고 갈파했다. 마르크스주의를 '**지식인의 아편**'이라고 일축한 레이몽 아롱이 무려 70년 전인 1955년에 한 말이다.

하지만 지금 대한민국의 좌파 언론인들이 가짜뉴스를 마구 생산하면서 우파 진영을 무력화하고 있는 '**좌파 언론 지식인의 본질**'을 이처럼 명쾌하게 꿰뚫은 말이 세상에 다시 있을까. 대한민국의 '기레기'들이 가짜뉴스를 본격적으로 생산하기 시작한 것은 PD 계열의 좌파 지식인들이 언론사로 대거 유입된 90년대 말 무렵부터다.

레이몽 아롱은 1905년생으로 장 폴 사르트르와 동갑내기로 파리 고등 사범학교 동기동창이다. 아롱은 20세기 전체주의의 위협의 산증인이다. 유대계 프랑스인으로 태어나 10대에 1차대전을 겪고, 히틀러가 떠오르던 시기 청년으로서 독일에서 철학을 공부했으며, 2차대전으로 프랑스가 점령당하자 런던의 드골 망명정부의 〈자유 프랑스〉 지에 투신하면서 언론인의 길에 들어섰다.

전후 프랑스의 혼란, 소련·중공의 위협과 6·25전쟁, 베트남과 알제리의 탈식민 전쟁, 1968년 5월, 미·소 양강의 냉전 등 현대사의 굵직굵직한 사건들을 목도하며 반(反)전체주의 투사가 됐다. 1950년 6·25 전쟁에 대한 입장 차이로 친구인 사르트르와 메를로퐁티, 알튀세 등으로부터 결별했다.

레이몽 아롱은 "요즘 세상은 정치적 선택이 다르면 우정을 간직하기 어려운 시대인 것 같다. 정치란 아마도 너무나 심각하고 비극적인 것이어서 우정이 그 압력을 감당하기 어려운가 본다. 나와 사르트르의 관계에서 그것은 분명한 사실이다"라고 말했다. 어느 시대를 막론하고 좌우파 진영의 벽은 높았다.

강단 밖에서는 언론인으로서 전체주의에 대항하며 필봉을 휘두른 레이몽 아롱은 '참여하는 방관자'를 자처했다. 언론 지식인으로서 빗나간 현실에 눈감지 않되, 그 참여의 방식은 깃발이나 촛불을 들고 광장에 나가는 방식과는 달라야 한다는 그의 실천은 해방정국, 4·19, 6·10, 그리고 최근에는 거짓의 불꽃 '촛불'을 목도한 우리에게도 묵직한 울림으로 다가온다.《지식인의 아편》은 한국 586세대의 40년 후진성을 보여주는 거울 같은 명저라고 할 수 있다.

정상 사고 가진 사람 '北은 정상 국가 아냐!'

제대로 사상을 공부한 좌익세력은 적어도 북한은 정상적인 사회가 아니라고 믿고 있다. 그리고 정상적인 사람이라면 너무도 당연한 것이 아닌가. 비주사파들은 '오히려 북한이라는 국가를 해방해야 할 세력이지 어찌 북한이 남한을 해방할 수 있다는 말인가?'라고 반문한다. 북한이 지향하는 사회는 어떤 멍청이가 봐도 정상적인 국가가 아니었기 때문이다.

직접 김일성을 만난 강철서신으로 유명해진 김영환은 누구보다 김일성을 깊이 추종해왔다. 하지만 그런 김영환도 두 번 북한을 다녀오면서 북한의 실상을 보고 나서 이건 정상 국가가 아니라고 판단한 것이다. 그리고 전향해버린 것이다. 실제로 북한의 실상을 바르게 본다면 이는 누가 봐도 북한은 정상 국가가 아니라는 것이 분명하다.

무엇보다 북한은 3대째 독재 정권을 세습하며 핵과 미사일 개발에 집착하고 있다. 김일성 시대에는 경제개발을 위한 에너지 확보가 핵 개발의 목표였다면, 김정일 시대에는 대미 협상용으로, 다시 김정은 시대에는 핵 보유를 통한 정상 국가로 인정받으려는 의도로 분석되고 있다.

하지만 현행 NPT 체제에서 공식적으로 핵무기 보유가 인정되는 국가는 미국·영국·프랑스·중국·러시아 등 유엔 안보리 상임이사국 5개국뿐이다. 북한은 국제사회에서 핵무기 보유 국가로 공식 인정받아 이들 5개 국가와 동등한 위치를 차지하려는 야무진 꿈을 꾸고 있다.

그러나 목적이 수단을 합리화할 수는 없다. 북한의 핵과 미사일 실험으로 국제 안보 환경은 매우 불안정해지고 있다. 지난해 11월에는 울릉도 인근 북방한계선(NLL) 이남에 미사일로 도발했다. 외교부에 따르면 북한은 지난해 3월 암호화폐 한 건 탈취로 6억2,000만 달러(약 7,800억 원)를 챙겼는데, 지난해 상반기에 발사한 탄도미사일 31발 발사 비용에 해당하는 금액이라고 한다.

김일성 시대부터 지금의 김정은이 보여준 행태는 절대로 정상적인 국가의 모습이 아니다. 북한이 지금처럼 핵과 미사일로 세계 평화를 위협해서는 국제사회에서 정상 국가로서 절대 인정받을 수 없고 반드시 도태될 수밖에 없다.

◇ 소고기 팔았다고 총살하는 北 '이게 나라냐?'

북한 양강도 혜산시에서 소고기를 불법 유통하다 적발된 남녀 총 9명이 2023년 8월 30일 공개 처형당한 것으로 밝혀졌다. 2022년 12월 14일 데일리NK 저팬, 미국 RFA 등 외신 보도에 따르면 지난 8월 30일 혜산에 있는 한 비행장 공터에서 남녀 9명이 공개 처형됐다. 총살된 인원은 남자 7명, 여자 2명이다.

이들은 2017년부터 2023년 2월까지 병사한 소 2,100여 마리를 불법으로

판 혐의를 받았다. 이들은 불법 소고기 유통 조직을 만들어 평양의 식당과 업소에 공급했다. 양강도의 가축 검역 소장, 평양의 식당 관리자, 군 복무 중이던 대학생 등이었던 것으로 전해졌다.

북한에서 소를 사적으로 소유하거나 판매하는 것은 금지돼 있다. 심각한 식량난에 시달리는 북한은 농사의 핵심인 소를 불법으로 유통한 것을 중범죄로 간주하고 있는 것이다. 공개 처형을 목격한 한 주민은 "2만 5000여 명의 군중이 처형장에 모였다"라고 증언했다. 그러면서 "온 산을 메울 정도로 많은 사람이 모였다"며 "군인에 의해 한 명씩 총살당했다"고 말했다.

그는 이어 "말뚝에 묶인 9명의 총살이 진행되던 날 군인들에 둘러싸인 채 그 장면을 똑똑히 지켜봐야 했다"고 덧붙였다. 총살 집행 당시 혜산시의 공장, 농장, 시장이 폐쇄되고 "걸을 수 있는 17세에서 60세 사이의 모든 사람이 참여하라"는 명령이 내려진 것으로 전해진다.

한 시민은 '소고기를 불법 유통하다'가 적발돼 공개 총살형을 당하는 북한의 처참한 실상을 보고도 여전히 북한을 추종하고 맹종하는 종북 주사파를 더는 용서할 수 없다"고 울분을 쏟아냈다.

김정은의 악랄하고 추악한 패륜적 행위!

◇ 김정은 고모부 장성택 처형한 '패륜성'

김정은 지난 2013년 12월 12일에 북한에서 발생한 초대 최고지도자 김일성의 사위이자 김경희의 전 남편, 그리고 3대 최고지도자 김정은의 고모부인 장성택을 처형하는 패륜적 행위를 저질렀다.

당시 이 사건 중 단연 전세계적인 톱 뉴스 중 하나였을 뿐만 아니라 북한 역사상으로도 손꼽힐 만한 충격적인 사건으로 거론되었다. 이는 백두혈통에 속하는 인물을 공개처형한 것이었기 때문이었다. 대한민국을 비롯한 동양권 국가에서는 "고모부마저도 잔혹하게 죽인 처조카의 패륜성을 드러냈다"고 비난이 끊이지 않았다.

그러면 왜 장성택을 처형했는가? 이에 대해선 다양한 이유가 존재하지만 핵심만 추리자면 '2대 최고지도자 김정일의 사망을 계기로 그의 매부 장성택이 3대 최고지도자인 김정은을 보좌했고 그 과정에 장성택의 위세가 김정은을 넘어서게 되자 위협감을 느낀 김정은이 제거를 나섰다'라는 것이 가장 큰 원인으로 알려지고 있다.

◇ 김정은 이복 맏형 '김정남 독침으로 살해'

김정은 북한 노동당 위원장의 이복 맏형인 김정남이 지난 2017년 2월 13일 오전 9시쯤(현지 시각) 말레이시아 수도 쿠알라룸푸르에서 접근해 온 2명의 여성에 의해 독침으로 살해당했다.

김정남은 김정은이 집권한 뒤 끊임없이 살해 위협 시달렸던 김정은의 이복 맏형이다. 김정남이 2007년 2월 중국 베이징 공항에 나타나 취재진의 질문을 받기도 했다. 하지만 김정은이 정권을 잡은 이후 해외를 떠돌다 결국 살해당했던 것이다.

이는 앞서 2013년 12월 김정은이 고모부 장성택을 공개 처형한 지 4년 만에 또 다시 이복형 김정남이 피살되면서 세계는 김정은의 패륜적 행위에 충격을 받고 있다. 고모부 처형이후 김정남은 일본~중국~마카오~홍콩 등 해외를 떠돌며 지내오다 그날 변을 당한 것이었다.

김정남은 김정일과 북한 배우 출신인 성혜림 사이에서 1971년 태어났다. 김정일의 장남인 김정남은 한때 김정일의 후계자로도 언급됐다. 하지만 김정남이 1980년대 스위스에서 유학생활을 하는 동안 김정일이 재일교포 출신 무용수인 고용희와의 사이에서 김정철·김정은 두 아들을 낳으면서 아버지와 멀어졌다.

전국 간첩 조직망 '일망타진해야!'

◇ 피 흘려 지킨 자유민주주의 '대한민국'

한국전쟁 당시 전투 중 사망사는 민간인을 포함해 125만 명이 넘을 것으로 추산된다. 국군 전사자가 13만7899명에 달하고 부상자가 45만742명, 포로로 잡힌 이들도 8343명에 달한다(국방부, 군사편찬연구소). 민간인의 경우에도 대한민국에서만 24만4663명이 사망했다.

이뿐만 아니라 30만명의 전쟁미망인과 10만명의 전쟁고아, 1000만 명의 이산가족을 발생시켰다. 도로, 철도, 교량 등 국가의 사회간접자본과 공장 등이 초토화되었고, 가옥 60%가 파괴됐다.

유엔군의 피해도 막대했다. 미국을 비롯한 16개국이 3년 동안 연인원 194만849명의 지상군 및 해공군 전력을 파견했는데 그중 4만699명이 전사했다. 부상자와 실종자를 합치면 피해자는 모두 14만8979명에 달했다.

이처럼 북한 김일성의 남침으로 사망자만 125만명이나 되고 전 국토가 거의 초토화되었다. 하지만 이제 이에 대한 기억은 희미해지고 있다. 정전 상태가 70년 이상 지속되면서 참전용사들이 대부분 세상을 떠나고 전쟁의 참상을 체험했던 세대들도 생존자가 얼마 남지 않은 상태다.

그러다보니 오늘날의 전후세대들은 70여 년 전 한반도에 무슨 일이 있었는지, 이 전쟁이 얼마나 참혹했으며, 당시 미군과 유엔군이 신속하게 대한민국 지원에 나서지 않으면 자신의 삶이 어떻게 되었을지 깊이 인식하지 못하고 있다.

전쟁의 참상에 대한 생생한 기억이 사라지면서 무수히 많은 젊은이들이 피를 흘려가면서 어렵게 지켜낸 대한민국을 사수해야겠다는 비장한 각오도 이런 망각의 강 속에서 함께 퇴색돼 가는 것은 아닌지 우려스럽다.

◇ 보훈을 통해 '망각돼 가는 기억도 소환해야'

마침 윤석열 정부가 국가를 위해 목숨을 바친 호국영령들의 넋을 제대로 기리겠다는 취지에서 국가보훈처를 국가보훈부로 격상시켰다. 또한 윤석열 대통령은 지난 2023년 6월 14일 청와대 영빈관에서 열린 국가유공자 및 보훈 가족 190명과 오찬을 가졌다.

제1·2 연평해전 및 천안함 폭침 보훈가족, 납북자 가족 및 간첩작전 전사자 유족 등을 한자리에 초청했다. 문재인 정부에서 홀대와 모욕을 받았던 최원일 전 천안함 함장이 대통령 옆자리에 앉았다.

윤 대통령은 "전쟁의 폐허를 딛고 눈부신 번영과 발전을 이룰 수 있었던 것은 공산 침략에 맞서 자유를 지켜온 호국 영령들의 피와 땀이 있었기 때문"이라고 추념하면서 참석자들을 위로했다.

자유를 지킨 영웅을 대접할 줄 알아야 자유를 누릴 수 있는 자격이 있다는 사실을 우리는 인식해야 한다. 이와 함께 전쟁을 체험하지 못한 세대들이 전쟁의 기억을 완전히 잊어버리지 않도록 전해줄 필요가 있다. 따라서 국가는 보훈을 통해 망각돼 가는 기억도 다시 소환해야 한다.

◇ 피흘려 지킨 나라 '간첩 활보 두고 볼 것인가'

안타깝게도 전임 문재인 정부 때는 '남북관계 개선'이라는 미명 아래 북한 눈치를 보며 간첩 검거를 보류시키기도 했다는 증언들이 속속 나오고 있다. 다행히 윤석열 정부 출범 후 달라진 것 가운데 하나가 간첩단 적발이다. '제주간첩단(ㅎㄱㅎ)', '창원간첩단(자통 민중전위)', '전북 지하망 및 민노총 침투 간첩단' 사건이 대표적인 예이다.

북한은 정권의 목표인 한반도 공산혁명을 위해 남북관계 개선 여부와 관계없이 지속적으로 간첩공작을 전개해 오고 있다. 이번에 적발된 제주간첩단, 창원간첩단, 민노총 침투 간첩단 등은 겉으로는 민주화 세력인 양 가장하지만, 실제로는 반국가, 반미 투쟁 등에 개입해서 혼돈을 조성해 대한민국을 전복하기 위한 활동을 전개하고 있다.

정부지원금을 받는 민노총이 북한지령에 따라 주한미군 철수를 외치고 일부 간부들은 대북 충성맹세문을 쓴 것은 충격적이지 않을 수 없다. 또 지난 1월에는 문재인 정부 당시 국가정보원이 민노총 핵심간부들의 북한공작원 접촉 사실을 확인하고도 윗선의 반대로 5년간 수사를 하지 못했다는 내부폭로도 나왔다.

이는 남북관계 악화를 걱정해서 문 정권의 국정원 수뇌부는 수사를 독려하기는커녕 수사를 막았던 셈이다. 또 올 1~2월 방첩당국이 민노총과 산하 노조 사무실을 수색하는 과정에서 한·미·일 군사협력 해체, 이태원 참사 정치화, 윤석열 정권 퇴진 등을 선동하는 내용의 북한 지령문을 확보했다고 한다. 이태원 참사 때는 '국민이 죽어간다' '퇴진이 추모다' '이게 나라냐'라는 구호의 지령문을 북한으로부터 받아 앵무새처럼 되뇌였다.

당시 언론의 보도에 따르면 경남 창원의 **'자주통일민중전위(자통)'**는 민노총뿐만 아니라 국내 최대 노동단체인 한노총에도 하부망을 조직했다는 사실이 드러났다. 자통의 경남 동부지역 총책 A 씨는 지난 2022년 3월 북한 교류국 공작원에게 보고문을 보냈는데 여기에 한노총 산하 노조의 위원장, 사무국장 등 13명의 실명과 포섭상황이 자세히 기록돼 있다.

◇ 국가안보 위협하는 간첩 '일망타진할 때다!'

6·25가 발발한 지 74년, 휴전을 맺은 지 71년이 되는 시점에서 아시아투데이는 이렇게 제언한다. 7월부터 연말까지 6개월간 국정원, 검찰, 경찰, 기무사 등 국가의 모든 수사기관의 수사력을 총동원해서 간첩들을 마지

막 한 명까지 일망타진해야 한다.

북한의 지령을 받고 암약하는 간첩의 수가 정확히 얼마인지는 알 수 없지만, 민노총뿐만 아니라 다양한 분야에서 50여 만 명에 달하는 간첩들이 암약하고 있을 것으로 추정된다. 국가의 모든 수사망을 총동원해서 이런 간첩들을 모두 색출해 내야 할 것이다.

간첩수사를 소홀하게 해 온 역사가 이미 20년이 넘는다. 그래서 나라에 사건 사고라도 나면 대규모 시위가 벌어지고 혼란이 가중되는 게 일상이 되어버리고 말았다. 한마디로 북한 지령을 받은 간첩들이 활개를 치면서 암약하고 있기 때문이다. 그 결과 사회가 좌경화되고 대한민국이 존망의 위기에 처해 있다.

괴뢰 김일성이 스탈린의 승인을 받아 6·25 남침을 감행했다. 이에 우리의 국군과 유엔군은 피를 뿌리면서 자유민주주의 대한민국을 지켜냈다. 이렇게 지켜낸 대한민국에 간첩들이 활개 치면서 사회혼란을 부추기도록 방치할 수는 없다. 간첩들을 완전히 소탕할 때 비로소 대한민국은 자유민주주의와 시장경제체제를 온전히 꽃피울 수 있을 것이다.

5. 우리 살길은 '국회 200석밖에 없다'

◇ **이재명의 '우리 북한 발언은 골수에 박힌 사상'**

김정은 북한 국무위원장이 대한민국을 '제1주적' '영토 평정' 등 핵전쟁 위협 발언을 늘어놓는 가운데 최근 당 회의에서 **'우리 북한'** 등의 발언을 한 이재명 더불어민주당 대표가 국가보안법 위반 혐의로 대학생단체에 의해 검찰에 고발당했다.

대학생 단체인 신(新)전국대학생대표자협의회(신전대협)는 지난 1월 22일 오전 서울중앙지검에 이재명 더불어민주당 대표를 국가보안법 위반 혐의로 고발장을 제출했다.

신전대협은 이재명이 지난 19일 당 최고위원회의 모두발언에서 발언한 **'우리 북한', '선대인 김일성·김정일 부자가 한반도 평화를 위해 노력했다'**라는 취지의 발언 등이 국가보안법(제 7조 찬양·고무죄) 위반 혐의가 있다고 주장한 다.

신전대협은 고발장에서 "이재명의 당시 주장은 북한이 민족 관계까지 부정하며 대한민국을 '불변의 주적'으로 규정하고 있는 상황에서 대한민국 정부의 대북정책인 강 대 강 대치가 더욱 갈등을 야기하고 있다는 것으로 요약된다"며 "안보 위기 상황의 책임 주체를 대한민국으로 돌리고 있다"고 강조했다.

〈대학생 단체인 신新전국대학생대표자협의회가 1월 22일 오전 서울중앙지검에 이재명 더불어민주당 대표를 국가보안법 위반 혐의로 고발장을 제출하고 있다. (사진=신전대협 제공)〉

아울러 "특히 6·25를 주도한 김일성이 평화를 지키기 위해 노력했다는 주장은 국제 사회에서 오직 북한이 주장하는 '북침설'을 선전 혹은 동조한 것으로 해석할 수 있다"고 지적했다. 또 "이재명은 대한민국의 존립, 안전, 자유민주적 기본질서를 위태롭게 하는 반국가단체 북한의 김일성·김정일 정권의 만행을 평화적 노력이라 규정하고, 북한의 대남 인식을 선전 및 동조했다"고 덧붙였다.

신전대협측은 "제1야당 대표가 최고위원회의에서 준비된 자료로 이같은 발언을 한 것은 우발적인 말실수가 아님을 주목해야 한다"며 "김일성과 김정일은 6·25 전쟁, 각종 무장공비 침투 사건, 연평해전, 핵실험, 그리고 천안함 피격 사건 등으로 국가 안보를 위협하고 국민의 생명을 앗아갔다"고 주장했다.

앞서 이 대표는 지난 19일 당 최고위원회의에서 김정은 북한 국무위원장을 향해 "적대 행위를 중단해야 한다"며 "선대들, 우리 북한의 김정일, 또 김일성 주석의 노력들이 폄훼되지 않도록, 훼손되지 않도록 애써야 할 것"이라고 주장했다. 반면 윤석열 대통령을 향해선 "옆집에서 돌멩이를 던진다고 더 큰 돌을 던져서 더 큰 상처를 낸다 한들 우리에게 무슨 도움이 되겠냐"고 비판했다.

앞서 '서해수호 55용사 전사자 유족회 및 참전장병'도 지난 20일 참전 장병들과 공동성명을 내고 "김정일과 김정은의 도발로 가족과 전우를 잃은 서해수호 55용사 전사자 유족회와 참전 장병들, 김일성이 일으킨 6·25전쟁으로 희생된 수많은 호국 영령의 유족, 장병들 가슴에 비수를 꽂는 망언"이라고 비난했다.

◇ **4·10 총선은 '우리 생존과 후손 미래가 걸린 전쟁'**

지금 대한민국은 국가가 지향하는 발전방향을 놓고 체제전쟁을 벌이고 있다. 남한에서는 해방이후 80년 가까이 이승만 대통령의 건국이념을 놓고 꾸준히 성장발전해온 자유민주주의를 지속하려는 것이다. 그러나 북한은 해방이후 김일성이 집권하면서 지금까지 끊임없이 남조선혁명만을 꿈꾸어온 공산전체주의 체제인 것이다.

4·10총선은 단순히 국회의원을 뽑는 것이 아니라 대한민국이 어느 방향으로 나아갈 것인가를 두고 벌이는 체제전쟁이다. 이 싸움에서 자유진영이 패배한다면 우리는 어쩔 수 없이 북한 김정은의 체제에서 살 수밖에 없다. 그런데 문제는 단순히 체제가 바뀌는 것이 아니라 이미 베트남이나 캄보디아 등에서 경험했듯이 체제가 바뀌는 순간 특히 기독교인들을 필두로 자본가들은 처참한 죽음을 면할 수 없는 피비린내 나는 학살과 살육이 벌어지게 된다.

이재명은 공사석상에서 여러 차례 "**권력은 잔인하게 사용해야 한다**"라고 언급해왔다. 역사에서 보면 공산주의사상을 가진 자들만큼 잔인하게 권력을 사용해온 집단은 없다. 1,2차 대전 당시 태동한 민족주의의 일환인 '텐노 전체주의' '파쇼이즘' '나치즘' 등 어떤 이념이나 사상보다 더 잔인했던 것이 공산주의였다.

무엇보다 이재명이 최근에 무시무시한 발언을 했다. 이는 곧 자신이 북한 김일성 3대 세습을 추앙하고 맹종하는 종북 주사파 세력임을 스스로 우리 국민에게 알린 것이나 다름없다. 이제 우리 국민은 이재명이 잡범에서 중대한 국가 범죄를 저지르고, 나아가 이제는 국가 보안법을 위반한 것이다. 이재명을 반드시 구속수사 해야 하는 이유다.

주사파 유혹 '교회 젊은 청년까지도 미혹돼'

◇ 주사파 달콤한 유혹 '국가가 책임지는 삶!'

종북 주사파는 국가가 책임지는 삶으로 경제적으로 어려운 사람들을 미혹하고 있다. 특히 요즘 취직이 어려운 수많은 젊은 청년들이 이들 주사파의 유혹에 속속 넘어가고 있다. 주사파의 거짓말대로 국가가 모든 국민의 삶을 다 책임져 줄 수 있을까. 국가가 삶을 책임진다는 것은 공산사회주의체제가 아닌 자본주의 사회에서는 불가능하다.

지금 우리가 누리는 자유민주주의 사회에서는 저마다 열심히 일한 만큼 받는 월급에서 일정 비율의 세금을 내고, 국가는 그 세금으로 나라를 운영한다. 그러나 종북 주사파들이 주장하는 **'국가가 책임지는 삶'**은 세금으로는 불가능하다. 그런데 전 국민을 먹여 살리면 나라의 모든 생산 시설을 국유화해야 한다.

그러면 지금 종북 주사파들이 주장하는 것은 자신들의 정체성을 교묘히 숨기고 결국은 공산사회주의 체제를 도모하는 것이다. 모든 걸 다 국유화하면 그것이 바로 공산사회다. 공산주의 국가는 모든 것이 국유화하기 때문이다. 이렇게 모든 것을 국유화해 놓고 북한처럼 국가가 만능의 권력과 권한을 가지고 국민을 개돼지로 보고 다스리는 것이 분명하다.

국가가 국민을 먹여 살리면 입법부, 사법부 따위는 필요가 없다. 오직 국민을 압제하고 통제하는 독재국가 권력인 행정부만 가지면 된다. 북한처럼 국가는 더 우위에 있는 강력한 권력을 가지게 되고, 무제한의 권력 앞에 일반 시민들의 자유를 포기해야 된다. 왜? 국가가 먹여주고 입혀주고 재워주는 대신에 통치자의 말을 듣고 무조건 따라야 돼! 국가가 모든 걸 다 책임져 줄테니까.

우리가 바로 저 간교하고 악독한 종북 주사파들의 말에 속으면 저들이 원하는 북한 김정은 체제로 가게 된다. 사회주의 국가는 국가 최고 지도자가 바로 메시아가 되는 것이다. 이 분이 우리에게 모든 것을 책임지고 있기 때문이다. 바로 그분이 어버이 수령이다. 우리한테 표를 달라는 것이 지금 더불어민주당이 벌이고 있는 작태다. 이게 이재명이 꿈꾸는 전형적인 독재국가의 시스템이다.

그러면 자유민주주의 체제에 익숙한 우리 대한민국 국민들이 북한 체제에 적응할 수 있을까? 저 흉악한 독재국가 체제에서 견디어낼 수가 없다. 결국 반항을 하게 될 것이다. 그래서 국가 권력이 반항자들을 가차없이 처형한다. 이것이 바로 연방제로 가는 순간 남한의 기독교인을 포함해 부르주아 반동분자 2천500만 명이 당하게 될 운명이다.

◇ 교회까지도 '종북 주사파에 넘어가고 있다!'

장신대 김철홍 교수님의 간증에 따르면 교회 청년부 한 목사님이 "대기업과 같은 재벌기업은 노동자를 착취하기 때문에 재벌 기업에 취직해 일하는 것은 재벌의 착취에 협조하는 것이므로 이는 죄를 짓는 행위다"라고 청년부 아이들을 상대로 가르친 것이다.

그 학생이 "목사님 가르침대로 대기업에서 일하는 것은 죄가 되니 중소

기업으로 옮겨가면 괜찮을까요"라는 내용을 이메일로 보낸 온 것이다. 이에 김 교수님은 "그러면 중소기업은 착취를 않느냐?"라는 답신을 보낸다. 그 학생의 다음 질문에서는 "그러면 자영업을 하면 괜찮을까요?"라고 문의한다. 그러자 김 교수님은 "자영업을 하면 너는 그 알바생을 착취하는 거란다"라고 답한 것이다.

지금 우리 사회가 가지고 있는 문제의 심각성은 바로 주사파 전교조 교사들이 가르치는 교육의 관점이 한결같이 좌편향 돼 있다는 것이다. 그래서 자본주의체제에서 사는 우리 아이들에게 좌파사상을 가르치고 있다. 한창 자라나고 있는 아이들의 의식에 이처럼 큰 혼란을 주고 있다는 것이다.

이어 김철홍 교수님의 한 목회전문대학원의 수업 중에서 있었던 일이다. 수업 중에 앞서 경험한 청년부 야이기를 들려주었다. 그러자 한 목사님의 경험담이 이보다 훨씬 더 심각한 말씀을 해주신 것이다. 그 목사님의 말씀에 따르면 어떤 한 교회에서는 전도사님이 주일 학생을 상대로 "자본주의를 철폐하고 사회주의를 해야한다"라고 가르친 것이다. 교회에서는 당연히 난리가 난 것이다.

곧바로 교회가 당회를 열고 담장 전도사를 불러서 "전도사님이 왜 그렇게 가르쳤느냐?"라고 따졌다. 그러자 전도사님의 말이 "저는 신학대학교에서 배운 대로 가르쳤습니다. 그런데 뭐가 문제입니까? 라고 되레 반문을 했다는 것이다. 그래서 교회에서는 처벌을 못 했다는 것이다.

신학대학에서 그렇게 배웠으니까, 내 배움에 문제 있으면 학교에 가서 이야기하고 따져라는 식이다. 난 배운 대로 가르친 것뿐이라는 것이다. 이제 종북 주사파 전교조를 통해 교육받은 학생들이 신학대학으로까지 진출하면서 결국 교회까지도 좌익 사상으로 물들어가고 있는 것이다.

'4·10총선, 200석 안하면 대한민국 사라진다!'

◇ 이번 총선은 '이석기 단일 칼라로 간다!'

종북 주사파의 대부인 이석기가 감옥에서 8년간이란 오랜 시간을 보냈다. 하지만 그는 사라지지 않고 오히려 더 생생히 부활하고 있다. 감옥에서도 얼마든지 남조선해방 작전 계획을 짜고, 모든 명령을 내리면서 주사파 조직은 더 활발하게 움직이고 있다.

이석기의 직속 후배로 분신과 같은 양경수를 보면 그 실상을 파악할 수 있다. 양경수는 대한민국에서 가장 큰 엄청난 세력의 노동자단체인 민주노총을 완전히 손아귀에 넣었다. 지난 2023년 11월 양경수는 이전에 없었던 민노총 위원장을 연임까지 성공한다. 지금 대한민국은 민노총 공화국이라 일컬을 정도로 민노총이 우리 사회의 모든 분야를 장악하고 있다.

게다가 경기동부연합을 주축으로 하는 종북 주사파 세력은 이석기의 아바타인 이재명이 성남시장과 경기도지사를 지낸 12년이란 긴 세월동안 그 숙주에 기대 기생충 노릇을 하면서 각종 이권사업을 통해 천문학적인 혁명자금까지 마련한 것으로 알려졌다.

이석기는 감옥에서 오히려 북한과의 신뢰관계가 더욱 돈독해지면서 큰 힘을 얻어 이제 대한민국에서는 어떤 정치가도 대적할 수 없을만큼 거물이 되어있다. 이제 이석기가 이끄는 종북 주사파 세력들에게는 어떤 것도 안중에 없다.

◇ 이재명은 '90학번 한총련 출신 주사파로 총선 준비!'

특히 더불어민주당 대표인 이재명을 보라. 내로남불, 꼼수정당, 방탄정당, 탄핵정당 등 온갖 추악한 이름에도 끄떡도 하지 않는다. 이 모든 게 어떻게 자유민주주의체제에서 가능하단 말인가. 이는 무엇보다 종북 주사파 세력이 나팔 수 언론을 비롯한 입법부와 사법부, 행정부를 틀어쥐고 있기 때문이다.

이미 김일성 주체사상을 추종하는 **'주사파'**는 첫 시작부터 종북 세력들이 주도적으로 참여하고 있다. 그 종북 정도가 얼마나 심각하냐 하면 북한 인민해방군을 남한으로 불러들여서 혁명을 해야 남조선을 접수할 수 있다는 것이다. 이들 세력은 간첩수준을 넘어 이적 및 여적행위를 일삼는 흉측한 반국가세력들이다.

주사파는 그야말로 오직 북한 정권만 옹호하고 따르는 종북 종자들이다. 현실이야 어떠하던 북한의 무력을 동원해 남한 자체를 전복하여 한민족으로 통일하고 뭉쳐서 살자는 시쳇말로 개념이 전혀 없는 인간 군상들이 모인 집단이다.

종북 주사파는 김대중 참여정부(1998~2003년), 노무현 정부(2003~

2008년), 문재인 정부(2017~2022년)를 거치면서 정권 숙주에 기생하면서 엄청난 부흥을 이루었다. 특히 문재인 정부시절에는 주사파가 되레 훈장을 단 것인 양 설칠 정도로 야욕을 노골적으로 드러냈다. 현재 좌파 진지는 노동계의 '민주노총'을 필두로 교육계의 '전교조', 검찰 및 사법부의 '우리법연구회 및 국제인권법연구회', 언론계의 '언노련' 등 국가사회 모든 분야에 침투해 있다.

지난 2022년 8월부터 이재명이 더불어민주당 당권을 장악하면서 당내의 색깔은 더 새빨개지면서 훨씬 거칠어지고 있다. 이는 이재명 대표가 이념에 매우 편협한 90년대 종북 주사파들로 당의 주류를 채워가고 있다. 흔히 '개딸(개혁의 딸)'로 불리는 이들의 행태를 보면 같은 민주당내에서도 많은 비명계 의원들이 혀를 내두르고 있는 것이다.

北이 남한 적화하면 '어떤 일이 벌어질까?'

모택동의 숭국 공산주의, 그리고 인도차이나반도 공산주의 베트남과 캄보디아를 보라. 그들은 정말 목불인견의 잔인성을 나타냈다. 특히 가장 잔인한 것은 캄보디아 폴포트 정권의 악마성이다. 이들은 자국민 850만 명 가운데 무려 200만명 이상을 도륙낸 킬링필드의 잔인성을 우리는 기억하고 있다.

그런데 만약 북한이 남한을 적화통일하면 어떤 결과가 벌어질까. 답은 나와 있다. 이미 김정일때부터 남한의 5천만에서 2천500만명을 없앤다는 계획을 가지고 있다. 1천만명 이상은 미국이나 일본 등지로 도망가고 1천만명 이상은 잔인하게 처형한다는 것이다. 김정은이 이복형이나 고모부 강성택을 죽이는 잔인한 악마성을 우리는 소름끼치도록 느끼고 있다.

이제 북한은 때를 놓칠 수 없는 절체절명의 기회가 온 것으로 판단하고 있다. 우리가 위기라는 것을 '촉(feel)'이 있는 사람은 이미 2013년도 깨달았어야 한다. 통진당 국회의원을 중심으로 서울 합정동에 있는 한 천주교 성당에서 이석기가 이끄는 혁명조직인 'RO(Revolutionary Organization)'가 개최한 그날 모임에서 이들은 노골적으로 혁명의 때가 무르익었음을 보여주었기 때문이다.

◇ 종북 주사파 '남조선 혁명 위해 30년 버틴 놈들'

지금 우리가 다시 한 번 이들이 살아온 과거를 되짚어보면, 북한을 추앙하고 맹종하는 종북 주사파는 진짜로 끈질기고도 교활한 놈들이다. 특히 이석기를 중심으로 한 경기동부연합의 종북 주사파들은 말 그대로 **'남조선 혁명'**에 인생을 건 놈들이다.

이들은 남조선 해방을 위해 자기의 목숨을 내놓은 인간들이다. 그래서 저들 인생의 목표는 다른 것은 없다. 오직 **'남조선 해방'**이란 한 길을 위해 자기 인생 30년을 고스란히 북한 정권에 바친 쓰레기 같은 인간들이기 때문이다.

이들에게는 '옳고 그름'이나 '선과 악'의 분별심이 존재하지 않는다. 만에 하나 일말의 양심이 있다면 김정은의 무도한 행동을 보고서도 북한 정권을 추종하고 찬양할 수 있을까. 이념에 빠져들면 그 이념의 틀 밖의 세상은 어떤 것도 인정하지 않을 만큼 무섭다. 그래서 **'공산주의는 지식인의 아편'**인 것이다.

그리고 어느 날부턴가 이 흉측한 종북 주사파들이 먼저 외쳐온 전광훈 목사님의 200석을 따라서 자기들이 외치기 시작한 것이다. 저들의 외침대로 주사파가 200석은 아니더라도 절반 이상의 의석을 확보한다면 우리에게 어떤 일들이 벌어질까?

좌고우면할 필요도 없다. 윤석열 정부는 곧바로 레임덕 현상으로 빠져들게 되면서 식물 대통령이 된다. 뒤이어 탄핵과 함께 자유민주주의 정부는 무너지고 문재인이 주구장창 노래불렀던 낮은 **'단계의 연방제'**로 골인하게 될 것은 불을 보듯 뻔하다.

그때는 이미 때가 늦어버린 것이다(it's too late). 나는 이글을 쓰면서도 두려운 것은 전광훈 목사님께서 아직 발표하지 않은 입신의 그 뒷이야기다. 광화문 애국운동 성도들은 그 말씀이 무엇인가를 짐작할 수가 있다. 사유마을 1000천만 서명운동을 목놓아 외치는 전광훈 목사님의 주장에 혼신을 다해야 한다.

비록 3개월 또는 6개월 정도라도 북한 김정은 손에 남한 정부가 주어진다면 그야말로 피비린내 나는 살육이 일어날 것은 마치 비디오를 보는 것과 같다. 이 피감당을 이제는 주님께서 대신해주시지 않을 것이다. 이는 오히려 우리가 정신을 차리지 못하고 산 것에 대한 징계로 주님께서 이런 끔찍한 환란을 통해 우리 대부분 성도들은 도망을 가서 살아남거나, 아니면 피의 숙청으로 정신을 차리게 하시고 남은 후손들을 축복할 것이다.

주님은 예외가 없으신 분이다. 모세를 보라. 그렇게 위대한 하나님의 사람도 단 한번의 실수로 가나안 입성을 막으신 예수님. 오직 여호수아와 갈렙만 남겨두고 모두 죽이신 하나님의 공의는 정말 두렵고도 무섭지 않은가?

전광훈 목사님을 따라야 '나라가 산다!'

◇ 선지자 전광훈 목사님 '말은 다 옳았다!'

잠든 국민을 흔들어 일깨워서 광화문 애국운동을 주도해온 전광훈 목사님을 문재인은 말도 안 되는 온갖 죄목으로 읽어 감옥으로 보냈다. 출발부터 정치 시녀노릇을 해온 김명수 사법부가 각종 패악질을 저지르는 와중에도 전광훈 목사님을 오래 가두지는 못했다.

전광훈 목사님은 일반 국민에게는 건전한 상식에 기반한 애국자다. 기독교인에게는 탁월한 목회자요 나아가 시대를 선도하는 깨끗하고 순수한 애국 선지자다. 대한민국을 지키려는 거목의 당당한 외침에 겁에 질린 문재인 일당이 발작하다시피 말도 안되는 죄목으로 전광훈 목사님을 단기간에 3차례나 가두었다.

그러나 모든 것이 무죄로 확정되었다. 이는 권력의 충견 '떡검'과 정치 시녀 사법부 '성판'의 섣부른 기소, 어설픈 재판이란 것이 백일하에 드러났다. 문재인에게 머리를 조아리며 내린 개검과 성판들의 헛발질이 가없고 불쌍할 뿐이다.

지금도 대한민국의 현실은 풍전등화처럼 절박하고 위험하다. 이 비정한 정국을 정확히 꿰뚫고 이 나라를 살리기 위해 외롭고 힘든 광야 길을 홀로 선두에서 한없이 약하고 미련한 무리를 독려하며 아픈 몸으로 눈물겹게 달려오신 분이 바로 사랑제일교회 전광훈 목사님이다.

지난 2019년 10월 3일 개천절 광화문에 모인 500만 애국세력은 전광훈 목사님을 국민혁명의장으로 재청했다. 그런데도 광화문 애국자들의 진정성을 외면하는 사악한 정치세력은 오히려 좌파가 아닌 국민의힘 정당 국회의원들이다.

이들은 단 한 번도 광화문 광장으로 달려 나오지 않고 있다. 민노총의 불법집회를 보라. 노동자를 대변할 노조가 김정은 지령을 받고 윤석열 대통령 탄핵, 주한미군철수, 종전선언을 외치고 있다. 이는 이 나라 대한민국을 북한이 원하는 방향을 끌고 가자는 반역적인 무리들이 발아하는 집회다.

그런데도 더불어민주당 대표 이재명과 친명 의원들이 불법집회장으로 앞다퉈 달려나와 피켓 들고 함께 외치지 않는가. 그러나 김기현, 장재원, 권성동을 비롯한 국힘당 의원들은 무엇 때문에 쩍소리도 못하면서 왜 선지자 전광훈 목사님과 애국세력을 헐뜯고 비난하는지 말해보라!

애국세력은 힘을 모은 여론으로 '**탄핵파 62적**'의 앞잡이 권성동, 장재원과 김기현을 OUT시켜버렸다. 이래도 국민의힘은 애국세력을 업신여길 것인가? 애국세력의 힘으로 윤석열을 대통령으로 올려놓으니 **'윤핵관'**이란 요상한 자들이 나와 호가호위하는 것을 애국세력은 결단코 용서하지 않을 것이다.

이미 주사파의 붉은 물이 들어버린 조중동과 같은 빅미디어들의 논리에 장단맞춰 춤추고 노래부르면 너희들이 그 자리에 오래 머물며 금배지 달고 금의환향할 줄 알았다면 너희는 양아치보다 못한 '야바위 정치꾼'이란다.

이제 '410총선'이 목전에 다가왔다. 전광훈 목사님의 말씀에 귀를 기울여라. 이제껏 전광훈 목사님의 주장과 외침이 잘못된 것이 무엇인가 말해보라. 단 하나도 틀리지 않았으니, 그분은 정녕 하나님이 세우신 선지자니라! 김기현 장로와 장재원을 비롯해 국회에는 기독교 정치인들이 무려 40%에 이른다. 너희들은 선지자를 배척한 말로가 어떻게 되는지 알고 있을 것이다.

◇ 4·10총선 우파 뭉치지 않으면 '다 죽는다!'

이번 총선에서 지고 곧 다가오는 27년 대선에서 이석기가 미는 종북 주사파 대통령이 나오면 대한민국은 곧바로 **'적화통일'**이라는 것을 이제는 삼척동자도 알 수 있다. 종북 주사파 세력은 북한을 등에 업고 어마어마한 정치 자금까지 다 확보했으니, 이제는 이들이 할 수 없는 일이 없다.

민주당이 단 한 석이라도 이번 총선에서 승리하면 이제 윤석열 정부는 완전히 식물 정권 돼 버린다. 지난 문재인 5년 동안 저들이 저지른 악법, 떼법이 그대로 이행되면 윤석열 정부는 도무지 국정을 제대로 이끌고 나갈 재간이 없다. 그래서 선지자 전광훈 목사님이 애국세력을 독려하면서 200석을 목이 터져라 외치는 것이다.

전목사님이 부르짖는 200석을 못하면 어떻게 되느냐? 민주당이 의회독재로 바꾼 악법만도 4025건, 조례가 무려 8만 건이나 된다. 이 무자비한 악법들은 한결같이 자유민주주의 대한민국의 체제를 파괴하고 북한 연방제로 나가는 데 유리한 내용들이다. 그래서 자유민주주의를 신봉하는 윤석열 정부가 하고 싶은 것 아무 것도 할 수가 없다. 전광훈 목사님은 이런 현실을 이미 오래전에 먼저 꿰뚫고 외친 것이다.

우리가 200석을 확보해야 윤석열 대통령이 그나마 원하는대로 국정을 이끌 수 있다. 그렇게 되면 우리 대한민국의 밝고 안정적인 미래가 보장될 것이다. 지금 전광훈 목사님께서 가장 시급한 문제로 1000만 자유마을 회원을 확보할 것을 주장하고 있다. 뭉치면 살고, 그렇지 않으면 '모두 다 죽는다'는 것을 명심하자.

광화문 애국세력들을 선두로 1천700만 세례교인들과 우파 국민들이 전광훈 목사님의 말씀에 귀를 기울여 함께 뭉친다면 200석은 쉽게 달성할 수 있다. 하나님이 이 나라 대한민국을 사랑해 주시고, 우리 애국 성도들이 전광훈 목사님과 함께 눈물로 기도하며 광화문 얼음바닥 위에서 잠자고 고생한 결과 하나님이 대한민국의 생명을 5년 연장해 주셨다는 목사님의 말씀은 틀리지 않는다.

5천300만 국민이 '각성해야 대한민국이 산다!'

아, 슬프고도 참담하다. 미련한 백성이여!

자유민주주의를 원하는 대한민국 국민들이여, 그리고 한국의 1천700만 세례 교인들이여! 진정 이 나라 대한민국에서 자유민주주의를 누리면서 살고 싶은가? 그렇다면 저 악마 김정은에 처형당하지 않고 자유롭게 하나님을 섬기면서 살고 싶다면 '빨리 깨어나라!'

그리고 선지자 전광훈 목사님이 애타게 부르짖는 저 목소리에 단 한번이라도 귀를 열어보라. 정녕 싫으면 눈을 열어 성경의 말씀과 김일성 주체사상을 펼쳐보라. 성경과 주체사상은 꼭 같은 구조(frame)로 구성돼 있다. 성경 신구약 전체 구조의 중심 인물이 오직 예수 한 분이라면, 주체사상에는 바로 그 예수자리에 김일성이 올라타 앉았다. 이것이 김일성 주체사상의 요체요 골자다.

김대중, 노무현, 문재인의 좌파 정부를 거치면서 대한민국은 여차하면

송두리째 김정은의 아가리에 들어갈 판국이 되어버렸다. 이들이 부르짖고 있는 '낮은 단계 연방제'는 이미 서명하고 준비가 완료되었다. 그런데 하나님의 마지막 은혜로 선지자 전광훈 목사님을 통하여 윤석열 대통령을 세웠으나 이는 링거를 꽂은 시한부 정권이란다. 대한민국의 생명 줄이 단 5년 연장된 것뿐이다.

위기에 처한 대한민국 운명 가를 '4·10 총선'

이석기 아바타 이재명이 하는 짓거리를 보라. 대장동, 백현동 등 이루 말로 다 열거할 수 없는 노골적인 개발비리로 조(兆) 단위에 이르는 거액의 혁명자금, 정치자금을 준비하지 않았는가? 이 엄청난 자금을 동원하고, 또 지금 일천만이 훨씬 넘는 관객을 동원한 빨갱이 주사파 영화 〈서울의 봄〉은 역사 및 진실 왜곡으로 젊은 청년들을 미혹해 표를 도둑질하고 있다.

이번 '4·10총선' 참패에 이어 2027년 대선에서 주사파 정권이 세워진다면 당장 그날로 세례교인 1천700만 명 목숨은 단두대에 걸린 형국이란다. 반대로 이번 '4·10 총선'에서 우리 우파가 전광훈 목사님이 주장하는 200석을 완료하면 주사파를 모조리 숙청하고, 무너진 이 나라 모든 시스템 완비해서 김정은 모가지만 따버리면 예수 한국 복음 통일이 곧바로 열린단다.

특히 21세기 노스트라다무스로 불리는 미국 코넬대 정치학박사 조지 프리드먼(1949년)의 한반도 미래 전망을 읽어보았는가? 조지 프리드먼은 남북통일은 머지않아, 어느 날 갑자기 찾아올 것이다. 그 시기는 2030년 이전이라며 한 치의 망설임도 없이 한반도 재통일을 확신하고 있다. 다음은 프리드먼 교수의 예언 같은 전망이다.

"한국은 역동적 국력을 보유하고 있다. 北에 무슨 일이 발생하든 국력은 유지될 것이다. 통일 후 10년은 고통스럽겠지만 길게 보라. 北의 땅과 자원, 값싼 노동력에 한국의 기술, 자본, 리더십이 합쳐지면 엄청난 시너지가 발생한다.

나는 늘 한국이 통일됐을 때 만주가 어떻게 될지 궁금하다. 한국이 통일되면 만주 지역에서 큰 기회가 열릴 것이다. 중공은 내부를 통제하기에 급급할 정도로 약화할 것이다. 러시아도 극동아시아에서 영향력이 약화되고 있다.

한국이 자유통일이 되면 강대국이 될 것이고, 이웃 일본에는 가시같은 존재가 될 것이다. 앞으로 중국이 약해지고 일본이 강해지면 한국은 미국을 더 필요로 할 것이고, 미국도 일본과 중국의 균형을 맞추기 위해 한국에 의존할 것이다."

그러면서 "한국의 자본과 기술력에 북한의 노동력과 지하자원이 합쳐지면 2050년경에 대한민국은 미국과 나란히 전 세계를 호령하는 G2국가가 될 것"이란 진단을 내놓았단다.

"자! 5천300만 대한민국 국민이여, 특히 1천700만 세례 교인들이여, 우리 한 번 뭉칩시다. 그리고 힘을 모아 '41.0총선'에서 반드시 200석을 얻어 희망찬 예수한국 복음 통일로 달려갑시다.

조지 프리드먼의 예언처럼 우리가 이번 한번만 뭉쳐서 이 총선 압승하면 대한민국의 미래는 감당하기 벅찬 하나님의 은혜로운 선물이 예비 돼 있답니다."

■ 참고문헌

『문재인의 정체』 장삼 저, 고영주 감수. 2022

『대통령이 된 간첩』 고영주. 2024.

『한국 좌익운동의 역사와 현실』 유동열. 1996.

『문재인의 운명』 문재인. 2023.

『스파이 외전』 민경우. 2024.

『좌경 이데올로기』 송대성. 1987.

『진보의 그늘』 한기홍. 2012.

『북한의 대남전략 해부』 남북문제연구소. 1994.

『한국 안보 위해 세력의 현황과 종합대책』